HEYNE BÜCHER

Peter Baumann
Gottfried Kirchner

TERRA-X

Rätsel alter Weltkulturen

Mit einem Vorwort
für die Taschenbuchausgabe
von Gottfried Kirchner

WILHELM HEYNE VERLAG
MÜNCHEN

HEYNE ALLGEMEINE REIHE
Nr. 01/6857

Wissenschaftliche Mitarbeit:
Dr. Miloslav Stingl, Prag

4. Auflage

Lizenzausgabe mit freundlicher Genehmigung
der Umschau Verlags Breidenstein GmbH, Frankfurt am Main

Printed in Germany 1987
Umschlagfoto: W. Caspar, Stromberg
Umschlaggestaltung: Atelier Ingrid Schütz, München
Bildteildruck: RMO, München
Gesamtherstellung: Ebner Ulm

ISBN 3-453-00238-5

Inhalt

Vorwort

»TERRA-X« oder das Erfolgsgeheimnis einer Zauberformel

Der Erfolg war sensationell und kam in dieser Höhe überraschend: 42,5 Millionen Bundesbürger sahen zwischen dem 19. Oktober und 2. November 1986 die fünf Folgen einer Kulturserie im ZDF. Die Statistiker rieben sich die Augen: Das Publikum der Reihe »TERRA-X. RÄTSEL ALTER WELTKULTUREN« war im Durchschnitt ebenso groß wie bei den zuschauerstärksten Sendungen des Jahres 1986, dem Fußball-WM-Finale in Mexico oder einer Folge aus der »Schwarzwaldklinik«.

Einzelbeobachtungen und Folgeereignisse bestätigten diesen Eindruck: Als die Serie am 19. 10. 86 startete, versammelten sich in einem Fachgeschäft der Halle B des Rhein-Main-Flughafens in Frankfurt 25 Fluggäste vor einem Fernsehgerät und ließen sich vom »Fluch des Pharao« fesseln.

Beim »Neuwirt« im bayerischen Greiling diskutierte die Landbevölkerung jede Sendung einen Tag später am Stammtisch. In vielen Schulen avancierten »TERRA-X«-Beiträge spontan zum Unterrichtsthema.

Und nach der letzten Sendung wurde die Redaktion von einer wahren Flut von Zuschauerbriefen, insgesamt fast 7000, überschwemmt. Der allgemeine Tenor: »TERRA-X« ist super, einsame Spitze, ein Juwel im meist glanzlosen Programmangebot! Die Reihe muß unbedingt fortgesetzt werden, alle bisher gelaufenen Filme sollten wiederholt werden.

Ende 1986 stellte eine Jury von Medienjournalisten die 12 eindrucksvollsten Fernsehsendungen des Jahres zusammen und setzte »TERRA-X« auf Platz 6.

Zur TV-Serie war ein Begleitbuch unter gleichem Titel erschienen. Für den, der die Szene kennt, kein Einzelfall und keine Besonderheit. Gerade in jüngster Zeit bereicherten so manche im Medienverband entstandenen Produkte den Buch- oder Schallplattenmarkt.

Daß der »TERRA-X«-Band aber wochenlang die Bestsellerlisten von »Spiegel« und »Stern« anführte und in knapp 200 000 Exemplaren verkauft wurde, verblüffte sogar die Experten.

Woher rührt dieser Erfolg?

Ein Großteil der stolzen Bilanz läßt sich mit gesicherten Faktoren erklären.

Im Angebot der Fernsehanstalten erscheinen gut gemachte Berichte über versunkene Kulturen und ferne Länder nur selten. Nachdem schon vor einigen Jahren einzelne »TERRA-X«-Sendungen sporadisch im Programm aufgetaucht waren, stieß die Reihe jetzt mit fünf kurz hintereinander ausgestrahlten Folgen in diese Lücke. Die Filme vermittelten ihre oft rätselhaften Inhalte wissenschaftlich einwandfrei, aber auf spannende, einprägsame Weise, als Fernsehexpeditionen in die Vergangenheit.

Gerade diese Mischung von Abenteuer und Forschung kam beim breiten Publikum außerordentlich gut an. Übrigens nicht nur in der Bundesrepublik. Das ZDF verkaufte die Reihe bisher an 10 ausländische Fernsehanstalten.

Die Akzeptanz zieht sich durch alle Gesellschaftsschichten und Altersgruppen: Grundschüler und Rentner interessieren sich gleichermaßen für »TERRA-X«, der Arbeiter ebenso wie der Universitätsprofessor.

»TERRA-X« stillte die Neugier und den Informationshunger und befriedigte die Sehnsucht vieler Menschen nach exotischen, kaum bekannten Regionen unserer Erde, zu denen die wenigsten reisen können, weil ihnen dazu die finanziellen Mittel, die Zeit oder auch die Kräfte fehlen.

»Man konnte vor dem Bildschirm Abenteuerreisen zum Nulltarif miterleben«, schrieben einige Zuschauer.

Solch überdurchschnittliche Anerkennung für eine Kulturdokumentation ist wohl in erster Linie darauf zurückzuführen, daß historische Themen und geographische Schauplätze als populäre Abendunterhaltung im besten Sinne dargeboten wurden.

Für den Erfolg der Serie gibt es aber noch eine andere Erklärung, die sich mit dem eher verschwommenen Begriff »Zeitgeist« umschreiben läßt.

Medienexperten und Soziologen registrieren schon seit längerem einen Überdruß an Politdebatten im Studio und an seichten Familienopern amerikanischen Zuschnitts. Dagegen eine starke Rückbesinnung auf traditionelle Werte, auf Geschichte und Mythen, auf das Erbe der Naturvölker und die Faszination fremder Religionen — dies als Fluchtbewegung aus einer zunehmend genormten, trotz aller Absicherungen allseits bedrohten Umwelt, die unsere Gegenwart begleitet.

Dieser Trend zeigt sich in verschiedenen Bereichen, beispielsweise in der Mode, die neuerdings auf die Textilien, Farben und Ornamente alter Kulturen setzt; in der Kinoproduktion, die lange verschüttete Stoffe aus der Vergangenheit ausgräbt oder den Zauber und die Ursprünglichkeit ferner Kontinente in epischen Breitwandszenerien festhält.

Selbst die Automobilindustrie fährt geschickt und erfolgreich in der gleichen Richtung: Nie zuvor wurden in Deutschland so viele Jeeps und Geländewagen verkauft, obwohl bei uns das passende Gelände fehlt. Aber solche PS-starken, robusten Gefährte verleihen ihrem Besitzer jenes fast erotische Gefühl von Abenteuer, das er zu Hause, am Arbeitsplatz und auch im Urlaub nie »erfährt«.

»Ein guter Film befriedigt sämtliche Emotionen«, lautet ein Merksatz aus der Branche.

Zweifellos liefert auch »TERRA-X« Ersatz für bestimmte Träume und Wünsche, entschädigt in gewissem Maße für anspornende, aber nie angenommene Herausforderungen und entgangene Glückserlebnisse.

In diesem Sinne haben wir uns jedoch mit »TERRA-X« nicht an einen vergänglichen Trend gehängt. Wir haben vielmehr eine uralte Erfahrung der Menschheit neu aufgegriffen, von der Albert Einstein sagt: »Das schönste Erlebnis ist die Begegnung mit dem Geheimnisvollen. Wer nie diese Erfahrung gemacht hat, wer keiner Begeisterung fähig ist und nicht starr vor Staunen dastehen kann, ist so gut wie tot: Seine Augen sind geschlossen.«

Wiesbaden, im Januar 1987 *Dr. Gottfried Kirchner*

Einführung

»Das schönste Erlebnis ist die Begegnung mit dem Geheimnisvollen. Sie ist der Ursprung jeder wahren Kunst und Wissenschaft. Wer nie diese Erfahrung gemacht hat, wer keiner Begeisterung fähig ist und nicht starr vor Staunen dastehen kann, ist so gut wie tot: Seine Augen sind geschlossen.«

Albert Einstein

Dieser Satz von Albert Einstein steht als Leitmotiv über dem vorliegenden Werk »TERRA-X«, das als ergänzendes Begleitbuch zu einer Dokumentationsreihe des Zweiten Deutschen Fernsehens entstanden ist, die bei den Zuschauern gewaltige Resonanz hat.

»TERRA-X«, die Formel für unbekannte Bereiche der Erde, präsentiert die letzten Rätsel und Geheimnisse unseres Planeten. »TERRA-X« rückt die Rätsel verschollener Kulturen ans Licht und führt zu fremden Völkern am Rand der zivilisierten Welt. In einer Mischung aus exotischem Abenteuer und exakter Wissenschaft untersucht »TERRA-X« jene geheimnisvollen Schauplätze der frühen Geschichte, über die längst noch kein Gras gewachsen ist. Gleichzeitig liefert der Band die neuesten Antworten der Wissenschaft auf jahrhundertealte Fragen und straft dabei jene Autoren Lügen, die hinter rätselhaften Phänomenen noch immer das Wirken außerirdischer Intelligenzen sehen.

In den ersten beiden Expeditionsberichten führt der Kunsthistoriker und Fernsehautor Dr. Gottfried Kirchner den Leser in die Südsee, dorthin, wo sie am einsamsten ist. Wir entdecken winzige Atolle und unberührte Vulkaninseln, die der Tourismus bis heute völlig übersehen hat. Inseln, die laut uralten Sagen von den Göttern selbst aus dem Meer geangelt oder als riesige Felsbrocken in den Ozean geschleudert wurden. Inseln mit geheimnisvollen Steinkonstruktionen, die eine »magi-

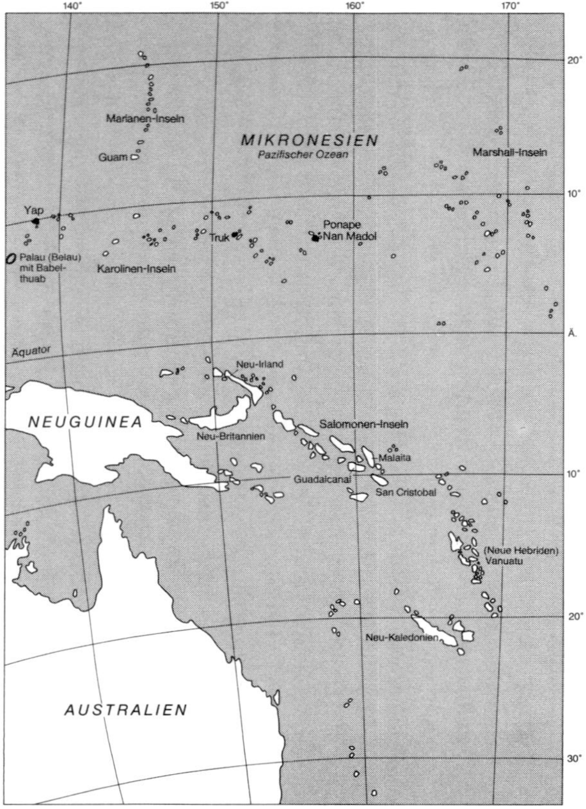
140°
150°
160°
170°
20°
10°
Ä.
30°
MIKRONESIEN
Pazifischer Ozean
Marianen-Inseln
Guam
Marshall-Inseln
Yap
Palau (Belau) mit Babel-thuab
Karolinen-Inseln
Truk
Ponape
Nan Madol
Äquator
Neu-Irland
NEUGUINEA
Neu-Britannien
Salomonen-Inseln
Malaita
Guadalcanal
San Cristobal
(Neue Hebriden)
Vanuatu
Neu-Kaledonien
AUSTRALIEN

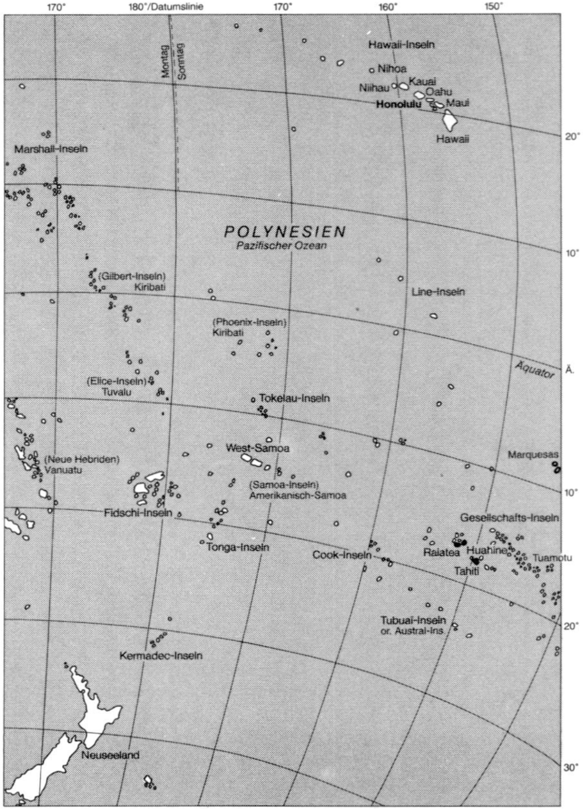
170°
180°/Datumslinie
170°
160°
150°
Montag
Sonntag
Hawaii-Inseln
Nihoa
Niihau
Kauai
Oahu
Honolulu
Maui
Hawaii
20°
Marshall-Inseln
10°
POLYNESIEN
Pazifischer Ozean
(Gilbert-Inseln)
Kiribati
Line-Inseln
(Phoenix-Inseln)
Kiribati
Äquator
Ä.
(Ellice-Inseln)
Tuvalu
Tokelau-Inseln
West-Samoa
Marquesas
(Neue Hebriden)
Vanuatu
(Samoa-Inseln)
Amerikanisch-Samoa
Fidschi-Inseln
Gesellschafts-Inseln
Tonga-Inseln
Cook-Inseln
Raiatea
Huahine
Tuamotu
Tahiti
Tubuai-Inseln
or. Austral-Ins.
Kermadec-Inseln
Neuseeland
30°

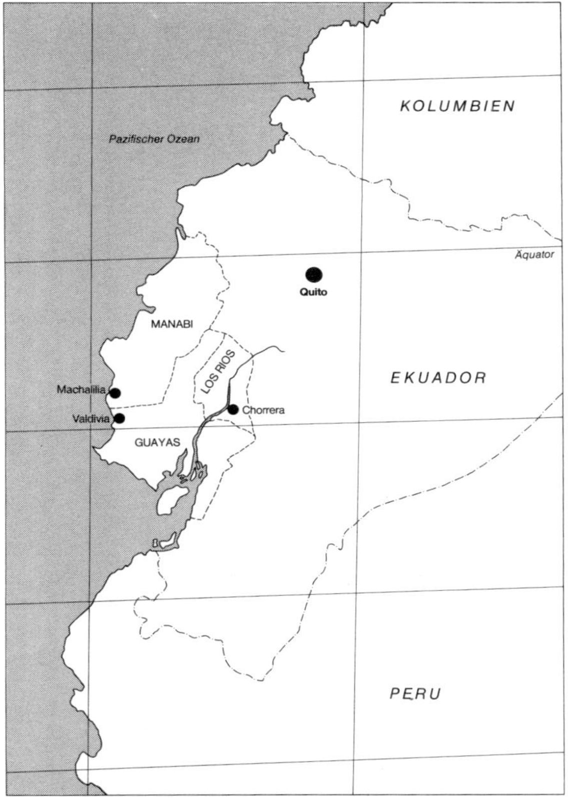
KOLUMBIEN
Pazifischer Ozean
Äquator
Quito
MANABI
LOS RIOS
EKUADOR
Machalilla
Chorrera
Valdivia
GUAYAS
PERU

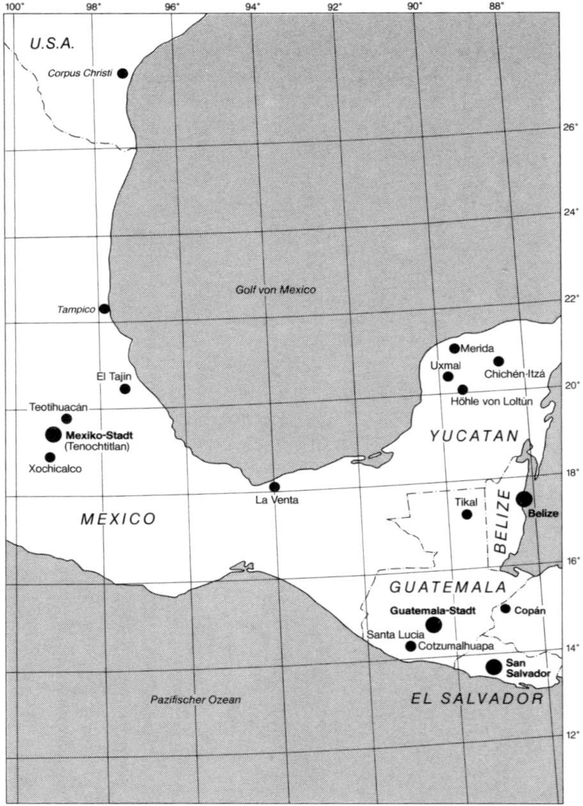
100°
98°
96°
94°
92°
90°
88°
U.S.A.
Corpus Christi
26°
24°
Golf von Mexico
22°
Tampico
Merida
Uxmal
Chichén-Itzá
El Tajin
20°
Höhle von Loltún
Teotihuacán
Mexiko-Stadt
(Tenochtitlan)
YUCATAN
Xochicalco
18°
La Venta
Tikal
Belize
MEXICO
BELIZE
16°
GUATEMALA
Guatemala-Stadt
Copán
Santa Lucia
Cotzumalhuapa
14°
San Salvador
Pazifischer Ozean
EL SALVADOR
12°

sche« Kette quer durch den Pazifik bilden. Sie sollen in grauer Vorzeit zu einem großen Kontinent namens *Lemuria* oder *Mu* gehört haben. Stimmt diese Theorie? Höhepunkt der Reise durch Ozeanien ist *Nan Madol*, jene legendenumwitterte, fast tausendjährige Ruinenstadt, die mitten im Meer auf 92 künstlichen Inseln angelegt wurde und die bis heute die dunkle Erinnerung an ein großes Südsee-Reich wachhält.

Wir erhalten ein ganz neues Bild von Polynesien — nicht die Urlaubspostkarte aus dem Reiseprospekt, sondern das dramatische Panorama einer untergegangenen Kultur, die die kühnsten Seefahrer der Welt geschaffen hatten. Kamen sie vom asiatischen Festland oder aus der anderen Richtung, von den Küsten Südamerikas?

Folgerichtig führt diese faszinierende Reise in die Vergangenheit nun weiter zu den ältesten Kulturen Amerikas, deren Spuren der bekannte Schriftsteller Peter Baumann in Ekuador, Peru und in Kolumbien im Jahre 1981 nachging. In seinem Beitrag »Sie brauchten keine ›Weißen Götter‹« schildert Peter Baumann nicht nur die Entdeckung der über 5000 Jahre alten Valdivia-Kultur, sonden zeigt auch, weshalb gerade diese Kultur die Entwicklung der Zivilisation in Alt-Amerika maßgeblich mitbestimmt hat. Mit der Lösung eines der größten Rätsel der indianischen Frühzeit steht damit fest: Weder von Dänikens »Astronauten-Götter«, dessen Spekulationen Peter Baumann in seinen Schilderungen der Tempelanlage von Chavín de Huantar eine sorgsame und in sich schlüssige Hypothese entgegenstellt, noch mythische Besucher aus Übersee mußten den Indianern Südamerikas Kulturanstöße geben. Wer sich mit seinen eigenen Augen und Ohren davon überzeugen möchte, kann — wie der Autor — in Peru und Ekuador noch heute Zeuge der Macht alter Götter sein, die das Leben der Indianer beeinflussen.

Im letzten Beitrag folgt Gottfried Kirchner auf den menschenleeren Hochebenen und in den fieberheißen Regenwäldern Mittelamerikas den Spuren eines mythischen Ungeheuers, der Gefiederten Schlange. Dieses Symbol — halb Vogel, halb Reptil — verkörperte in den Indianerreichen zwischen Mexiko und Costa Rica hundertfach den Sonnengott *Quetzal-*

coatl. Erstaunlicherweise begegnet man einem ähnlichen mythischen Wesen auf Darstellungen im alten Ägypten. Dort winden sich geflügelte Kobras um den Thron der Pharaonen. Ein Zufall?

Auf diese und viele andere Fragen gibt »TERRA-X« ebenso verblüffende wie überzeugende Antworten, auf die der Leser gespannt sein darf.

Mainz	Frankfurt am Main
Zweites Deutsches Fernsehen	Umschau Verlag

Südseeinseln aus Götterhand

Im Meer der verzauberten Steine

Da sind sie, die Hunde des Meeres!
Sie pressen ihr weißes Fell
fest an den welligen Körper.
Hell glänzt es im Kamm der Woge,
bis sie sich schäumend zu Tode hetzen
am sicheren Ufer.

Teuira besang die Brandung von Huahine. Es sei ein sehr altes Lied, meinte ihr Bruder Omai, nachdem er mir das Wortgemälde übersetzt hatte. Eine Sprache voll fremder Bilder. Aber diese Bilder trafen genau die Kulisse vor uns: Sanft fiel der sandige Hang zur Lagune ab. Ein mattgrüner Spiegel, reglos unter dem blauen Himmel. Davor das Riff, ein Streifen aus graugelben Korallenbrocken, das erste »sichere Ufer«. An dieser Barriere starb die Brandung. Immer wieder rückte sie an, von links nach rechts. Eine weißgekrönte Welle riß die nächste hoch, fand eine dritte, rasend schnell formierte sich eine ganze Meute. Sie jagte gischtsprühend auf den flachen Landsaum zu, brach mitten im kraftvollen Sprung zusammen, überschlug sich, rollte aus.

Teuira brauchte ihre Stimme nicht anzustrengen. Ihr Lied klang klar durch den Abend. Die Brandung zerstob ohne lautes Grollen. Nur ein gleichmäßiges Rauschen war von ferne zu hören, ein mächtiges, ruhiges Heben aus der Tiefe, immer wieder, nach einem festgelegten Rhythmus. Die See war heute träge und so friedlich, wie es ihr Name verspricht: *Mar Pacifico* hatte sie der portugiesische Kapitän Fernão de Magalhães getauft, als er 1520 mit seinen drei Schiffen den unerwartet ruhigen und windstillen Ozean kreuzte. Wir saßen im »Auge« des

Pazifik, in Polynesien, genauer gesagt auf einer nierenförmigen Landzunge im Nordosten der Insel Huahine. Die Luft schmeckte nach Tang und halbgetrockneter Kopra, mischte sich mit dem kräftigen Duft von Schweinebraten, der im Erdofen schmorte. Teuira erhob sich, um nach unserem Abendessen zu sehen. Das ist in Polynesien Sache der Frauen. Sie suchte nach einem festen Gegenstand, mit dem sie die glühenden Steine ein wenig verteilen wollte, und verschwand, da sie auf dem Platz offenbar nichts fand, um die Ecke des Bauwerks, das hinter uns in den goldgesprenkelten Himmel ragte. Als sie wieder kam, hielt sie eine tellergroße Basaltplatte in der Hand. Ihr Bruder sprang auf und nahm ihr den Stein mit einer heftigen Bewegung weg. Ein erregter Wortwechsel folgte. Ich verstand zunächst überhaupt nicht, worum es ging. Erst als sich die beiden wieder beruhigt hatten, erklärte mir Omai den Vorfall:

Der Stein, den Teuira für den Erdofen benutzen wollte, stammte von einem *Marae,* einem Kultplatz der alten Polynesier. Vielleicht war er ein Teil der mächtigen Basalteinfassung, der sich abgelöst hatte und jetzt auf dem Boden lag.

Ich sah mir die Konstruktion näher an. Eine rechteckige Steinkiste, gut hundert Meter lang und über zwei Meter hoch. Eine Art Altar, auf dem sich nur die Götter niederlassen durften. An der Westseite schloß sich ein kleiner Zeremonialplatz an, mit dem Grab von Raiti, einem der berühmtesten Häuptlinge von Huahine. Er hatte 1897 den Vertrag mit unterzeichnet, der die »Inseln unter dem Wind« (Huahine, Raiatea, Maupiti und Bora-Bora) endgültig der Herrschaft Frankreichs unterstellte.

Als Raiti 1918 starb, fiel vom hohen Altar ein Stein herunter; wenigstens erzählt man sich das bis heute. Konnte es nicht die Platte sein, die Teuira arglos aufgehoben hatte? Für viele hier gilt der *Marae* noch immer als ein ehrwürdiger Ort, der den Ahnen heilig war und den man deshalb respektieren muß.

Omai brachte den »Stein des Anstoßes« wieder an seinen Platz zurück und kümmerte sich jetzt selbst um den Schweinebraten. Behutsam wickelte er zarte Bauchstücke und würzige

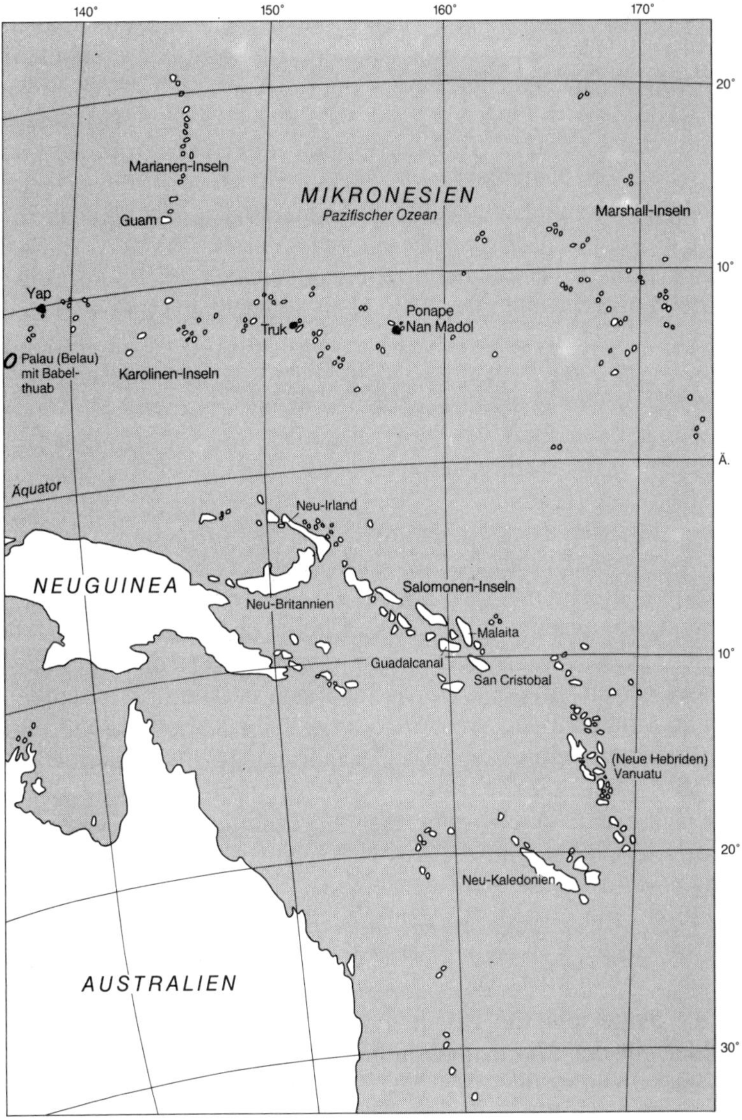

Mikronesien, die »Kleininselwelt« zwischen den Philippinen und Neuguinea bedeckt acht Millionen Quadratkilometer Wasserfläche und ist damit so groß wie die USA! Die Salomonen gehören zu Melanesien.

Koteletts aus den dampfenden Bananenblättern und reichte sie uns. Wir aßen schweigend. Eine leichte Brise kam auf und wehte uralte Sagen ans Ufer:

Hier, wo wir lagerten, war vor langer Zeit die Prinzessin Hutuhiva gelandet. In einer großen hölzernen Trommel war sie von der Nachbarinsel Raiatea übers Meer geflohen. Ihren Mann und ihre Söhne hatte man umgebracht. Dankbar für ihre Rettung, ließ sie in Mataotoerau, dem »Auge des Nordens« auf der nördlichen Halbinsel Huahines, den großen Altar errichten und weihte ihn *Tane,* dem allmächtigen Schöpfer des polynesischen Götterhimmels, Herr über Wald und Licht, Spender des Lebenswassers. Noch heute zeigen die Einheimischen auf einer niedrigen Plattform, die an den Altar *(ahu)* grenzt, *Tanes* Bett, wo der Gott schlief, wenn er sein Volk besuchte. Altar und Kultplatz heißen seit ihrer sagenhaften Gründung *Manunu.* Das bedeutet »erstarrt«, ein treffendes Wort für den Zustand der unglücklichen Prinzessin.

»Du weißt, daß es hier eine Menge solcher Steinbauten gibt«, unterbrach Omai die Stille. »Nicht nur bei uns auf Huahine, sondern auch auf Raiatea, Tahiti, sogar im Touristenkäfig Bora-Bora.« Die letzte Bemerkung klang ziemlich abfällig, weil es ihn offenbar ärgerte, daß sich gerade dort Urlauber und Einheimische mehr für den weißen Korallenstrand, die Wassertemperatur und das Geschäft mit Surfbrettern interessieren als für die Überreste der alten Stammeskultur.

Ich nickte. Welch einseitige Vorstellungen und Klischees halten sich noch immer hartnäckig bei uns in Europa oder in den USA, wenn man vom Pazifik, seiner Bevölkerung und Geschichte spricht! Andächtig bestaunen wir die gigantischen Ruinenstädte in den Regenwäldern oder Felstälern Mittel- und Südamerikas, die Indianer lange vor Kolumbus und der Conquista angelegt hatten. Wir bewundern die verschwenderischen Formen asiatischer Architektur und stehen im Vorderen Orient stumm vor den verwitterten Lehmziegeltürmen, mit denen unsere Zivilisation begann. Von Ägypten, dem klassischen Griechenland oder Rom ganz zu schweigen! Geradezu grotesk dagegen fällt unser Urteil über den pazifischen Raum aus.

Wer Südsee hört, der träumt von weißen Palmenstränden, von winzigen Atollen, vom Tamure-Tanz blumengeschmückter Mädchen. Wer Südsee hört, der sieht Korallengärten, Auslegerkanus und luftig offene Laubhütten vor sich. Gewiß, dies alles gibt es, aber wir denken sofort, es sei Inhalt und Hintergrund menschlicher Existenz in jenen Breiten, heiter und oberflächlich, wie es die See manchmal vorspielt. Eine Kulisse aus Meer und Tropenwald, vor der fröhlich-naive Eingeborene sorglos eine lebenslange Robinsonade aufführen und sonst nichts tun, weil ihnen die Natur ja alles im Überfluß schenkt. Zu kulturellen Leistungen, wie wir sie aus unserer Geschichte oder von anderen Völkern kennen, waren diese »Wilden« deshalb überhaupt nicht fähig, meinen wir. Südsee-Kultur ist für die meisten europäischen und amerikanischen Besucher allenfalls Folklore. Ein gewaltiger Irrtum!

Die Insulaner waren nicht nur die besten und wagemutigsten Seefahrer der Welt. Indem sie systematisch den größten Ozean unseres Planeten erschlossen, wurden sie, unbemerkt vom Nabel Europa, zu umsichtigen Kolonisatoren. Sie waren hervorragende Architekten, legten Städte an und errichteten große Monumente. Nicht aus Erde, aus leicht vergänglichen Baumstämmen und Blättern, sondern aus Vulkangestein und Korallenplatten. Quer über den Pazifik zieht sich noch heute eine Kette von steinernen Siedlungen, Hochbauten und Großfiguren. Eine Kette, die das Meer zwar immer wieder unterbricht, die sich aber über Zehntausende von Kilometern erstreckt und schon sehr alt und kostbar ist.

Einzelne Glieder dieser magischen Kette wiederzufinden, sie zu erforschen, Beziehungen mit anderen Teilen herzustellen, das war der Sinn unserer Reise in den Pazifik. Huahine bildet nur ein winziges Verbindungsstück. Wer mit dem Finger auf dem wasserblauen Halbrund seines Globus entlangfährt, wird bestenfalls an einem Stecknadelkopf haltmachen und enttäuscht sein. Trotzdem: Huahine ist ein großartiger Platz, mit dem unvergeßlichen Dreiklang Himmel, Meer und heilige Steine. Nie zuvor nahm ich ihn so stark in mir auf wie an diesem Abend in Mataotoerau. Bevor Omai die schwache Glut im Erdofen löschte und wir das Ufer verließen, schrieb er mir noch den Text eines uralten Volksliedes auf und fügte die Übersetzung gleich bei:

»te tu'ou'ou te ta'i i Manunu
Vauvau te ta'i i te mea nei a
'Ia 'au o hu'a te ta'i ia Mou'a Tapu
Te mou'a te ta'i e tu'u ia'oa
E farera te mata'i e Toerau
Piri'oihia oi.«

»Bei Manunu schläft die See,
das Meer bereitet sich sein flaches Lager.
Der Schaum der Wellen soll eins werden mit dem
heiligen Hügel.
Mein Berg, die See ruht neben dir.
Der große Nordwind stirbt dahin
und wechselt wieder und wird launisch.«

Yap — Erinnerung an fremde Herren

Unsere Suche im Meer der verzauberten Steine begann auf Yap. Auf dem gut einstündigen Flug vom amerikanischen Guam — eine felsige Luftwaffenbasis, deren waffenstarrende Abgeschlossenheit auch der flotte Werbespruch »Guam, where America's day begins« nicht lockert — blätterte ich in meinen Notizen über Yap. Die Gruppe besteht aus 149 Inseln, auf denen heute 9300 Menschen leben. Vor 400 Jahren, beim ersten Kontakt mit europäischen Seefahrern, waren es weit mehr; nach den freigelegten Hausfundamenten und verlassenen Dörfern schätzt man etwa 50000. Dieser enorme Rückgang der Bevölkerung traf die meisten Südseeinseln; Ursache dafür waren vor allem ansteckende Krankheiten und Epidemien, die die Weißen eingeschleppt hatten.

Yap gehört zu *Mikronesien.* Diese »Kleininselwelt« östlich der Philippinen und nördlich von Neuguinea zieht sich 5000 Kilometer lang durch den Pazifik. Sie bedeckt die unglaubliche Fläche von acht Millionen Quadratkilometern und ist damit so groß wie die Vereinigten Staaten, freilich mit der Einschränkung, daß in dieser riesigen Wasserwüste kaum 2700 Quadratkilometer Land verstreut sind und manche der 2200 Inseln gerade Platz für ein Fußballfeld haben.

Um den geographischen Schauplatz noch enger einzukreisen: Yap ist ein Teil der *Karolinen.* Und um auch noch einmal hier die gewaltigen Entfernungen im Meer der Superlative deutlich zu machen: Zwischen Tobi, der westlichsten Insel, und dem östlichen Außenposten Kusaie liegen ca. 3600 Kilometer, das ist weiter als von London bis nach Tiflis im Kaukasus!

1525 entdeckte Kapitän Diego da Rocha die Karolinen, per Zufall. So eine Entdeckung war selten befriedigend oder komplett. Die Spanier fanden hier weder das heißbegehrte Gold noch gewinnbringende Gewürze. Die Navigatoren zeichneten auf ihren Seekarten ein paar Atolle und die Küstenlinie jener Inselchen ein, an denen man gerade vorbeikam; der Rest hinter dem Horizont blieb vergessen. Hauptsache, man konnte genug Inseln fürs Vaterland vermelden und damit die Konkurrenz ausstechen, die noch unruhig in den Heimathäfen saß, aber schon gierig nach Besitz im Südmeer schielte.

Trotz unzuverlässigen Kartenmaterials fanden da Rochas Nachfolger die Inseln wieder. Als sie vor einer dichtbewaldeten Bucht kreuzten, kamen ihnen Dutzende von Einbäumen entgegen. Nackte Männer begrüßten die Besucher so, wie es bei ihnen üblich war: mit aufgerichteten Paddeln, das Blatt nach oben. Die Spanier deuteten aufgeregt und mißtrauisch auf das Ruderspalier herunter und fragten nach dem Namen der Insel. Die Eingeborenen glaubten, ihre Paddeln seien gemeint, und riefen den Fremden an Bord das dafür gebräuchliche Wort zu: »Waab«. Die Spanier verhörten sich, machten »Yap« daraus und damit hatte die Insel ihren Namen. Madrid gliederte sie und über hundert andere 1668 in sein Weltreich ein und nannte sie nach dem gerade regierenden König Karl II. Karolinen.

Nach dem verlorenen Krieg gegen Amerika mußte Spanien 1899 seinen Südseebesitz verkaufen, um die leere Staatskasse wieder aufzufüllen. Das beste Angebot kam vom Deutschen

Reich, das den Wettlauf auf überseeische Kolonien schon fast verpaßt hatte, obwohl seine Chancen im Pazifik nicht schlecht standen: Namhafte deutsche Firmen wie Capelle, Wachsmuth, Hegemann, Hernsheim & Co. und Godeffroy handelten bereits seit Jahren in den fernen Gewässern und importierten Kopra, Perlmutt, Schildpatt, Elfenbeinnüsse und Trepang (bêche-de-mer), eine Delikatesse aus gekochten, getrockneten und geräucherten Seegurken. Auf zahlreichen Inseln gab es feste Kontore und Niederlassungen, über denen die deutsche Handelsflagge wehte.

Ein echter Pionier in Ozeanien war der Hamburger Kaufmann Johan Cesar Godeffroy (1813—1885), der das vom Großvater ererbte Warenhaus zu einem Unternehmen von Weltruf ausbaute. Ihm ging es nicht nur um gute Geschäfte, er trat auch als Mäzen auf: 1861 gründete er in Hamburg das Museum Godeffroy, dessen ethnographisch-anthropologische Abteilung später das Leipziger Museum für Völkerkunde übernahm. Godeffroy und die anderen Firmen schlossen sich zur Jaluit-Gesellschaft zusammen, benannt nach einem Atoll in der Marshall-Gruppe, wo man mit deutscher Gründlichkeit und kulturellem Sendungsbewußtsein eine Straßenbahnlinie, ein Opernhaus und eine Schule baute. Der Jaluit-Konzern kontrollierte 1899 bereits 80 Prozent des gesamten Warenverkehrs in Mikronesien. Im selben Jahr schlug in Berlin die Stunde der Politiker: Sie zahlten dem bankrotten Spanien 18 Millionen Goldmark für die Marianen und Karolinen; das durch die Kaufleute gut vorbereitete Terrain wurde endlich Schutzgebiet des Reichs.

In die Bungalows der Spanier zogen preußische Verwaltungsbeamte ein. Sie sollten Rohstoffquellen erschließen und neue Absatzmärkte schaffen, obwohl man den Eingeborenen so gut wie nichts verkaufen konnte, da sie seit Jahrhunderten vom Tauschhandel lebten und kein Kapital besaßen. Auch Bodenschätze fehlten, und so beschränkte sich der Export im wesentlichen auf Kopra, ursprünglich *Copperah* genannt.

Dieses Produkt wird aus Kokosnüssen hergestellt. Dabei schneidet man das weiße Fruchtfleisch aus der Schale heraus und trocknet es an der Sonne oder in Öfen. Eine ausgereifte

Palme trägt fünfzig bis hundert Nüsse im Jahr und das etwa zwanzig Jahre lang. Die deutschen Plantagenbesitzer rechneten schnell: Wenn man die Fruchtbarkeit einer einzigen Palme voll nutzt, kommt man auf mindestens tausend Nüsse. Die ergeben etwa 2,3 Doppelzentner Kopra, aus denen man wiederum 113 Liter Öl gewinnen kann. Dieses stark riechende Öl wurde für kosmetische Artikel benutzt oder Molkereiprodukten, Marmelade, Kerzen und Seifen zugesetzt.

Mit Kopra allein aber konnte niemand reich werden. Wirtschaftlich gesehen brachten die »Deutschen Schutzgebiete in der Südsee« — so die offizielle Bezeichnung — kaum etwas ein. Sie waren ein reines Prestigeobjekt, mit dem man große Schwierigkeiten hatte. Hauptproblem waren die bedürfnislosen und lebensfrohen Eingeborenen, die nicht einsehen wollten, warum sie sich ab sofort nach einem streng einzuhaltenden Zeitplan für die neuen Herren abschuften sollten, wo ihnen die Spanier mehr Freiheit gelassen hatten. Ein Berichterstatter meldete an das Kolonialamt in Berlin:

»In Tropengebieten scheidet für die Rolle des körperlich Arbeitenden der Weiße von vornherein aus, da er zu dauernder körperlicher Anstrengung unter der Glut des Äquators unfähig ist; er kann höchstens als Leiter und Aufseher fungieren. Man ist hier also auf farbige Arbeiter angewiesen. Hierzu gesellt sich als weitere Schwierigkeit bei der Verwendung der Eingeborenen als Arbeiter die Charakterveranlagung der Südseebewohner. Unter einem alles mühelos gewährenden Himmel ist der wirtschaftliche Sinn der Leute verkümmert. Arbeit als Produktionsfaktor ist ihnen durchweg unbekannt. Der Mann vermeidet grundsätzlich jede unangenehme körperliche Anstrengung, feiert aber um so mehr Volks- und Schmausfeste, die an sich in ihrer erschreckend hohen offiziellen Zahl einer gleichmäßigen Dienstverrichtung auf einer mit deutscher Gewissenhaftigkeit arbeitenden Plantage hinderlich wären.«

Nachdem man die Insulaner durch harte Repressalien, wie Kopfsteuer und Naturalabgaben, fügsam gemacht hatte und sie schließlich alle Strophen des Deutschlandliedes singen konnten, brach der Erste Weltkrieg aus. Der Traum des Wilhelminischen Reichs von einem Platz an der Tropensonne zerplatzte im Hagel von Granaten: Am Morgen des 12. Augusts 1914 beschoß der britische Kreuzer »Minotaur« Yap und zerstörte den 60 Meter hohen Funkmast. Ende des gleichen Jahres besetzte die japanische Marine die Insel. 1919 übergab der Völkerbund Deutsch-Mikronesien als Treuhandgebiet an Japan. Dessen Gastspiel dauerte etwas länger und endete 1945 mit einer beispiellosen Katastrophe. Was Militärexperten später sportlich-cool als »Inselspringen« bezeichneten, war die blutigste und grausamste Materialschlacht der Geschichte, der Hunderttausende japanischer und amerikanischer Soldaten und ein großer Teil der Zivilbevölkerung zum Opfer fielen.

Die geschundenen Inseln kamen unter US-Verwaltung; einige wurden bis in unsere Tage als Abschußrampe für Atombomben und Zielscheibe für Raketentests mißbraucht, zum Schrottplatz entstellt und verseucht. 1981 lief der Treuhandvertrag mit den Vereinigten Staaten aus. Amerika bleibt zwar die Schutzmacht Nummer Eins und hat sich auf vielen Inseln Militärbasen für unbefristete Dauer gesichert. Aber der Archipel ist auf dem Weg der Unabhängigkeit: Mehrere Inselgruppen haben sich zur FSM, zu den *»Federated States of Micronesia«* (Föderation von Mikronesien) zusammengeschlossen. Ein Teil davon ist Yap.

Fischmenschen im Grasrock

Unser wichtigster Mann auf der Insel war Gouverneur John Mangefel, ein freundlicher Eingeborener in den Fünfzigern. Wer auf Yap Forschungen treiben und wie wir einen Film drehen will, braucht seine Genehmigung. Er empfing mich, nur mit Shorts bekleidet, in seinem großen luftigen Haus über der Chamorro-Lagune, an deren Ufern sich die Hauptstadt Colonia entlangzieht.

»Was ist von der deutschen Kolonialzeit übriggeblieben?« wollte ich von ihm wissen. »Nicht viel«, meinte er. »Einmal die massiven Zementstützen für den Funkmast der alten Kabelstation. Dann der Tagreng-Kanal, den die Deutschen zwischen Tomil und Fanif gebaut haben. Und die Liebenzeller Mission. Auch unsere Sprache hat ein paar deutsche Worte übernommen: ›Ziege‹, ›Amt‹, und für Flugzeug sagen wir ›Zeppelin‹.«

Die Liebenzeller Mission war ein guter Tip. Der junge Missionar Harald Gorges und die Kindergärtnerin Doris Eberhardt luden uns ein, sie nach Atteljiou zu begleiten, einem Dorf im Norden, wo sie einige Familien betreuten. Ihr Jeep fuhr voraus und verschwand bald in Wolken von rotem Staub.

Der Boden hier enthält Kupfer, sein Kern aber besteht aus graugrünen Amphiboliten und Strahlsteinschiefern. Geologen haben festgestellt, daß Yap ursprünglich zum asiatischen Festlandsockel gehörte und der Rest einer uralten Landbrücke ist, die längst zertrümmert wurde und im Meer versank. Neben den aufschlußreichen Gesteinsproben fanden die Wissenschaftler dafür noch einen weiteren Beweis: Im Norden des unterseeischen Rückens, der die Karolinen trägt, fällt der Meeresboden plötzlich in ungeheure Tiefen ab, beim Palau-Graben auf 8138 Meter und südöstlich der Marianen sogar auf 10863 Meter. Solche Tiefenrinnen sind häufig am Rand großer Kontinentalsockel zu finden.

Nicht nur geologisch ist Yap anders als die meisten Inseln Mikronesiens. Es hat noch viel von seiner Ursprünglichkeit bewahrt, die Bevölkerung lehnt den amerikanischen Lebensstil ab, hängt sehr stark an alten Bräuchen und verschließt sich gegenüber Fremden. Jüngstes Beispiel: 1982 hat die nördlichste Insel Rumung den Zutritt für Weiße gesperrt. Da helfen auch keine Vermittlungsgespräche des Gouverneurs oder der Missionare. Als wir vor einem *Faluw,* einem prächtigen strohgedeckten Männerhaus, halten und fotografieren wollen, macht uns Harald Gorges darauf aufmerksam, daß wir vorher den Distrikt-Ältesten um Erlaubnis bitten müssen. Mr. Sigfritz Tman – sein Vorname erinnert entfernt an das deutsche Gastspiel – wohnt in der Nähe und sagt ja.

Die *Faluws* wurden auf künstlichen Landzungen in die Lagune hinausgebaut. Sie waren eine Art Schule, wo junge, unverheiratete Männer von den Alten unterrichtet wurden. Außerdem dienten sie als Versammlungsort für die Dorfführer und als Lagerraum für Geräte zum Fischfang. Auf dem spitzen Giebeldreieck zwischen dem lang heruntergezogenen Strohdach entdecken wir holzgeschnitzte Haie.

Alles Land auf Yap ist in privater Hand. Grundbesitz bestimmt den gesellschaftlichen Rang des einzelnen. Wem das meiste Land gehörte, der konnte Häuptling oder Zauberer werden. Den besten Boden findet man in Küstennähe; dort leben die Reichen, die Spitzen der Gesellschaft. Das alte komplizierte Dreiklassensystem wirkt noch heute nach. Die herrschende Schicht besteht aus zwei Kasten, den *Bilchee* (Hausbalken) und *Ulun* (herausragender Teil). Darunter kommt der Mittelstand, die *Tathewan* (Splitter) und *Daortsig* (noch nicht klein). Schließlich die Unterschicht, die *Milingai* (flacher Boden); sie wohnen im weniger fruchtbaren Innern der Insel.

Die Begriffe zur Unterscheidung der Klassen orientieren sich deutlich am Hausbau, an seinen tragenden und untergeordneten Teilen. Man kann die *Bilchee* und *Ulun* nicht einfach mit dem europäischen Adel gleichsetzen und die *Milingai* als Sklaven bezeichnen. Die *Milingai* müssen der Oberkaste zwar Dienste leisten, aber nur auf Anweisung eines Häuptlings und zum Wohl aller Bevölkerungsgruppen. Ehen zwischen den sozialen Schichten sind heute wieder erlaubt, doch nicht gern gesehen.

Gleichberechtigung der Geschlechter ist noch ein Fremdwort. Auf der Straße geht eine Frau meist einige Schritte hinter dem Mann, in vielen Familien wird die Mahlzeit in verschiedenen Töpfen zubereitet und getrennt gegessen. Männer und Frauen haben jeweils ihren gesonderten Arbeitsplatz: Der Mann baut Haus und Kanu, geht auf Fischfang, flickt Netze und schlägt Kokosnüsse. Die Frau kümmert sich um die Kinder, schneidet Gras, flicht Körbe und Matten und besorgt den Garten, wo die wichtigsten Nutzpflanzen wachsen: Taro, Yams, Süßkartoffeln, Bananen, Brotfrucht, Papaya, Ananas und Tapioka, eine Knollenart.

In Atteljiou versperren japanische Kleinwagen den Weg. Das ganze Dorf ist auf den Beinen. Der Ältestenrat veranstaltet ein Fest zu Ehren einer Basketballmannschaft aus Palau, die gerade ein Inter-Inselturnier gewonnen hat. Außer den Spielern sind wir die einzigen Fremden; kein Tourist ist zu sehen. Wir bekommen gerade noch die Vorbereitungen für den Mädchentanz mit. Reizende Schönheiten zwischen fünf und fünfundzwanzig Jahren drängeln sich auf dem Versammlungsplatz. Sie sind fantastisch geschmückt. Ein Stirnband aus weiß-, gelb- und rotgefärbten Blättern mit einer hochragenden Palmsprosse an der Vorderseite hält die schwarzen Haare zusammen. Ältere Mädchen tragen eine schwarze Schnur um den Hals als Zeichen ihrer geschlechtlichen Reife. Vor dem nackten Oberkörper baumelt eine Blumenkette, schmale Pflanzenstreifen sind um die Arme geflochten. Von den Hüften bis zu den Knöcheln reicht der *lava-lava,* ein bunter Rock, gewebt aus Hibiscus- und Bananenfasern, manche auch aus Gras.

Ein alter Mann, nur bekleidet mit dem *thus,* einem Lendenschurz aus drei Lagen in Rot, Weiß und Blau, an denen trokkene Hibiscusfibern hängen, baut sich vor den Mädchen auf. Er ordnet die kichernde Gruppe zu einer Reihe und bestäubt ihre Schultern mit *tumeric,* einem orangefarbenen Puder. Es wird aus zerriebenen Curcuma-Wurzeln, einer Ingwerart, hergestellt. Ein Zauber-Make-up, das böse Geister bannen soll. Nach dieser Prozedur setzen sich die Mädchen auf den steinigen Boden und richten ihr Gesicht unbeweglich auf die Zuschauer. Ohne sichtbares Kommando stimmt eine Vorsängerin ein Lied an, eine kaum variierende Tonfolge, nicht vergleichbar mit Melodien, die europäische Ohren gewohnt sind. Ein Mädchen nach dem andern fällt ein, beschwörender Singsang füllt den großen Platz. Sie drehen den Körper nach verschiedenen Seiten, betonen die Richtung mit wellenförmigen Armbewegungen. Sie schlagen mit einer Hand an die Brust, strecken die andere nach oben, klatschen alle gleichzeitig und spielen mit ihren Fingern eine ganze Skala von Figuren durch. Unverständliche Worte und verwirrende Gesten erzählen gemeinsam folgende Geschichte:

»Eines Tages schnellte ein Fisch ans Ufer und wurde zu einer Frau. Sie wußte, wenn sie jemals Yamswurzeln aß oder Kartoffeln, mußte sie wieder zurück ins Meer. Denn Yams und Süßkartoffeln sind nicht die Früchte der See, ihrer Heimat. Die Frau stieg auf einen Berg. Dort wartete ein Mann und heiratete sie. Aber er hatte bereits ein Weib. Es war eifersüchtig auf die Nebenbuhlerin und entlockte ihr das Geheimnis der verbotenen Speisen. Heimlich mischte sie Yamsknollen unters Essen und gab es ihr. Die Fischfrau bekam Aussatz und wurde sehr krank. Als sie im Sterben lag, hatte sie nur einen Wunsch: dorthin gebracht zu werden, woher sie kam. Das geschah, und die Wellen trugen sie fort. Man hat sie nie mehr gesehen, weder in Gagil, noch vor Rumung. Aber das, wovon wir berichten, kann immer wieder geschehen. Und deshalb erzählen wir euch diese wahre Geschichte noch einmal.«

Die Solostimme, der anschwellende Chor, das rhythmische Klatschen, sanfte Körperbewegungen, ständig wechselnde Arm- und Fingerhaltungen — alles wiederholt sich; ich weiß nicht wie oft, so sehr hat mich das Schauspiel erregt. Der Inhalt des Sitztanzes folgt einem Mythos aus dunkler Frühzeit, der von Generation zu Generation weitergegeben wurde.

Während die Dorfältesten ihre Gäste mit Dosenbier bewirten, meint Missionar Gorges, er habe bei seinen Familienbesuchen oft ähnliche Sagen gehört. Besonders die älteren Yapesen behaupteten hartnäckig, ihre Vorfahren stammten aus dem Meer. Sie hätten lange Zeit wie Fische unter Wasser gelebt, aber einen menschlichen Körper besessen. Der habe allerdings immer eine Nabelschnur gehabt, länger als bei den neugeborenen Babys von heute. Durch diesen Luftschlauch, dessen äußerstes Ende an der Oberfläche schwamm, hätten die Unterwassermenschen geatmet. Eines Tages habe der »Große Wind« mit unvorstellbarer Gewalt das Meer aufgewühlt und die Fischleute in weitem Bogen ans Ufer geschleudert. Dort blieb ihnen gar nichts anderes übrig, als wie Geschöpfe des Festlands zu leben. Sie warfen ihre Nabelschnüre von sich und atmeten durch den Mund, wie sie es noch heute tun.

In einer Pause stellt uns Gorges dem alten Mann vor, der die Mädchen mit dem Orangepulver bestäubt hatte. Es ist Häuptling Wa'ath, 74 Jahre alt und Witwer. Er hat genug von der Feier und lädt uns ein, ihn zu begleiten; sein Haus liege

Der 74jährige Häutpling Wa'ath war früher Geisterprediger auf Yap. Hinter ihm der obligatorische Bastkorb, in dem die Männer ihre Betelnüsse aufbewahren.

nur ein paar Schritte entfernt. Wir gehen in Richtung Strand. Der Wind rauscht in den Palmen, die Brandung donnert herüber; der Lärm vom Festplatz bleibt schnell zurück. Wa'ath setzt sich auf die steinerne Plattform seiner geräumigen Hütte, deren Wände aus derben Pandanus-Blättern zusammengesteckt sind.

Dann widmet er sich in aller Ruhe der Lieblingsbeschäftigung der Yapesen, dem Betelkauen. Aus dem halbkreisförmigen Bastkorb, den die Männer stets bei sich tragen, holt er ein paar grüne Betelnüsse *(bu)*; hier auf Yap soll es die besten geben. Der Häuptling knackt die Nüsse auf, zerstampft die Kerne mit dem Schaltknüppel eines ausgewrackten Chevrolets und würzt den Brei mit einer Prise Kalkasche *(wach)*, dem Rückstand verbrannter Korallen. Kleine Portionen werden in ein Pfefferblatt *(gabuy)* gewickelt und stundenlang gekaut. Das Alkaloid in der Nuß beschleunigt die Herztätigkeit und stimuliert. Der Betel-Priem ist eine milde, anregende Droge, deren Wirkung freilich nach wenigen Minuten nachläßt. Einziger Schönheitsfehler in europäischen Augen: Der rote Saft überzieht die Zähne nachhaltig mit einem lackartigen Belag.

Ich stelle dem alten Mann ein paar Fragen, die Doris Eberhardt übersetzt. Wa'ath erinnert sich: Früher war er einer der sieben Priester von Yap, die die Geister beschwörten. Darauf deuteten auch die senkrecht tätowierten Streifen an seinem Oberkörper. Wa'ath kannte verschiedenen Zauber, beispielsweise um ein sprödes Mädchen zu gewinnen oder die zänkische Ehefrau von Dämonen holen zu lassen. Mit magischen Sprüchen schützte er neue Kanus und die Mannschaft vor Haien und Unwetter. Er habe auch ein paar Menschen getötet, meinte er versonnen; nicht direkt mit eigenen Händen, sonden durch Magie *(bonod)*, durch Übertragung seines Willens. Da war die Sache mit Fayu, einer ziemlich arroganten Schönheit, die alle Männer im Dorf verrückt machte, aber keinen von ihnen nahm. Einige Burschen, grundlos aufeinander eifersüchtig, hatten sich ihretwegen schon blutige Köpfe geholt. Da sprach Wa'ath mit *Terakunenen*, dem bösen Geist des Schwertfisches. Der bescherte der Unruhestifterin eine falsche Schwangerschaft, an der sie wenig später starb. Der

Der Marae Manunu am Nordoststrand von Huahine, einer der »Inseln unter dem Wind« in Französisch-Polynesien. Der Altar war den Göttern geweiht.

Unberührte Trauminseln, auf denen man wie Robinson leben kann, gibt es tatsächlich noch. Diese hier gehört zur Truk-Gruppe, dem größten Atoll der Welt in den Karolinen.

Ein prächtiger Faluw, das strohgedeckte Männerhaus auf der Karolineninsel Yap. Es diente als Versammlungsraum für die Dorfführer und als Lager für Geräte zum Fischfang.

Einige Faluws stehen auf künstlichen Plattformen, die in die Lagune hineinragen; für ankommende Seefahrer eine weithin sichtbare Landmarke.

Nan Madol, die über 800jährige Geisterstadt auf den künstlichen Inseln. Hier der Eingang zur Festung Nan Dowas mit ihrer neun Meter hohen und fast drei Meter dicken Außenmauer.

Im Norden von Yap tanzen die Mädchen »oben ohne« und im traditionellen Grasrock noch nicht für Touristen! Ihr Auftritt leitet die Dorffeste ein.

Häuptling, schon lange getaufter Christ, erwähnt diesen Fall ohne sichtbares Zeichen von Reue oder Erschütterung.

Ich frage ihn nach den Fischmenschen. Er nickt: »Das waren unsere Vorfahren, aber sie tauchten auch später immer wieder auf.« Wa'ath erzählt ein Beispiel:

»Also, es war vor längerer Zeit auf der Insel Rumung. Im Dorf Tagam gab es wieder mal ein Fest. Die haben dort früher gewaltig gefeiert, vor allem viel getrunken. Da brauchte man natürlich immer wieder Nachschub. Deshalb stieg ein Mann auf eine Kokospalme, um junge Zweige für *tuba*, für Palmwein anzuschneiden. Und da hat er sie gesehen. Sie müssen aus dieser Richtung gekommen sein.« Wa'ath deutet hinüber zum Meer. »Dort hinten lag früher eine große Insel. Mein Großvater hat sie noch gekannt, sie ist dann aber über Nacht verschwunden. Jedenfalls hat der Mann auf der Palme gesehen, wie zwei Delphine ans Ufer kamen und sich in zwei Mädchen verwandelten. Sie streiften ihre Flossen ab und versteckten sie im Sand. Dann gingen sie zum Tanzen nach Tagam. Der Mann stieg vom Baum herunter, grub Schwanz- und Rükkenflossen aus und verbarg sie in seinem Garten. Später lief er wieder zum Strand, wo die zurückgekehrten Mädchen verzweifelt nach ihrer Fischhaut suchten. Er nahm die eine mit und heiratete sie; sie bekamen viele Kinder. Aber eines Tages entdeckte die Frau im Tarofeld ihre Flossen. Sie reinigte sie, zog sie sich an, verließ die Familie — und ging zurück ins Meer.«

Zwei Punkte in dieser Sage fielen mir auf. Einmal die Verwandlung von Fischen in Menschen, die kurz auf der Erde bleiben und wieder ins Meer zurückkehren. Ganz ähnlich klang das auch beim Sitztanz der Mädchen, den wir vorher gesehen hatten. Es zeigt, wie stark die Mythen der Eingeborenen von ihrer Umwelt geprägt sind, von ihrem wichtigsten Lebenselement, dem Wasser. Der gewaltige Ozean bestimmt den ewigen Kreislauf von Werden und Vergehen. Alles, was man hier zum Leben braucht, kommt aus dem Meer; alles, was lebt, muß wieder zurück ins Meer. Entsprechend ist auch der Schöpfungsbericht von den Palau-Inseln zu verstehen: Ein Lavafelsen, umspült vom unendlichen Urmeer, war die Gebärmutter des Universums. Er bringt den Gott *Tpereakl* und die Göttin *Latmikaik* hervor. *Tpereakl* läßt sich im Himmel nieder, *Latmikaik* aber auf dem Grund der See, wo sie zwei Söhne und eine Vielzahl von Fischen gebiert. Wenig später errichten die Fische einen gewaltigen Turm, der über das Meer hinausragend zur Erde wird. Die Menschen selbst entstanden durch Vereinigung von Göttern mit Fischen.

Dann war da noch die Bemerkung von Wa'ath über die verschwundene Insel. Viele Sagen bringen solche »Verlustmeldungen«. Im Gegensatz zur märchenhaften Fisch-Mensch-Entwicklung haben sie offenbar einen realen Hintergrund. Der Kaufmann Franz Hernsheim schrieb in seinen »Südsee-Erinnerungen 1875—1880«, auf Yap hätten ihm Leute von einer Insel im Norden erzählt, die bis vor kurzem existiert habe. Sie standen mit ihren Bewohnern in regem Verkehr. Nach einem Erdbeben war diese Insel plötzlich im Meer versunken.

Yap bildet die Verlängerung des Marianenbogens mit seinen immer noch aktiven Vulkanen. Außerdem liegt es hart neben der tiefen Einbruchstelle (8590 Meter) am Rand des Karolinenrückens. Unterirdische Kräfte können hier durchaus vor relativ kurzer Zeit Inseln verschluckt haben.

Inseln kommen und verschwinden

Mit der Energie einer Zehn-Megatonnen-Atombombe explodierte am 18. Mai 1980 der Mount St. Helens im Kaskadengebirge im US-Staat Washington. Noch aus 160 Kilometer Entfernung war die schmutziggelbe Rauchwolke des Vulkans zu sehen, der 4000 Jahre lang geschlafen hatte. Fast täglich dagegen inszeniert *Pele,* die polynesische Feuergöttin, auf den Hawaii-Kratern Kilauea, Kapoho und Halemaumau ihr grandioses Schauspiel:

Leichte Beben und ein dumpfes Grollen aus dem Bauch der Erde künden den ersten Akt an. Dann schießen glühende Gesteinsfontänen und giftige Gase in die Luft. Sengender Aschenregen verdunkelt den Himmel. Die Berge speien Feuer und schleudern über tausend Grad heißes Magma heraus, jene kochende Silikatschmelze aus dem Erdinnern. Breite Lavaströme stürzen ins Meer. Wenn das kalte Seewasser sich mit der siedenden Lava vermischt, entsteht ein ungeheurer Gas- und Dampfdruck. Er zerreißt den Landsockel und sprengt Berggipfel in die Luft. So verschwanden ganze Inseln.

Wenn man auf einer Karte die Herde der großen Erdbeben und Vulkanausbrüche einzeichnet, sieht man, daß sie fast alle den Stillen Ozean umgürten. Hier werden 80 Prozent der gesamten seismischen Energie unseres Planeten freigesetzt. Ein gewaltiger Feuerring umspannt das pazifische Becken. Dort verlaufen die Nahtstellen zwischen den großen Bruchstücken der Erdkruste, die auf der inneren zähflüssigen Magmaschicht wie Eisschollen im Meer auf Kollisionskurs um den Globus treiben. Von den 600 aktiven Vulkanen der Erde liegt der größte Teil im Pazifik-Bereich. Einige unterbrechen ihre Tätigkeit nicht für eine Minute, manche melden sich wieder nach einem trügerischen Tiefschlaf von Hunderten oder gar Tausenden von Jahren.

Doch das ist nur die sichtbare Spitze der ständigen Erderschütterung. Geowissenschaftler haben festgestellt: Unter dem Wasser, auf dem Boden des Pazifik, gibt es erheblich mehr Vulkane als auf den Inseln und Kontinenten, und sie sind weit aktiver. Man schätzt etwa 6000 bis 8000 solcher unterseeischen Feuerberge. Die meisten sind auf ewig in der Tiefsee begraben, etwa fünf Kilometer unter dem Meeresspiegel. Einige aber entwickeln enorme Aufbaukräfte, durchbrechen starke Wasserschichten und wachsen über die Ozeanfläche hinaus. Einsame, Lava spuckende Inseln sind oft nichts anderes als der Gipfel oder Aschekegel eines unterseeischen Vulkanrückens.

Die Geburt neuer Inseln im Stillen Ozean spielt sich in historisch überschaubaren Etappen, manchmal sogar vor unseren Augen ab. 1770 begann sich im mittelamerikanischen El Salvador an der Pazifikküste plötzlich ein Vulkan aufzuwölben, den vorher kein Mensch dort wahrgenommen hatte, der Izalco. Infolge von Lavaergüssen und Ascheablagerungen stieg er in 200 Jahren auf 2000 Meter an, das heißt, seine

Wachstumsgeschwindigkeit betrug zehn Meter pro Jahr! Jetzt ist er schon 2361 Meter hoch.

Noch heute kann man in der Südsee ein erstaunliches Naturwunder beobachten: 1865 ankerte die britische Fregatte »H.M.S. Falcon« vor einer knapp zehn Meter hohen Insel westlich des Tonga-Archipels. Die Besatzung wollte ihren Augen nicht trauen, als das Eiland fünf Tage später nicht mehr da war. Die Matrosen nannten es »Jack-in-the Box« (Springteufel); in die Seekarten wurde sie als »Falcon-Insel« eingetragen. Über sechzig Jahre lang tat sich nichts. Dann, 1928, tauchte der schwarze, von Kratern zerfurchte Fleck wieder aus den Fluten auf. Das Königreich Tonga hißte stolz seine Flagge und gab der baumlosen Kuppe den Namen *Fonuafo'ou,* zu deutsch »neues Land«. Vulkanische Kräfte ließen die Insel in kurzer Zeit auf 180 Meter ansteigen. Doch tropischer Regen, Wind und Meeresbrandung trugen die Landmasse in wenigen Jahren auf zehn Meter ab. Als Wissenschaftler des Forschungsschiffes »Capricorn« *Fonuafo'ou* Ende 1952 untersuchten, war die Insel nur noch eine flache Bank. Ihr Schicksal ließ sich vorausberechnen: Die Wellenerosion zerstörte mehr als einen Meter Boden pro Jahr. Doch nach einem Vulkanausbruch am 23. Dezember 1954 hob sich die Insel wieder.

Den aktuellen Zustand des launischen Phantoms erfährt man heute in den Schiffahrtbüros der Hauptstadt Nuku'alofa auf Tongatapu. Je nach Auskunft kann der Besucher dann eine etwa achtzehn Kilometer lange, fünf Kilometer breite und fünfzig Meter hohe Insel betreten, die er aber nach wenigen Schritten durch knöcheltiefe, warme Schlacken gern wieder verläßt. Oder man läßt sich im Boot über eine blaue Untiefe schippern, in der sich das Geisterland für unbestimmte Dauer versteckt hat.

Einige Zeitgenossen haben schon beides mitgemacht. Sie kennen auch die Entstehungssage von Tonga, die der Führer in jedem Fall erzählt: Die Geister des Himmels hätten unendliche Mengen großer poröser Brocken — gemeint ist vulkanischer Bimsstein — ins Meer geschleudert. Südseeinseln aus Götterhand!

Steinreich — durch eine Rekordwährung

Wenn man den Überlieferungen glauben darf, dann haben Götter auch das Wahrzeichen von Yap entworfen: die Steinmünzen. Nach einer weitverbreiteten Legende befahl der Häuptling *Anagumang* seinen Männern, aus rohen Platten Abbilder der Natur zu formen. Sie meißelten einen Fisch, aber *Anagumang* war unzufrieden. Dann machten sie einen Halbmond; aber auch der gefiel ihm nicht. Schließlich griff *Mavapu* ein, der Sonnengott höchstpersönlich. Er schenkte den Yapesen eine mächtige Steinscheibe, kreisrund wie seine Gestalt. Damit besaßen sie das perfekte Muster für eine Währung, die einmalig ist in der Welt.

Archäologen fanden in mehreren Gräbern Prototypen des Steingeldes, klein wie Spielzeug. Vielleicht wurden sie auch noch als Schmuck am Körper getragen. Ihr Alter ließ sich aufgrund der übrigen Beigaben und mit Hilfe der C-14-Methode bestimmen. Dabei mißt man den radioaktiven Kohlenstoff, der in allen organischen Substanzen steckt, also in Knochen, Holz oder Holzkohle. Die Münzen waren zwischen 1600 und 2000 Jahre alt.

Man sieht sie überall auf Yap. Sie heißen in der Landessprache *Fai* und stehen vor dem Haus ihrer Besitzer oder begrenzen die streng privaten Grundstücke; schwere Mühlräder mit einem Loch in der Mitte für eine Transportstange. Die meisten haben einen Durchmesser von dreißig bis fünfzig Zentimetern. Jeder hier zeigt sein Bankkonto offen vor. Die eindrucksvollen Statussymbole machen die Leute »steinreich«, im wahrsten Sinne des Wortes. Fast 7000 Exemplare werden noch heute auf den vier Inseln von Yap gehortet.

Silvester Alphonso, ein rühriger Hotelier aus Colonia, fährt uns nach Nif. Wir halten in einem dämmrigen Palmenwald, kommen abseits der Hauptstraße an verlassenen Hütten vorbei und erreichen einen breiten, moosigen Weg. Riesige Münzen säumen ihn auf beiden Seiten. Einige lehnen an den Baumstämmen, die meisten stecken bis zu einem Drittel im Boden. Wir gehen durch eine regelrechte Allee aus Steingeld.

»Das ist die ›Gemeindesparkasse‹ von Nif«, erklärt Alphonso. Obwohl hier niemand mehr wohnt, stehen die mächtigen Scheiben noch heute hoch im Kurs. Sie sind nicht so perfekt gerundet wie die kleinen Stücke, ihr Rand wurde kaum geglättet, aber alle waren durchlöchert. Der größte Brocken hat einen Durchmesser von 3,70 Metern und ist fast einen halben Meter stark. Alphonso meint, man brauche zwölf kräftige Männer, um ihn zu bewegen. Doch niemand käme auf die Idee, das Geld zu stehlen. »Ein Banküberfall ist undenkbar«, versichert er lachend.

Der Wert solcher Münzen hängt nicht ab von Größe oder Gewicht, sondern vom Alter und den Geschichten über sie. Da zählt der Name des Mannes, der den *Fai* hergestellt hat und der Zeitaufwand, da werden die Schwierigkeiten seines Transports in Rechnung gestellt. Über viele Münzen kursieren die fantastischsten Fabeln, die ein guter Yapese kennen muß, um sie richtig zu schätzen.

Das gewichtige Zahlungsmittel ist noch jetzt im Umlauf, zum Beispiel als Brautpreis, beim Kauf eines Kanus oder beim Erwerb von Grund und Boden. Ein ganz aktueller Fall: Eine amerikanische Firma brauchte zum Ausbau des Flughafens zusätzliches Gelände und verhandelte jahrelang mit den privaten Besitzern. Besonders ein Dorf im Süden sträubte sich hartnäckig gegen den Verkauf von Grundstücken. Was die cleveren Profis aus den Staaten nicht schafften, das regelte 1978 ein Häuptling der Oberkaste aus der Hauptstadt quasi über Nacht — mit einer sehr alten, geschichtsträchtigen Steinmünze!

Bei solchen Geschäften entfallen meist umständliche Transaktionen. Obwohl das Geld seinen Besitzer wechselt, bleibt es fast immer am gleichen Platz. Selbst *Fais,* die seit einem verunglückten Transport in einer Lagune oder vor der Küste im Wasser liegen, behalten ihre Kaufkraft, solange sie der Eigentümer nur wiederfindet. Viele kleinere Exemplare sind schon verschwunden, mitgenommen von Touristen, ausgestellt als kuriose Rarität in Schweizer Banken, begehrte Sammlungsobjekte großer Museen in den USA, Japan und Deutschland.

Geradezu verantwortungslos gingen die japanischen Kolo-

Geld im Weltrekord-Format: Das Wahrzeichen von Yap, die Steinmünzen. Hier die größte mit einem Durchmesser von 3,70 Meter. Man braucht zwölf starke Männer, um sie zu bewegen.

nialbehörden zwischen 1922 und 1945 mit dem einzigartigen »Kapital« der Yapesen um. Von den 13 281 *Fais,* die sie offiziell gezählt hatten, zerschlugen sie eine beträchtliche Menge zu Füllmaterial für den Straßenbau oder versenkten sie während des Krieges als Ankerbarriere vor der Ostküste der Insel. Außerdem verboten sie die Herstellung neuer Geldsteine. Die amerikanische Verwaltung stellte die seltenen Münzen schließlich unter Denkmalschutz.

Die *Fais* bestehen aus feinkörnigem Aragonit, einer Art Kalkspat, in der Härte vergleichbar mit Marmor. Seine Farbe wechselt von einem rötlichen Gelb mit braunen Adern und Punkten bis zu Blaugrau. Aragonit lagert sich in Hohlräumen von Ergußgesteinen oder in Sedimenten ab. Nun gibt es diese kristalline Sorte überhaupt nicht auf Yap, wohl aber auf Palau (jetzt Republik Belau), einer Inselgruppe 460 Kilometer südwestlich von Yap. Vor allem die Hauptinsel Babelthuab ist reich an Aragonit. Bewohner des Dorfes Airai zeigen noch jetzt die sogenannte Yap-Höhle, eine glitzernde Kalksteingrotte. Dicht daneben liegen die großen Steinbrüche, in denen das Material gewonnen und gleich bearbeitet wurde.

Da die Yapesen keine Metallwerkzeuge kannten, schlugen sie mit ihren Steinhämmern Holzpflöcke in den Hang und lösten passende Brocken durch Erhitzen und Abkühlen heraus. Mit scharfgeschliffenen Tridacna-Muscheln rundeten sie den Rohling und polierten die Flächen mit Sand. Die fertigen *Fais* rollte man auf leichte Bambusflöße, die von mehreren Auslegerkanus gezogen wurden. Die Yapesen bezahlten für den Abbau der Steinbrüche mit Glasperlen und traten die mühsame und gefährliche Heimreise an, 460 Kilometer zurück über offenes Meer. Sogar bei günstigstem Wetter und mit den schnittigsten Kanus dauerte der Transport über eine Woche. Es war ein äußerst riskantes Unternehmen, bei dem Boot, Besatzung und Fracht oft genug verlorengingen. Es war aber auch ein exzellentes Beispiel für die seefahrerischen Leistungen der Insulaner.

Vorstoß in die blaue Wüste

Mit dem gleichen Geschick und Wagemut brachen ihre Vorfahren einst zur Eroberung des Stillen Ozeans auf. Ausgangspunkte waren vermutlich Indonesien und die Philippinen. Nach den jüngsten Erkenntnissen der Archäologie, der genetischen Anthropologie und der vergleichenden Sprachwissenschaft begann das pazifische Abenteuer vor etwa 40 000 Jahren. Borneo, Sumatra und Java bildeten damals einen geschlossenen Komplex, das sogenannte »Sundaland«. Von hier brauchten Jäger und Sammler der austronesischen Sprachfamilie nur siebzig Kilometer offene See zu überqueren, und sie waren im menschenleeren Australien und in Neuguinea. Der Grund: Während der Eiszeit (Diluvium) lag der Meeresspiegel wesentlich niedriger als heute; es gab also breite Landbrücken. Von Neuguinea war es nur ein Katzensprung zu den Inseln Melanesiens im Norden und Osten, die vor rund 6000 Jahren besiedelt wurden. Da hatten sich die einstigen Jägerstämme schon völlig auf Landwirtschaft umgestellt und produzierten Keramik.

Eine weitere Welle von Einwanderern, vermutlich von den Philippinen, erreichte um 1500 v. Chr. Mikronesien. Das ergaben archäologische Funde auf den Marianen-Inseln, die man datieren konnte. Erst knapp zweitausend Jahre später landeten die hochseetüchtigen Doppelkanus austronesischer Eroberer in Polynesien. Solche Katamarane, getakelt mit dem großen »lateinischen« Mattensegel, waren bis zu 40 Meter lang und eigentlich schon richtige Schiffe, die etwa 60 Passagiere und eine beträchtliche Fracht an Nahrungspflanzen und Haustieren befördern konnten. Bei durchschnittlichem Wind erreichten sie eine Reisegeschwindigkeit von sieben bis acht Knoten (ca. 13–15 Kilometer pro Stunde). Diese Zahlen gehen auf Messungen zurück, die Captain James Cook 1773 mit einem Log an Bord eines Doppelbootes vor Tonga machte.

Mit Kanus, die uns heute höchst primitiv erscheinen, unternahmen die Eingeborenen bis viertausend Kilometer weite Fernfahrten ins Blaue des Pazifik. Meist führte sie der Zufall zu unbekannten Inseln. Aber wer Frauen, genau sortierte

Großes Doppelrumpfkanu der Polynesier. Kupferstich nach einer Zeichnung, die während James Cooks zweiter Reise (1772–1775) entstand.

Nutzpflanzen und Tiere an Bord nimmt und sich damit für Wochen, ja Monate lang auf den unermeßlichen Ozean wagt, der sucht systematisch Neuland. Das erkannten schon Cook und andere Forscher und sahen darin einen Beweis für planmäßig und zielstrebig durchgeführte Entdeckungsreisen. Verglichen mit ihnen, waren die Meereszüge der alten Phönizier und später der Wikinger harmlose Segelpartien.

Am Ende der pazifischen Expansion, um 900 n. Chr., erschlossen Bewohner der Gesellschaftsinseln das gewaltige Dreieck zwischen Hawaii im Norden, Neuseeland im Südwesten und der Osterinsel im Südosten. Es waren die letzten Stationen einer friedlichen Landnahme, die einzigartig in der Geschichte der Menschheit ist. Sie erfolgte beharrlich von West nach Ost, obwohl die hier herrschenden Winde, Monsun und Passat, meist aus entgegengesetzter Richtung wehen. Sie stieß in ein Supermeer vor, in das unser kleines Europa – vom Nordkap bis Sizilien und von Lissabon bis Leningrad – zehnmal hineinpaßt. Und sie war längst abgeschlossen, als nicht minder kühne Seefahrer aus eben jenem Europa den riesigen weißen Fleck auf ihren Karten mit den ersten Kreisen und Schraffuren füllten.

Wir fragen uns heute, wie die Kapitäne der Südsee überhaupt den Weg zu ihren weitentfernten Zielen fanden. Moderne Navigationsmittel, zum Beispiel Kompaß, Sextant oder Chronometer, kannten sie natürlich nicht. Sie orientierten sich nach der Meeresströmung, nach der Richtung des Windes und der Beschaffenheit der Wellen, tagsüber auch am Vogelflug. So beobachteten sie die Zugvögel, besonders Schwärme des Kleinen Goldregenpfeifers, die je nach Jahreszeit von Alaska und Sibirien über Hawaii hinaus weit nach Süden und dann wieder genau nordwärts fliegen. Vor allem aber richteten sie sich nach dem Lauf der Gestirne. Diese Orientierung war besonders einfach, weil die Sterne jeweils am selben Punkt des Horizonts aufgehen und sich in den Tropen fast parallel von Ost nach West bewegen, so daß sie ausnehmend gut zu erkennen sind.

Die Eingeborenen wußten, daß sich mehrere Sterne auf einer imaginären Straße am Firmament hintereinander reihen. Sie merkten sich genau, über welche Inseln die einzelnen Himmelslichter hinwegzogen, und folgten dem Leitstern, solange er niedrig genug über dem anzusteuernden Eiland stand. War er zu hoch gestiegen, richtete man sich nach dem nächsten. Voraussetzung für diesen »Sternenkurs« war natürlich ein wolkenloser Himmel. Deshalb prüften die Bootsführer vor dem Start sehr genau die Wetterlage; untrügliche Zeichen der Natur verhalfen ihnen dabei zu erstaunlich präzisen Voraussagen. So fuhr man am Tag vor der geplanten Abreise zum Oststrand oder Ostriff der Heimatinsel. Hatten dort die Seesterne ihren Unterschlupf verlassen oder tummelten sich bestimmte Fische nahe am Ufer, konnte man für die nächsten vierundzwanzig Stunden mit konstant gutem Wetter rechnen.

Meist brachen die Fernfahrer in den Abendstunden auf, dann schimmerten schon die ersten Sterne. Auf manchen Strecken dienten Vulkane, die den Nachthimmel röteten, als weithin sichtbare Wegweiser. Tagsüber machten sie unbewegliche Wolkenhaufen auf bergige, noch unsichtbare Inseln aufmerksam. Atolle jenseits des Horizonts verrieten sich schon von weitem durch eine Art »Fata Morgana«: Der Dunstflimmer einer Lagune, ihr grünliches Wasser spiegelten sich am Himmel. Die Insulaner nannten diese Erscheinung »Licht des Landes«; heute sprechen Seeleute von Kimmung.

Um das Land hinter den Wellen nicht zu verfehlen, fuhren meist mehrere Kanus in Dwarslinie, das heißt in weiten Abständen quer gestaffelt. Nur bei extrem schlechtem Wetter und außergewöhnlicher Strömung kam es zu größeren Kursabweichungen. Seit Jahrhunderten steuern die Tonganer nach Reisen von tausend Seemeilen die flachen Rücken des Ellice-Archipels (jetzt Republik Tuvalu) sicher an, während ein europäisches Motorschiff noch im Jahre 1961 die Hauptinsel auf kurze Distanz verpaßte — trotz Radareinrichtung!

Das vorläufig letzte Beispiel für den Mut und die außergewöhnlichen Leistungen der Ozeanier meldete die internationale Presse 1975: Anläßlich der EXPO in Okinawa segelten fünf Männer in einem schmalen Auslegerkanu von Yap los. Wegen der Winde fuhren sie zuerst nordostwärts zu den Marianen und ließen sich von dort mit dem Ryukyu-Strom nordwestwärts treiben. Sie schafften die fast viertausend Kilometer lange Strecke bis zu der japanischen Insel in 47 Tagen, ohne technische Hilfe.

Ein einzigartiges Navigationsmittel benutzten die Marshall-Insulaner: die Stabkarte. Keine andere Gruppe kannte sie. Es ist ein fast rechteckiges Flechtgitter aus trockenen Pandanus- und Palmwedelrippen, auf denen kleine Häuser von Kauri-Schnecken befestigt sind. Gebogene Stäbe zeigen Dünungen um eine Insel an, die durch das Land abgelenkt werden und aus allen vier Himmelsrichtungen auflaufen. Wo zwei entgegenstehende Dünungen aufeinandertreffen, entstehen beiderseits der Insel Kabbelungspunkte. Sie setzen sich zur offenen See hin fort, wobei sie jedoch immer schwächer werden.

Auf modernen Luftbildern oder Aufnahmen von Wettersatelliten sind sie als Wellenmuster klar zu erkennen. Aber auch vom Kanu aus konnte man sie gut sehen: Kleine Wellen, die oft Tang mit sich führen, künden solche Kreuzungen an. Erfahrene Navigatoren hielten erst gar nicht Ausschau nach ihnen, sie spürten ihr unregelmäßiges Klatschen gegen die Bootswand. Deshalb stimmte das lokale Sprichwort: »Sogar ein Blinder findet mit einer Stabkarte von den Marshalls seinen Weg.« War der erste Kabbelungspunkt sicher ausgemacht, konnte man über weitere Stationen wie auf einer Führungslinie zu einer Insel gelangen.

Auf der Karte werden diese Kabbelungspunkte durch Überschneidungen der Stäbe bezeichnet. Kurze Stäbe deuten Strömungen an, lange sind Verbindungslinien zwischen einzelnen Inseln. Inseln und Atolle, deren Position zueinander meist mit großer Genauigkeit angegeben ist, werden durch die Schneckenmuscheln markiert. Jede Karte ist nach Süden orientiert — beim Betrachten liegt der Süden oben und der Westen rechts.

Solche Stabkarten waren Geheimsache, nur den Häuptlingen und einigen Seefahrtspezialisten zugänglich. Jedes Modell trägt sozusagen die persönliche Handschrift des Kapitäns, der sie angefertigt hatte. Kein anderer konnte sie also lesen und

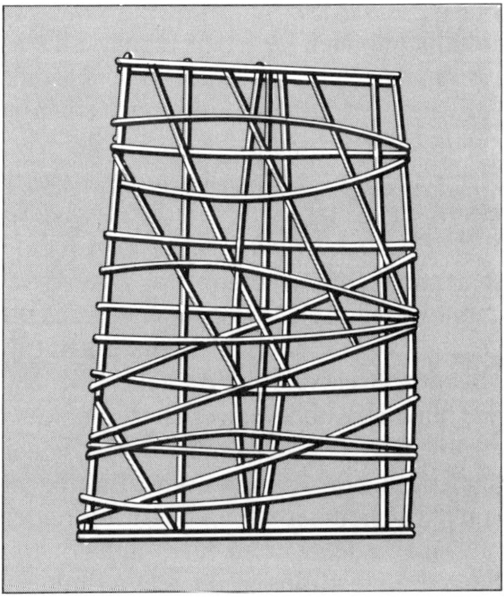

Stabkarte der Marshall-Insulaner. Mit diesem primitiven Koordinatensystem aus Palmwedelrippen fanden sich die Eingeborenen bei ihren Seereisen hervorragend zurecht.

damit umgehen. Sie dienten als Gedächtnisstütze für den Bootsführer, der sich vor Antritt der Reise sämtliche Angaben genau einprägte. Stabkarten wurden nie mit an Bord genommen. Heute sind sie längst außer Gebrauch.

Aber so unglaublich es klingt: Mit diesem primitiven Koordinatensystem und seinen geheimnisvollen Notizen konnte man sich in den Weiten des Pazifik hervorragend zurechtfinden und mit großer Wahrscheinlichkeit seinen Zielhafen erreichen.

Spurensicherung auf Ponape

»Air Micronesia« ist eine zuverlässige Fluglinie, Sicherheit steht bei ihr an erster Stelle: Die Boeings 727 sind für die langen Nonstop-Strecken über offene See nicht nur mit einer Supermechanik und einem Überwasser-Doppel-Steuerungssystem ausgerüstet, wie es keine Maschine einer kontinentalen Gesellschaft besitzt. Sie führen auch ständig 1125 Kilo Ersatzteile mit an Bord und einen Techniker, der sie im Notfall einbauen kann. Trotzdem fühle ich mich beim Anflug auf Ponape etwas unwohl: Unter uns, mitten im Meer, liegt eine winzige Rollbahn, nur durch einen schmalen Damm mit der Insel verbunden. Wenn nun der Pilot die kurze Piste zu knapp anpeilt oder darüber hinausschießt … Als der schwere Jet sanft aufsetzt, klatschen die Passagiere erleichtert Beifall.

Ponape gehört wie Yap zu den Karolinen, und seine Geschichte verlief sehr ähnlich: Zuerst waren die Spanier da, dann die Deutschen und Japaner, zuletzt kamen die Amerikaner. Seit der spanischen Periode heißt die Hauptstadt Kolonia; beherrscht aber wird die Insel heute längst wieder von den Japanern, jedenfalls von deren Autos. Sie zerwühlen die staubigen Pisten bis zu ihrem rostigen Ende im Dschungel, das hier, bei der extrem hohen Luftfeuchtigkeit und dem starken Salzgehalt der Atmosphäre, besonders rasch kommt.

Von den Deutschen blieb auf Ponape mehr übrig als auf Yap. An ihre Kolonialzeit erinnern der neoromanische Glokkenturm einer zerfallenen Kirche, die Kapuziner-Mission und ein kleiner Friedhof. José R. Cruz, der ihn seit Jahren liebevoll pflegt, führt uns zu einem üppig wuchernden Park hoch über der Sokehs-Bucht. Zwischen immergrünen Büschen und leuchtenden Blumen stehen Grabsteine. In deutlicher Schrift die Namen, unbekannt und vertraut zugleich: »Obersignalgast Rudolf Günther«, oder »Obermatrose Josef Kneidel«.

Die hier ruhen, sind gefallen »für Kaiser und Reich«, wie es damals hieß. Sie starben 1911 bei einem Aufstand von Eingeborenen. Er hatte im Oktober 1910 begonnen, als die Insulaner sich weigerten, ohne Bezahlung für ihre Kolonialherren zu arbeiten. Sie erschlugen den Bezirksamtmann Gustav Boeder und drei deutsche Aufseher und riefen zum Widerstand auf. Als die Meldung von der Revolte in Berlin eintraf, liefen die Kreuzer »Emden« und »Nürnberg« und die Vermessungsschiffe »Cormoran« und »Planet« zu einer Strafexpedition nach Ponape aus. Marinesoldaten gingen an Land und zerschlugen in einem fünfwöchigen Feldzug den Aufstand. Fünfzehn Rebellen wurden standrechtlich erschossen und in einem Massengrab unweit des Friedhofs verscharrt. 426 Gefangene wurden auf die Inseln Yap und Saipan deportiert. Verluste auf deutscher Seite: neun Mann. Man hat sie auf einer großen eingelassenen Steinplatte verewigt. Unter militärischen Symbolen wie Adler auf gekreuzten Flaggen, Anker und Eichenlaub steht da noch heute: »Zum ehrenden Andenken an die in den Gefechten bei Nankiop und Dschokatsch gefallenen Kameraden«. Dann folgen die Namen.

Abseits des Kriegermals ragt ein länglicher Granitblock auf. Auf der Metallplatte liest man: »Hier ruht in Gott Victor Berg, Kaiserlicher Regierungsrat, geb. 19. März 1862, gest. 30. April 1907.« Er war stellvertretender Gouverneur der Insel, also eine wichtige Person. Doch seltsamerweise stoßen alle Recherchen über ihn ins Dunkle. Das Auswärtige Amt in Bonn, wo die Akten der früheren Kolonialbehörde lagern, teilte im März 1982 auf eine Anfrage mit, es seien »keine einschlägigen Archivunterlagen vorhanden«. Immerhin fand man heraus, daß Berg »ab 1901 Kommissarischer Vizegouverneur des Schutzgebietes Deutsch-Neuguinea für den Bezirk der

Ostkarolinen mit Sitz in Ponape war; er scheint 1908 in Ponape gestorben zu sein«.

Diese Angabe wird durch das Datum auf dem Grabstein korrigiert. Fest steht, daß Victor Berg 1907 ein höchst mysteriöses Ende fand. Trotz eindringlicher Warnungen und scharfer Proteste der einheimischen Bevölkerung hatte er Befehl zu einer verhängnisvollen Nacht- und Nebelaktion gegeben. Seine Männer fuhren von Kolonia zur Insel Peinkitel. Dort war *Isokelekel* bestattet, der erste Herrscher aus dem Geschlecht der *Nahnmwarki*. Die Deutschen öffneten das Grab des Königs und holten seine Gebeine heraus. Am Tag darauf wurde der kerngesunde Gouverneur plötzlich krank und starb innerhalb weniger Stunden. Für die Eingeborenen war die Todesursache klar: Ihn traf der Fluch der Geister von Nan Madol. Das ist der geheimnisvollste Ort im ganzen Pazifik; seinetwegen sind wir hier.

Stolperdrähte vor dem achten Weltwunder

Für Forschungsteams beginnt der Weg nach Nan Madol mit einem bürokratischen Spießrutenlauf. Der Chef der Einwanderungsbehörde nimmt unser US-Visum überhaupt nicht zur Kenntnis und wünscht uns zum Teufel. Der Himmel schickt uns Edmund Kalau, einen deutschen Missionar mit amerikanischem Paß. Kalau, eine Mischung aus Martin Luther und John Wayne, ist ein glühender Prediger und gleichzeitig hemdsärmeliger Manager einer kleinen Luftflotte, der »Pacific Missionary Aviation« (Missionsflugdienst im Pazifik). Sie hilft Kranken und Verletzten auf den weitentfernten Außeninseln, die das Versorgungsschiff der Regierung nur alle sechs bis acht Wochen anläuft.

Kalau unterstützt unseren Antrag auf mehreren Konferenzen des »Historic Preservation Committee« (Ausschuß für den Schutz historischer Objekte). Diese ehrenwerte Gesellschaft achtet darauf, daß ein wichtiger Punkt aus der Präambel zur neuen Staatsverfassung der FSM eingehalten wird, gerade von Ausländern: »Wir verpflichten uns, das Erbe der

Vergangenheit zu pflegen und zu bewahren.« Man will verhindern, daß die Zeugnisse der Geschichte beschädigt oder durch leichtfertige Spekulationen falsch gedeutet werden.

In dem stickigen Amtsraum gegenüber der Downtown-Bar surren die Ventilatoren und übertönen fast die Debatten, die meist in der Landessprache geführt werden. Schließlich geben die zehn Männer ihre Zustimmung. Heinrick Iriarte, der Vorsitzende des Komitees, erklärt mit Stolz, Nan Madol sei für die Ponapesen das achte Weltwunder, den ägyptischen Pyramiden oder dem Koloß von Rhodos absolut ebenbürtig. Als er mir dann die Genehmigung überreicht, meint er lakonisch: »Das Papier ist nichts wert, solange Sie nicht die Erlaubnis des Besitzers haben.«

Nan Madol gehört noch heute einem echten Südseekönig, Seiner Majestät Salter Salvador Hadley. Er ist der 23. Herrscher von Madolenihmw. Dorthin kommt man am besten mit dem Boot. Ed Kalau bringt uns zu Taka, einem kräftigen Burschen, der Dschungel-Trecks organisiert. Taka hat einen uralten Kahn, aber sein Cresco-t-25-Motor macht Tempo. Wir zischen an der Ostküste von Ponape entlang.

Zum erstenmal sehe ich die Insel in ihrer vollen Größe. Sie steigt über 800 Meter an; ihre toten Vulkankuppen stecken in tiefhängenden Wolken. Wir passieren Eukalyptus- und Mahagonipflanzungen. Dann zieht sich tropisch wuchernder Mischwald die Hänge hoch, mit Palmen und Baumfarnen. Zuckerhutberge treten zur Seite und geben den Blick auf bläulich glitzernde Kaskaden frei: Drei, vier Wasserfälle stürzen von den Höhen. Taka drosselt den Motor und achtet auf die dunklen Schatten der messerscharfen Korallenriffe im flachen Wasser. Wir vertäuen das Boot an einem wackligen Steg und steigen den schmalen Pfad an, der zu einem großen, mit Wellblech gedeckten Haus führt. Taka rät mir, jetzt alles nachzumachen, was er tut.

Ein mißtrauisch blickender Mann erscheint und spricht Taka an; er gehört zur Leibwache des Königs. Der Mann geht vor, wir dürfen folgen und kommen in eine geräumige Halle. In einer Ecke hocken mehrere Frauen und Kinder vor einem Haufen Palmblätter und flechten Matten. Auf einer erhöhten

Ein echter Südseekönig: Seine Majestät Salter Salvador Hadley. Er ist der Besitzer der geheimnisvollen Ruinenstadt Nan Madol.

Zementplattform sitzen drei Männer im Gespräch vertieft. Sich mehrmals verneigend, geht Taka auf die Gruppe zu; die letzten Meter rutscht er auf den Knien. Ich mache es genauso.

Nach einigen Höflichkeitsfloskeln trägt mein Begleiter unser Anliegen vor. Seine Majestät, Ende Fünfzig, bronzehäutig und im bunten Hawaii-Hemd, hört schweigend zu. Einer der Diener reicht Kokosschalen mit einem hellbraunen Brei herum. Es ist *Sakao* oder *Kava,* das Nationalgetränk der Ponapesen, hergestellt aus den zerstampften Wurzeln einer Pfefferpflanze *(piper methysticum).* Die zähflüssige Soße schmeckt scheußlich, aber es wäre eine Beleidigung für den Gastgeber, sie zurückzuweisen.

Sakao wirkt wie eine Droge: Die Sinne werden geschärft, der Kopf bleibt klar, nur die Beine sind nach einiger Zeit gelähmt, doch das vergeht wieder.

Nach längerem, hier üblichem Palaver mit Taka und seinen Vertrauten genehmigt der König unser Forschungsprojekt in Nan Madol. Wir verabschieden uns, wie wir gekommen sind, rutschend und mit tiefen Verbeugungen. Unter schweren Regenböen preschen wir zurück nach Kolonia, naß bis auf die Haut, aber zufrieden.

Ein Venedig im Stillen Ozean

Um ins Zentrum von Nan Madol zu kommen und das Gelände gründlich zu untersuchen, muß man schon vor 7.00 Uhr auf dem Wasser sein. Dann herrscht Flut. Der Weg führt fast um die halbe Insel herum und dauert gut eine Stunde.

Nan Madol bedeutet soviel wie »im Raum« oder »Ort der Zwischenräume«, ein erster Hinweis auf einen ummauerten Platz. Er empfängt uns mit einer mächtigen Festung, die wie ein versteinertes Schiff mit Palmenmasten aus dem Meer ragt. Unser Boot hält an einer niedrigen Terrasse vor der Bastion. Sie heißt *Nan Dowas,* »Platz der stolzen Mauern«.

In der Tat, es sind gewaltige Wände, neun Meter hoch und fast drei Meter dick, aufgeschichtet aus grauen Basaltpfeilern. Sie haben nur eine einzige Öffnung von der Seeseite her, durch die wir den sogenannten Königsweg betreten. Wir schauen uns zunächst im Vorhof um, der quadratisch angelegt wurde; jede Ringmauer ist etwa 90 Meter lang. Aber ein Teil dieses Zyklopenwalls ist bereits zusammengestürzt. Kräftige Brotfruchtbäume haben das Mauerwerk gesprengt und die Lücken erweitert; immergrüne Kletterpflanzen überziehen die Trümmer.

Ein zweites Bollwerk, weit besser erhalten, schützt den Innenbezirk. Wir legen das Meßband an einen der größten Träger und kommen auf 5,60 Meter Länge bei 50 Zentimeter Stärke. Die fünf- und sechskantigen Basaltsäulen wurden ohne Bindemittel, dafür erdbebensicher und wasserdurchlässig, aufeinander gestapelt, hochgetürmt wie Holzstöße oder die Balken eines Blockhauses. Poröser Korallenschutt füllt die Hohlräume. Die unbekannten Bauingenieure hinterließen ein Meisterwerk an Präzision.

Durch die zweite Mauer gelangt man in den Innenhof, dessen Boden zur Mitte leicht ansteigt. Dort ruht auf steinernen Stützen ein schwerer Basaltrost, die dunkle Kammer darunter ist leer. Laut Überlieferung befand sich hier das schatzreiche Grabgewölbe der *Saudeleurs (Chau-te-leur),* jener sagenhaften ersten Herrscher über Ponape. Damit sind wir beim Ursprung von Nan Madol, der sich im mythischen Nebel verliert.

Der Engländer F. W. Christian konnte 1899 einige Geschichten sammeln, die damals noch über Nan Madol kursierten. Eingeborene erzählten ihm auch die Sage von den *Chau-te-leur.* Mit dem alten Wort *Chau* bezeichnete man sowohl die Sonne wie den König. Es ähnelt dem polynesischen *Hau* oder *Au,* was »Häuptling« bedeutet. Der erste *Chau-te-leur,* ein Mann namens Olosopha, kam in einem großen Kanu von einem unbekannten Ort im Süden nach Ponape. Er ernannte sich selbst zum Herrscher und teilte die Insel in drei Distrikte auf. Und weil er ein Krieger war, ließ er die Festung *Nan Dowas* bauen.

Vermutlich hält diese Gründungssage die Erinnerung an fremde Eroberer fest, vielleicht aus Melanesien. Dafür spricht auch eine weitere Legende, nach der ursprünglich Zwerge auf Ponape wohnten. Ihre Sprache klang wie das Schnarren und

Wispern von Fledermäusen. Sie verschwanden, als Konat und Li-ot die Insel betraten, zwei Riesen mit dunkler Haut und platten Nasen.

Christian sah noch zwischen den Dörfern Ronkiti und Annipen im Süden einen mächtigen künstlichen Erdwall, über 400 Meter lang, drei Meter hoch und sechs Meter breit. Im Volksmund hieß er »Grab des Riesen Konat«. Die Überlieferung berichtete, der Körper des Hünen ruhe auf dem Land, seine Beine aber streckten sich seewärts bis zu den Inselchen Laiap und Kapara. Wahrscheinlich handelte es sich um eine sehr alte Verteidigungsanlage, die man nach tiefgreifenden Erosionen heute kaum noch lokalisieren kann.

Auch *Nan Dowas* diente militärischen Zwecken. Im nordöstlichen Teil stoßen wir auf steingefaßte, mannshohe Schächte im Boden, zwängen uns mühsam hindurch und kommen in einen schmalen Tunnel, der aber schon nach wenigen Schritten in herabgestürztem Geröll endet. Hier wurden Kriegsgefangene und Verbrecher eingesperrt. Auf den Nachbarinseln *Dowas Pown (Pahndauwas)* und *Dowas Poh* waren die Wachen stationiert. Man sieht dort noch ein paar schwarz berußte Steine, auf denen die Soldaten ihr Essen gekocht haben. Auch nebenan, auf *Nan Molusei,* was soviel wie »Platz der Aschenhaufen« heißt, gibt es alte Feuerstellen.

Als wir die Festung verlassen und zum Ankerplatz zurückgehen, sitzt unser Boot auf dem sandigen Grund fest. Ebbe! Im seichten Priel sammelt Taka quaddelige Seegurken, die er als Delikatesse preist. Zur Insel *Konterek* schräg gegenüber, wo einst die Toten bestattet wurden, könnte man waten. Die Tiden folgen hier im Rhythmus von sechs Stunden. Dieser Gezeitenwechsel prägt entscheidend das Bild von Nan Madol, hat seine Gründung und Anlage wesentlich beeinflußt. Erst bei Flut erlebt man die eigentliche Überraschung: Wir sind in einer Ruinenstadt, die mitten im Meer liegt, erbaut auf 92 künstlichen Inseln! Nur die *Temwen-Insel,* die ein schmaler Stadtteil im Norden bedeckt, ist Naturboden. Die künstlichen Plattformen aus Korallenschutt — quadratisch, trapez- und kreisförmig — konnten ausschließlich bei Ebbe angelegt werden.

Im Labyrinth der künstlichen Inseln

Am späten Nachmittag ist das Wasser wieder so hoch gestiegen, daß wir die Stadt per Boot durchfahren können. Wir nehmen den Hauptkanal, die »Straße der Krokodile«. Ich erinnere mich an eine Sage von Ponape, nach der Drachen und große Flugechsen mit ihrem feurigen Schnauben die Kanäle aushoben. Aber man braucht gar nicht so weit zurückzugehen. Erst kürzlich, erzählt Taka, hat man bei der Insel Estuarine-Krokodile gesichtet. Diese gefährlichen Salzwasserechsen tummeln sich meist zwischen Australien und Neuguinea, besuchen aber auch die Palau-Gruppe. Sie werden bis zu sieben Meter lang und schnappen mit ihrer breiten Schnauze sogar nach ausgewachsenen Büffeln. Vermutlich wurden Krokodile hier als heilige Tiere verehrt.

Von der knapp sechs Meter breiten Hauptstraße zweigen schmalere Wasserrinnen nach allen Seiten ab. Die meisten sind ziemlich versumpft und durch herabgestürzte Bäume versperrt. Immergrüne Mangrovengürtel mit ihren atmenden Luftwurzeln verbergen die künstlichen Inseln, die bis zu 70 Quadratmeter groß sind. Ihre steingefaßten Ränder sind schon teilweise heruntergebrochen.

Jede Insel hat ihre ganz bestimmte Funktion: *Pahn Kadira,* die »verbotene Stadt«, war Herrschersitz und Verwaltungszentrum. Unter schattigen Palmen dämmern die Reste eines Tempels dahin. Einmal im Jahr, Anfang Juni, feierten hier die Priester das Fest »Arbungelap«, bei dem alle neuen Boote geweiht wurden.

Zwischen Farnen und Hibiscussträuchern erkennt man die Fundamente eines Palastes, wo die *Saudeleurs* residierten. Sie ließen breite Becken für Trinkwasser anlegen, das vom Festland herangeschafft werden mußte. Noch heute betritt kein Einheimischer diese Insel bei Nacht, weil man dann angeblich stirbt.

Nebenan, auf *Kelepwel,* befand sich das Wohngebiet der königlichen Diener. Auf einer kleinen Fläche direkt am Hauptkanal wurde ausschließlich Kokosöl produziert und gelagert. Auf *Toron* gibt es einen kreisrunden künstlichen See mit einer steinernen Einfassung. Nach reicher Beute von Venusmuscheln fanden hier aufwendige Zeremonien statt. Vom Grund des Sees führte ein unterirdischer Tunnel etwa zwei Kilometer weit zu einer Stelle außerhalb des Saumriffs, durch den die besonders schmackhaften Riff-Fische bis ins Stadtzentrum kamen.

Unser Boot treibt von *Toron* in Richtung *Pehikapw.* Taka deutet auf zwei riesige, seltsam geformte Steine, die schräg aus dem Wasser ragen; das konnte unmöglich Baumaterial sein. Vielmehr erzählt die Sage von zwei Frauen, die der Gott Lepengo in Steine verwandelt hatte, weil sie das fällige Speiseopfer für ihn vergaßen. Für die Eingeborenen waren es sogenannte *Tikitik-en-ani,* beseelte Bilder lokaler Geister, denen man mit Ehrfurcht begegnete.

Auf *Pehikapw* findet man noch die lückenhaften Basaltränder ausgetrockneter Wasserbassins. Darin wurden einst Schildkröten für religiöse Feiern gezüchtet.

Von all dem sind nur noch spärliche Reste zu sehen. Nan Madol erstreckte sich einst über sechzehn Quadratkilometer. Die hemmungslos wuchernde Vegetation läßt heute nur noch einen Bruchteil davon zur Besichtigung frei, gerade einen Quadratkilometer! Es hilft wenig, wenn Waldarbeiter aus Kolonia jedes halbe Jahr eine größere Fläche abholzen; die Lichtung wächst in kurzer Zeit wieder zu.

In einem wahren Tropenrausch hat der Dschungel die tote Stadt zwischen seine Wurzeln und Stämme genommen und sich unaufhaltsam einen Platz erobert, der ihm nie zustand. Denn hier gab es ursprünglich nur künstliche Inseln aus Korallenschutt und Basaltplanken, mit Palästen, Tempeln und Häusern, kleine Gärten mit Nutzpflanzen, dazwischen glitzernde Wasserstraßen. Längst zerstört sind auch die steinernen Schleusentore, die das Kanalsystem regulierten. Damit konnte man das Straßennetz öffnen oder sperren und den Wasserstand immer auf gleicher Höhe halten, unabhängig von Ebbe und Flut.

In diesem »Venedig des Pazifik« herrschte also jederzeit reger Bootsverkehr. Die Kanus verließen die Stadt im Südwesten durch eine schmale Passage. Sie war nicht so stark gesichert wie im Osten, wo *Nan Dowas* mögliche Angreifer abschreckte. Doch ein hoher Wall aus massiven Steinklötzen schützt diese Seite zur Lagune hin und bildet gleichzeitig den Rand der Insel *Pahnwi.* Dort gruben japanische Archäologen 1942 zwei Grabkammern aus, fanden aber nur Knochen und Perlschmuck. Die Mauer knickt nach Nordosten ab und setzt sich in einer niedrigen Mole fort, bei der die Boote anlegen konnten.

Außerdem gibt es hinter *Nan Dowas* noch einen kleinen Hafen, abgeschirmt durch einen Wellenbrecher aus Basalt- und Korallenbrocken. Er fängt den Rest der schweren Brandung ab, die beim Außenriff auf die erste Barriere stößt. Dies alles verrät eine wohldurchdachte Planung und hochentwickelte Infrastruktur, mit Handelsstationen, Versorgungseinrichtungen und Arbeitsplätzen für Tausende von Menschen.

Was wir heute über Nan Madol wissen, haben Fachleute durch Grabungen auf einigen wenigen Inseln herausgefunden. Die Berliner Südsee-Expedition 1908—1910 unter Leitung von Paul Hambruch ließ das Gelände vermessen und kartieren und sammelte unter ethnologischen Gesichtspunkten vor allem Mythen und Sagen. Archäologen aus Japan und den USA haben dann erste Daten über das Alter der Ruinen geliefert, und zwar wieder mit Hilfe der C-14-Methode, die das Smithsonian-Institut in Washington bei Objekten von der Insel *Itet* anwandte.

Drei Jahreszahlen liegen jetzt vor: 1180, 1260 und 1430 n. Chr. Das heißt, Nan Madol ist mindestens 800 Jahre alt, es kann aber auch noch wesentlich älter sein. Und der Zeitpunkt 1430 bedeutet noch lange nicht, daß die Stadt kurz danach verlassen wurde.

Als der spanische Seefahrer Pedro Fernández de Quirós 1595 Ponape entdeckte und nach Nan Madol segelte, war der Ort menschenleer. Seine früheren Bewohner lebten offenbar mit allem Komfort, geschaffen durch Werkzeuge, die für Südseeverhältnisse hohe Qualität besaßen. Das bewies eine archäologische Kampagne, die das Pacific Studies Institute der Universität Guam im Sommer 1979 auf zwei Inselchen unternahm. Grabungsleiter Stephen Athens und seine Studenten fanden 779 Tonscherben, Breitbeile aus scharfgeschliffenen Muschelschalen, Muschelschmuck, Mahlsteine und Mörser. Interessant waren vor allem die Keramikreste, weil man bisher davon ausging, daß es auf Ponape keine Töpfertradition gab. Offen blieb allerdings, ob man diese Keramik hier herstellte oder ob sie als Handelsware importiert wurde. Für weitere Untersuchungen hat eine amerikanische Stiftung 1981 20000 US-Dollar bewilligt.

Solche Forschungen sind dringend nötig, denn noch ist eine der Hauptfragen nicht geklärt: Wer hat die Kolossalbauten von Nan Madol errichtet? Zunächst müssen wir wohl die Mythen zu Rate ziehen.

König Salter Salvador Hadley kommt zu uns in die Festung. Erst nach längerem Zögern war er zu einem Gespräch in der Ruinenstadt bereit. Sie ist für die Leute von Ponape noch immer ein heiliger Platz, ein magischer Ort, wo die Geister der Ahnen wohnen und wo es spukt. Der *Nahnmwarki* — ein Titel vergleichbar mit Exzellenz oder Hoheit — hat auf einem Blatt Papier den Stammbaum seiner Dynastie aufgezeichnet. Den sechzehn *Saudeleurs* folgten sieben Könige aus dem Geschlecht von *Isokelekel.* Er selbst ist also der 23. Herrscher. Geht man davon aus, daß jeder etwa eine Generation lang regiert hat, so läßt sich die Monarchie bis zum Anfang des 12. Jahrhunderts zurückdatieren, was mit den archäologischen Ergebnissen fast übereinstimmt.

Salter berichtet, was sich sein Volk früher über Nan Madol erzählte: »Götter und Dämonen haben gepfiffen, und dann sind die Steine von allen Seiten durch die Luft geflogen und hier an dieser Stelle heruntergekommen, wo sie sich sofort zu Häusern und Palästen zusammengesetzt haben.«

Als Stadtgründer könnte man sich auch Konat, den Riesen vorstellen, der auf diesem Platz sein Spielzeug verstreute. Bemerkenswert ist in diesem Zusammenhang eine Entdeckung, die japanische Wissenschaftler 1978 im Norden von Nan Madol machten: Sie gruben Knochen von Menschen aus, die wesentlich größer gewesen sein müssen als die heutigen Ponapesen. Riesenskelette aber waren es nicht.

Nun geistern Riesen durch die Entstehungssagen fast aller

Weltkulturen. Speziell im Pazifik ging ihnen kürzlich erst Erich von Däniken auf den Leim. Auf Kiribati, den früheren Gilbert-Inseln, suchte er nach Spuren von Giganten, die selbstverständlich vom Himmel gelandet waren. Aber das erhoffte Hünengrab hatten Eingeborene schon abgetragen, und ein paar versteinerte Abdrücke im Boden konnten nur mit viel Fantasie als Fußstapfen von Riesen durchgehen.

Jahre zuvor war Däniken auch in Nan Madol. Er hatte offenbar keinen Plan zur Hand, weil er weder die Namen der verschiedenen Inseln noch ihre einstige Funktion nennt. Statt die Anlage gründlich zu untersuchen, verliert er sich in einem weitschweifigen Exkurs über polynesische Seereisen und Ritualmasken, die er für Flugapparate hält, und wittert hinter dem Geheimnis der Ruinenstadt, wie zu erwarten, fremde Astronauten. Am Baumaterial kommt ihm »spanisch vor, daß die Lava ausschließlich sechs- oder achteckige Säulen, nach Maß, in etwa gleichen Längen erstarren ließ«. Eine »dümmliche Erklärung«, entrüstet sich Däniken, die Pfeiler seien natürlich »exakt bearbeitet«. Weit seriösere Forscher als er haben sich allerdings gewundert, warum die Träger kaum Bearbeitungsspuren zeigen.

Des Rätsels Lösung findet man in den alten Steinbrüchen im Innern der Insel, vor allem im nördlichen Distrikt Uh. Durch Farnverhaue und Schlinggewächse muß man sich den Zugang erst mühsam freischlagen. Tief verborgen im verfilzten Regenwald lagern dort kristalliner Basalt, ein jungvulkanisches Ergußgestein. Es erscheint häufig in Form von meterlangen Säulen, die sich in Jahrmillionen senkrecht zur Abkühlungsfläche des Lavastroms gespalten haben. Manchmal entstehen bizarre, fast künstliche Gebilde, die wir gern als »Naturwunder« bezeichnen. Das berühmteste dieser Art ist der »Giant's Causeway« (Damm des Riesen) an der Nordküste Irlands.

Tausende von polygonischen Basaltpfeilern stapeln sich hier, sauber gegliedert neben- und übereinander, als habe ein Künstler den mächtigen Felsen in eine Galerie von Orgelpfeifen verwandeln wollen. Das gleiche haben Wind, Wetter und Erosion auf Ponape bewirkt: Das Material wächst als massiges Paket aus dem Boden. Die Kräfte der Natur haben es bereits in prismenförmige Balken zugeschnitten und gebündelt. Und so unglaublich es klingt: All diese Säulen zeigen schon fünf- und sechskantige Profile. Die Arbeiter mußten sie nur noch herauslösen. Da sie auch hier kein Metall kannten, benutzten sie Meißel aus den eisenharten Schalen der Tridacna- oder Riesenmuschel, um die Rohlinge zu glätten. Anschließend rollte man sie auf einer Art »schiefen Ebene« aus geschälten und eingeölten Baumstämmen ans Meer. Starke Seile aus Kokosbastfasern und grüner Hibiscusrinde verhinderten, daß die schwere Last abrutschte. Vom Ufer aus transportierten Bambusflöße das Material im Schleppzug zur Ostküste der Insel, nach Nan Madol. Dabei ging mit Sicherheit ab und zu ein Teil der Fracht verloren.

Tauchfahrt in die Unterwelt

Uns interessierten nicht einzelne Basaltblöcke, die seit Jahrhunderten in der Lagune lagen. Wir wollten wissen, ob sich die Stadt *unter* Wasser weiter fortsetzt und ob die Könige von Nan Madol tatsächlich einen Friedhof auf dem Meeresboden besaßen, wie es alte Sagen immer wieder erzählen.

Zwei Experten aus Tokio waren zu uns gestoßen: Noriaki Shimano und Jun Onozawa, Sporttaucher und Berufsfotografen, die schon einige Expeditionen begleitet hatten. An einem windstillen Vormittag dümpelte unser Boot vor der großen südlichen Wallmauer. Die beiden Japaner überprüften noch einmal ihre Spezialausrüstung, legten Filme in die Kameras ein und verteilten Bandmaß und Zeichengerät, um wichtige Einzelheiten vor Ort maßstabgetreu festzuhalten. Jeder steckte sich noch einen Metallschaber in den Gürtel, mit dem die Oberfläche verkrusteter Gegenstände freigekratzt werden konnte. Dann kippten sie vom Bootsrand kopfüber ins Meer. Bei einer Wassertemperatur von 28 Grad und klarer Sicht bis fünfzig Meter Tiefe schien ihr Tauchgang ein reines Vergnügen zu werden. Wir blieben an Bord. Hier ist der Bericht von Jun Onozawa:

»Eine Wunderwelt tut sich vor uns auf. Wir gleiten durch ein riesiges Aquarium ohne Wände, umgeben von Millionen kleinster Lebewesen. Unter uns wellen sich Pilzkorallen auf, große Grasmatten mit einer glatten, violetten Unterseite. Wir kommen an einer ganzen Kolonie von blattartigen Steinkorallen vorbei, ihre gelben Polypen leuchten intensiv wie Blumen. Zahllose Algen zwischen den verkalkten Knospen entfachen ein wahres Feuerwerk von Farben. Seesterne und Tritonshörner haben sich in einem weichen, sanft bewegten Teppich eingenistet. Im Schein unserer Lampen erstarren seine tänzelnden Fangarme wie auf Kommando. Vor uns patrouilliert ein kleiner Hai durch die Korallengärten. Aber er ist friedlich. Er hat seinen festen, stets reich gedeckten Mittagstisch weiter draußen am Saumriff. Auch die Schnapper und Kaiserfische lassen sich nicht aus der Ruhe bringen. In dichten bunten Schwärmen dringen sie zwischen die Äste der Korallenbeete, wo ihre Nahrung schwebt.

Jetzt sehen wir die Fundamente von Nan Madol: schwere Basaltquader, ohne Bindemittel zusammengesetzt. Sie lagern zwei Meter unter dem Wasserspiegel auf der Riffplatte, die hier sanft abfällt. Dieses Riff besteht aus einem Kalksteingerüst, das Milliarden feinster Bausteinchen, die Korallenpolypen, aufgestockt haben. Es wächst jährlich um ein bis drei Zentimeter. Wie ich weiß, ist das Riff vor Nan Madol etwa dreißig Meter dick und damit mindestens 1400 Jahre alt. Das bedeutet, die Architekten von Nan Madol fanden bereits einen natürlichen Bauplatz vor.

Plötzlich setzt Noriaki mit einem eleganten Schwung über die Korallenbrocken. Ich sehe gerade noch einen fast zwei Meter langen graugelben Schatten, der sich mit seitlichen Wellenbewegungen nach unten verzieht. Eine Seeschlange, eins der gefährlichsten Reptilien überhaupt! Sie halten sich mit Vorliebe am sandigen Grund unter den Platten auf. In Australien haben mir Zoologen erzählt, ihr Gift sei viermal stärker als das der Königskobra und wirke nach sieben Sekunden absolut tödlich. Nur für ganz wenige Arten wurde bisher ein Gegenserum entwickelt.

Nachdem wir uns vom ersten Schreck erholt haben, bewegen wir uns vorsichtig seewärts. Überall liegen Basaltsäulen herum, hellgrün gefleckt von Pilzen. Wir haben ein paar vermessen; sie sind zwischen drei und fünf Meter lang und etwa vierzig Zentimeter stark. Das waren keine Fundamentsteine, sondern Trümmer von Häusern oder Mauern. Vielleicht ist ein Teil der Stadt bei einem Erdbeben ins Meer abgerutscht. Einige Steine können aber auch symbolische Opfergaben für Haie sein, die die Eingeborenen hier versenkten. Nach ihrem Geisterglauben war der Hai das Medium, in das der Kriegsgott schlüpfte.

In zwanzig Meter Tiefe, wo das Riff schon steiler abfällt und das Tageslicht schwächer wird, ragen auf einmal drei mächtige Pfeiler auf. Sie stehen völlig senkrecht hintereinander wie große Telegraphenstangen. Der obere ist etwa fünf Meter hoch, die beiden unteren jweils zehn Meter bei einem Durchmesser von einem Meter. Wir schwimmen näher und sehen, daß sie dicht besetzt sind mit Schwämmen und Muscheln, See-Anemonen und Korallengeflecht. Wir kratzen die Kruste auf und stellen fest, daß Basalt darunter steckt. Aber uns fällt keine Erklärung für diese gigantischen Türme ein, und einen Unterwasserfriedhof haben wir auch nicht gefunden.«

Zumindest hat die Tauchexpedition eine Legende zerstört: das Märchen von den Gräbern auf dem Meeresgrund.

Ungelöste Rätsel

An unserem letzten Tag auf Ponape lädt Reverend Ed Kalau zu einem Rundflug über Nan Madol ein. Pilot Peter Reichelt ist mit einem Krankentransport von der Insel Mokil zurückgekommen. Stolz erzählt uns der Missionar von *seinen* »künstlichen Inseln«: Landebahnen aus Korallenschotter vor abseits gelegenen Atollen. In mühevoller Arbeit hat er sie mit den Eingeborenen in den seichten Lagunen aufgeschüttet. Gelder der Distriktregierung und Spenden aus Deutschland haben ihm dabei geholfen. Seine selbst gebauten Pisten sind die Fundamente einer Luftbrücke, die schon vielen Insulanern das Leben gerettet hat.

Die kleine Beechcraft N 18-S steht etwas verloren auf dem Rollfeld von Kolonia und wird aufgetankt. Dann bringt Reichelt die zweimotorige Propellermaschine schnell auf Höhe, zieht eine Schleife um den Sokehs-Felsen und fliegt an der Küste entlang Richtung Südost. Bald kreisen wir wie die Albatrosse über Nan Madol. Unter uns liegt jetzt die Festung *Nan Dowas*; ihr doppelter Maurerring zeichnet graue Vierekke auf den hellen Korallenboden. Der große äußere Wall mit dem Wellenbrecher stößt wie ein stumpfer Keil in die Lagune vor.

Reichelt geht auf 800 Fuß (= 243 Meter) herunter, der idealen Höhe für Aufnahmen. Obwohl der Dschungel ein dichtes grünes Tarnnetz über die tote Stadt gespannt hat, kann man die regelmäßigen Flächen der Inseln, das Kanalsystem mit seinen Querstraßen und versumpften Seitenarmen deutlich erkennen. Mit »SAR«, dem neu entwickelten Radarsystem der NASA, das selbst geschlossene Wolkendecken durchdringt, könnte man hier auch die völlig überwachsenen Fahrrinnen unter dem Laubdach wieder sichtbar machen.

Ich überlege. Warum wurde diese Stadt ausgerechnet auf 92 künstlichen Inseln — einst sicher noch mehr — angelegt, wo es hier von echten Inseln nur so wimmelt? Wer hat sie überhaupt erbaut? Heute zählt Ponape etwa 17000 Einwohner, vor dem Erscheinen der Europäer waren es wesentlich mehr. Der amerikanische Anthropologe John Fischer schätzt 30000 bis 40000 Menschen. Nach Berechnungen des englischen Forschers John Macmillan Brown waren allein so viele Männer erforderlich, um das »Venedig im Pazifik« zu errichten. Sie mußten mit primitiven Werkzeugen die Basaltpfeiler brechen und auf beschwerlichem Weg nach Nan Madol transportieren, was nur bei Flut möglich war. Sie mußten Korallenplatten zu Füllmaterial zerschlagen, die Plattformen im Meer aufschütten und dazu die Ebbe abwarten. Sie mußten endlich die Säulen zu mächtigen Gebäuden hochstapeln, von denen schon ein einziges, die Festung *Nan Dowas,* nachweislich 32000 Stück verschlang, jedes bis zu fünf Tonnen schwer. Unberücksichtigt bleiben dabei noch Wohnhäuser, Hütten und Baubuden, die völlig verschwunden sind.

Und — Nan Madol steht nicht isoliert da: Auch auf der 643 Kilometer südöstlich gelegenen Insel Kusaie (Kosrae) gibt es nahe dem Hauptort Lelu große alte Steinanlagen, freilich nicht so eindrucksvoll wie hier. Wegen der riesigen Entfernung dürften die beiden Zentren aber kaum ihre Handwerker ausgetauscht haben. Entweder hat man in Nan Madol zusätzliche Arbeiter von den Nachbarinseln verpflichtet und von dort auch gleich Nahrungsmittel importiert, weil die Verpflegung für die Masse der Bautrupps und die Bevölkerung mit Sicherheit nicht ausreichte. Oder aber es existierten in der näheren Umgebung weit mehr Atolle, und Ponape selbst war bedeutend größer als heute. Dies scheinen neue Erkenntnisse der Ozeanographen und Meeresgeologen zu bestätigen. Sie stellten fest, daß der östliche Karolinenrücken, wo Ponape liegt, auf eine geringe Tiefe absackte, ein klarer Beweis für verschwundene Inseln. Und dieses Land ging unter, als schon lange Menschen dort siedelten.

Welche Gesellschaft herrschte in Nan Madol? War es nur eine Adels- und Priesterkaste, die hier draußen einen Geheimkult gründete? John Fischer schätzt, daß dort etwa tausend Menschen lebten, archäologische Funde untermauern die Zahl. Hatte diese Elite der Restbevölkerung den Zutritt verboten, nachdem der religiöse Bezirk fertiggebaut war?

Oder waren es fremde Eroberer, die von dieser einsamen Machtzentrale aus die Bewohner von Ponape kontrollierten und tributpflichtig hielten? Ein unabhängiges Volk hätte sich für seine Hauptstadt sicher einen besseren Standort gewählt als diesen schmalen Streifen mitten im Meer vor einer 347 Quadratkilometer großen Insel. Zwar muß das zerklüftete Bergland im Innern schon früher unzugänglich gewesen sein, aber es gab genug breite Buchten und fruchtbare Täler in Küstennähe.

War Nan Madol vielleicht der Außenposten eines viel größeren Südsee-Reiches mit einem engmaschigen und gut funktionierenden Kommunikationsnetz? Entstand die Anlage in relativ kurzer Bauzeit oder im Laufe mehrerer Jahrhunderte? Und warum wurde die Stadt dann wieder verlassen?

Auf all diese Fragen gibt es bis heute keine Antwort. So

kreisen denn nach wie vor wilde Spekulationen um das »Venedig im Stillen Ozean«. Die fantastischste Theorie sollten wir in Japan hören.

Wir mußten unseren Jet nach Tokio via Guam pünktlich erreichen. Peter Reichelt drückte die kleine Beechcraft nach oben, zog seine letzte Schleife und tippte kurz mit den Tragflächen. Unter uns verschwanden allmählich die Südseeinseln aus Menschenhand.

Propheten des verlorenen Kontinents

Ich treffe Dr. Yotoku Shirakami vor dem Heiligen Schrein »Hie« im Herzen von Tokio. Der kleine freundliche Herr über sechzig macht mich auf ein paar Sonnensymbole an den Wänden des Bauwerks aufmerksam und kommt gleich zur Sache. »Diese Zeichen stammen alle von *Mu*. Und wir Japaner sind die Nachfahren des großen *Mu*-Volkes. *Mu* war die Wiege der Zivilisation, ein versunkener Kontinent im Stillen Ozean.« Shirakami glaubt felsenfest daran; japanische Zeitungen bezeichnen ihn als »Botschafter von *Mu*«. Er ist kein Scharlatan, hat an der Waseda-Universität fernöstliche Philosophie studiert und beschäftigt sich seit Jahren mit dem pazifischen Raum und den großen Kulturen an dessen Rand, von Asien bis Mittel- und Südamerika. Aber seine Thesen, die er 1978 in dem Buch »Die Welt des Kontinents *Mu*« veröffentlichte, sind nicht neu.

Anfang der dreißiger Jahre hatte ein gewisser James Churchword zum gleichen Thema einen Bestseller geschrieben, der sofort mehrere Auflagen erzielte. Churchword war ehemaliger Kommandeur der britischen Armee in Indien, kein Wissenschaftler. Aber er befaßte sich mit der alten Kultur des Landes und lernte einen Hindu-Priester kennen, der ihm eines Tages rätselhafte Schrifttafeln zeigte. Dies waren, so Churchword, die »echten Chroniken des Landes *Mu*«, aufgezeichnet in der Ursprache der Menschheit.

Auf diesem Kontinent im Pazifik gab es lange vor der Steinzeit eine hochentwickelte Zivilisation und ein strafforganisier-

Nan Madol. Blick auf die Festung Nan Dowas, den »Platz der stolzen Mauern«. Hinter dem Vorhof liegt der Innenbezirk mit Grabgewölbe und Schatzkammer der Saudeleurs, der ersten sagenhaften Herrscher über Ponape.

Ein scheuer Bewohner der Korallenbeete im Pazifik: der auffällig gefärbte und mit Stacheln bewehrte Antennenrotfeuerfisch.

Nan Madol, das Venedig des Pazifik, aus der Luft. Im Zentrum die Festung Nan Dowas, rechts davon der Wellenbrecher. Deutlich zu sehen sind die Kanäle zwischen den rechteckigen Inseln.

Ein rätselhafter Brauch auf den Truk-Inseln: Noch heute bringen Eingeborene mit ihrem Auslegerkanu einem unbekannten Herrscher Früchte und Meerestiere als Tribut!

Auch in Melanesien, vor den Salomonen, gibt es künstliche Inseln. So in der Lau-Lagune von Malaita: Wie große Hausboote ankern sie unbeweglich im flachen Wasser.

Das Fundament der künstlichen Insel besteht aus Korallenbrocken, die am Riff vor der Lagune gebrochen werden. Auf diese Unterlage kommt später eine Humusschicht als Nährboden für Nutzpflanzen.

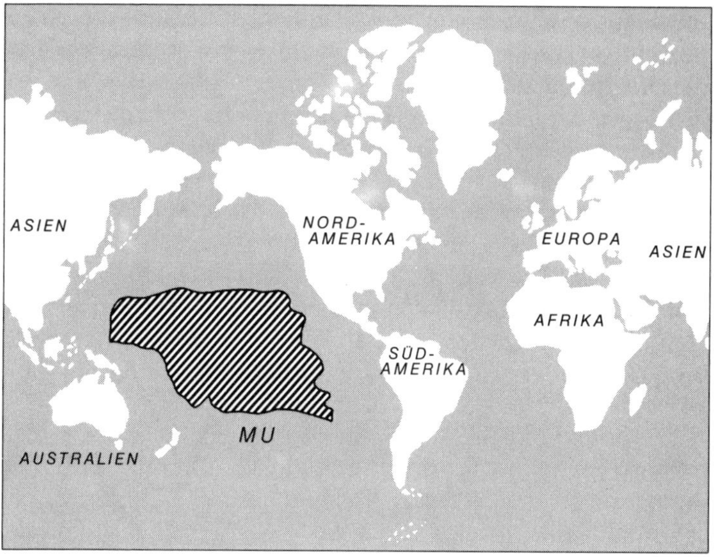

Der Fantasiekontinent Mu soll fast den ganzen Südpazifik ausgefüllt haben: von den Philippinen im Westen bis zur kalifornischen Küste im Osten. Den nördlichsten Punkt bildet Hawaii, der Südrand verläuft über Tasmanien bis zur Osterinsel.

tes Staatsgebilde mit über 64 Millionen Menschen. Nach einer gewaltigen Naturkatastrophe ging das riesige Land vor mehr als 15000 Jahren in den Meeresfluten unter. Die Überlebenden retteten sich nach Indien und Burma und exportierten später ihre Kultur auf weiten Seereisen nach Ägypten, Mesopotamien, ja sogar nach Amerika. Dafür sprechen, behauptete der Autor, Glyphen auf Aztekensteinen und eine alte Handschrift der Maya. Diese angeblich echten Dokumente entpuppten sich jedoch schon bald als plumpe Fälschung. Churchwords fantasievolle Rekonstruktion von *Mu* brach Stück für Stück zusammen. Das hinderte ihn aber nicht, weitere »Beweise« über sein Phantom zu sammeln und zu veröffentlichen.

Shirakami gibt zu, daß ihn die Bücher des Briten angeregt

haben und in Einzelheiten noch heute überzeugen. Aber er ist vorsichtiger als Churchword. So wagt er nur wenige Vergleiche mit fremden Kulturen, konzentriert sich stärker auf die sichtbaren Monumente im Pazifik und versucht, den Untergang von *Mu* mit naturwissenschaftlichen Methoden nachzuweisen.

Zunächst erklärt er mir den Namen. *Mu* ist eine Abkürzung von *Lemuria.* Diese Bezeichnung hatte der englische Biologe F. L. Sclater 1874 von den Lemuren abgeleitet, einer Gattung von Halbaffen (Makis), die es allein auf Madagaskar und in Hindustan gibt. Sclater nahm an, die Verbreitung dieser Tiere sei nur über eine ehemalige Landbrücke zwischen Madagaskar und Vorderindien möglich gewesen.

Dieser hypothetische Kontinent ging als *Lemuria* in die wissenschaftliche Diskussion ein; einige Autoren versetzten ihn aber schon bald vom Indischen Ozean in den Pazifik, als sagenumwobenes Reich in der Tiefe. Shirakami zeigt mir auf einer selbst entworfenen Karte die Lage von *Mu* und fährt mit dem Finger die Umrisse nach. Demnach füllte der Kontinent in grauer Frühzeit fast den ganzen Südpazifik aus: von den Philippinen und Indonesien im Westen über Hawaii bis zur kalifornischen Küste im Osten. Den südlichen Rand bildeten Tasmanien, die Auckland- und Chatham-Inseln, die Osterinsel und der Juan-Fernández-Archipel vor Chile.

»Wie wir wissen«, erklärt der Japaner, »verlaufen unter den Inseln Ozeaniens viele Erdbebenzonen und Vulkangürtel. Daraus entstand einst diese riesige Landmasse, die sich immer wieder hob und senkte. Sie werden fragen: warum? Nun, unter dem Meeresboden lagerte ein gewaltiges Gaskissen. Wenn sich viel Gas darin staute, hob sich der Boden. Sobald das Gas aber entwich, sank er wieder. Vor 12000 Jahren«, es klingt als sei Shirakami dabei gewesen, »muß dieser Hohlraum plötzlich so viel Gas verloren haben, daß der ganze Kontinent in sich zusammenbrach und im Meer unterging, bis auf die Gipfel einiger Gebirgsketten, die heute als Inseln aus dem Wasser ragen. Auf vielen dieser Inseln gibt es rätselhafte Steinbauten, so auf den Marianen, Ponape, Tongatapu, Fanning, Christmas und Malden im Line-Archipel und natürlich auf der Osterinsel. Sie wurden vor mindestens 13 000 Jahren errichtet. Das sind die letzten Überreste der großen Kultur von *Mu*. Aber die Entwicklung des Stillen Ozeans ist noch nicht abgeschlossen. Durch Vorgänge im Inneren der Erde wird sich der Boden erneut heben, und dann taucht *Mu* wieder auf.«

Das wäre ein hundertprozentiger Beweis für Shirakamis Theorie, doch ich bezweifle, daß der ideenreiche Japaner und seine gläubige Gemeinde diesen Tag erleben werden.

Selbstverständlich mußten wir seine Behauptungen überprüfen, und zwar mit Hilfe einer Wissenschaft, die noch relativ jung ist, aber schon erstaunlich sichere Daten über das Alter der Ozeane und das Erscheinungsbild des Tiefseebodens geliefert hat: der Meeresgeologie. Nach ihren Erkenntnissen kann man heute einen fast vollständigen Atlas vom größten, aber unbekanntesten Teil unseres Planeten zusammenstellen, vom Reich unter dem Wasser.

Die Chronik des Stillen Ozeans

Nach der Rückkehr von unserer Expedition hatte ich mich mit einem Fachmann für Meeresgeologie verabredet, mit Professor Michael Sarnthein vom Geologisch-Paläontologischen Institut der Universität Kiel. Sarnthein, ein gebürtiger Tiroler mit Vorliebe für Ostseeschauer, brachte einige Modelle von Bodenprofilen des Pazifiks und große farbige Karten mit, auf denen Berge und Cañons, Gebirgsrücken und Ebenen, Vulkane und Schluchten eingezeichnet waren, seit unendlichen Zeiten von den Fluten des Ozeans bedeckt.

Ich wiederhole Shirakamis Thesen und frage den Professor, ob man mit solchen Erklärungen die Existenz eines verschollenen Kontinents im Pazifik überhaupt nachweisen kann. Sarnthein schüttelt den Kopf. »Es war vielleicht vor zwanzig Jahren möglich, Ansichten dieser Art gelten zu lassen. Aber inzwischen hat die Forschung enorme Fortschritte gemacht, und unsere Kenntnisse sind dermaßen angewachsen, daß wir

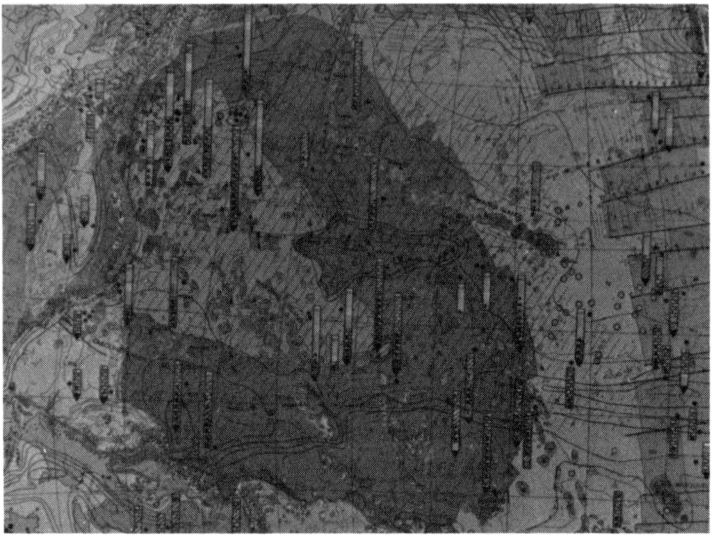

Auf dieser modernen meeresgeologischen Karte geben die dunklen Zonen das Alter des Meeresbodens mit 150 bis 180 Millionen Jahren an. Die vertikalen Säulchen markieren Bohrstellen im Pazifik.

Vorgänge, wie der Japaner sie annimmt, mit Sicherheit ausschließen können. Ich will Ihnen zeigen, warum.«

Sarnthein streicht die Pazifikkarte glatt und deutet mitten drauf. »Wir wissen heute, daß dieser Riesenraum mit seiner Kruste Millionen von Jahren alt ist. Hier, vor der Westküste Südamerikas, liegen die allerjüngsten Teile; dort wird der pazifische Boden heute gebildet. Von dieser Spreizzone driften dann die Krustenteile nach links und rechts und werden mit zunehmendem Abstand immer älter. Die dunkelrote Zone da, nördlich von Neuguinea und den Salomonen, ist nachweislich etwa 150 bis 180 Millionen Jahre alt.«

Ich unterbreche ihn: »180 Millionen Jahre — das ist natürlich eine gewaltige Zahl. Kann man sich auch geologische Prozesse vorstellen, die in wesentlich kürzerem Zeitraum ablaufen und jünger sind?« »Durchaus«, meint Sarnthein. »So etwas spielt sich vor allem auf den Inselgirlanden ab, die den Pazifik umranden. Diese Vulkanketten werden häufig durch Erdbeben erschüttert; die roten Pünktchen auf der Karte machen das deutlich. Und Erdbeben, weiß man, sind kurzfristige Ereignisse, die sogar Land im Meer versenken können. Wie das im einzelnen passiert, sehen wir an diesem Profil: hier ein Vulkan und dort der Ozean, der mit seiner Kruste und seinen Sedimenten unter den Kontinent und den Inselbogen geschoben wird. Dabei wird der Boden wie ein Wellblech zusammengedrückt, das Erdbeben ist programmiert.

Es steuert übrigens auch die gefürchteten *Tsunamis.* Das sind Flutwellen, die mit einer Geschwindigkeit von 150 bis 200 Meter pro Sekunde anrollen, bis zehn Meter hoch über Landflächen hinwegdonnern und dabei alles niederreißen, was sich ihnen in den Weg stellt. Auch Schwankungen des Meeresspiegels, wenn die Eiskappen auf den Erdpolen wachsen oder schrumpfen, können in diesem Gebiet kurzfristig Katastrophen auslösen. Nur, ›kurzfristig‹, das ist nach der Chronik des Ozeans immer noch ein Zeitraum von 10000 bis 20000 Jahren. Wir haben auch keine geologischen oder geophysikalischen Anzeichen dafür, daß in dieser Spanne Inselgruppen durch Gasblasen hochgepumpt oder nach unten gestaucht worden sind, von einem Kontinent ganz zu schweigen. Andererseits versichern uns die Vorgeschichtler und Archäologen glaubhaft, daß Hochkulturen kaum älter sein können als 5000 oder 6000 Jahre, großzügig gerechnet höchstens 7000. Bei den geologischen Vorgängen im Pazifik haben wir es dagegen mit einer ganz anderen Zeitdimension zu tun. Einen Kontinent *Mu,* bewohnt von zivilisierten Menschen, muß man sich also aus dem Kopf schlagen.«

»Woher kennt man eigentlich die Geschichte der Tiefsee so genau?« frage ich erstaunt. Der Professor lächelt. »Wir können heute den Meeresboden wie ein Buch lesen. Früher haben Forschungsschiffe über submarinen Tafelbergen *(Guyots)* Position bezogen und mit Baggernetzen Versteinerungen gehoben, die sich auf 70 bis 140 Millionen Jahre datieren ließen. Dann halfen uns Echolotungen, die eigentlich erfunden wurden, um Zusammenstöße mit Eisbergen zu verhindern; das

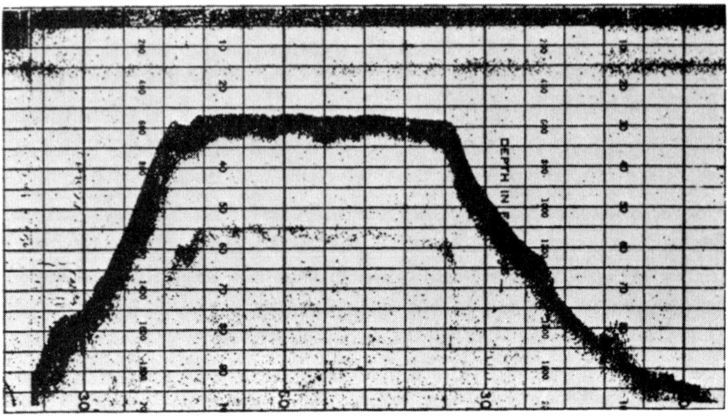

Oben ein Tiefenprofil des Pazifikbodens, das während des Zweiten Weltkriegs an Bord eines Kriegsschiffs aufgezeichnet wurde. Es zeigt einen der Tafelberge, einen sogenannten »Guyot«. Die Gipfelebene liegt 1000 Meter unter dem Meeresspiegel, die Talsohle 3000 Meter tief. Unten die Aufzeichnung eines »Guyot« an fast der gleichen Stelle, ca. 600 Kilometer östlich der Insel Saipan, durch ein Echolot des Forschungsschiffes »Lynch« im Jahre 1972. Das Schiff brauchte zur Überquerung der Hochebene ca. 50 Minuten, die Breite beträgt demnach etwa 15 Kilometer. Der Höhenmaßstab ist vergrößert.

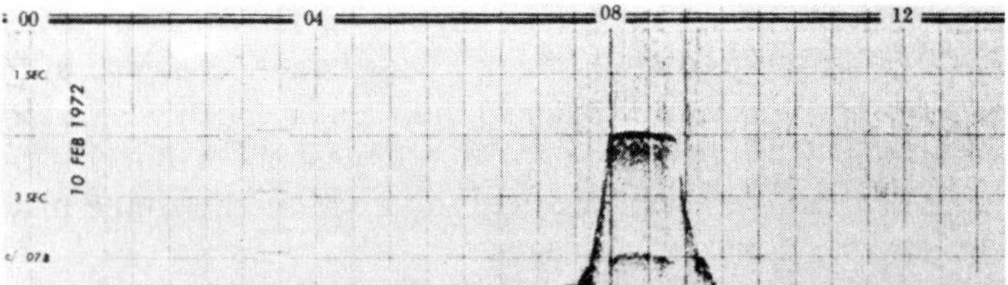

war nach dem Untergang der ›Titanic‹. Während des Zweiten Weltkriegs haben Geleitzüge der amerikanischen Flotte auf dem Weg nach Japan solche Echolotungen vorgenommen, um feindliche U-Boote anzupeilen. Mit diesem Verfahren kann man die Höhe von Schiffen über Grund und den Abstand zu Fremdkörpern messen. Das Echo oder die Reflexion der Schallsignale verrät aber auch eine Menge über die Form der Schichten im Meeresboden.

Einen wesentlichen Fortschritt bei unseren Untersuchungen brachten künstliche Erdbebenwellen. Ihre Reflexionen werden auf stetig durchlaufenden Papierstreifen aufgezeichnet. Mit solchen grauweißen ›Schrieben‹ oder Seismogrammen können wir den Boden des Ozeans bis in etwa zehn Kilometer Tiefe regelrecht durchleuchten, seine Strukturen erkennen, den Aufbau der Kruste und die darüberliegende Sedimentschicht. Sie besteht aus Ablagerungen von totem Plankton, abgerissenen Mineralteilchen vom Festland oder vulkanischer Asche.

Seit Jahrmillionen bedecken solche Verwitterungsprodukte und abgestorbenen Organismen den Meeresgrund. Dieser Bodensatz ist durchschnittlich einen Kilometer dick; wir schätzen, daß er in tausend Jahren etwa einen Zentimeter wächst. Die Sedimente sind sozusagen die ›Annalen‹, in denen wir die Geschichte des Pazifiks zurückverfolgen können. Richtig entschlüsselt hat sie erst ein großes internationales Forschungsprogramm, das seit einigen Jahren läuft und auch in Zukunft für Schlagzeilen sorgen wird. Aber darüber«, Professor Sarnthein notiert eine Adresse, »holen Sie sich am besten Informationen aus erster Hand.«

Unternehmen Tiefsee

Ich bekam sie von der Bundesanstalt für Geowissenschaften und Rohstoffe in Hannover. Dort koordiniert Dr. Helmut Beiersdorf die deutsche Mitarbeit am sogenannten *»Deep Sea Drilling Project«* (DSDP; Tiefseebohrprogramm), die von der

Deutschen Forschungsgemeinschaft und dem Bundesministerium für Forschung und Technologie finanziell unterstützt wird. Neben den Vereinigten Staaten, der Sowjetunion, England, Frankreich und Japan ist die Bundesrepublik seit 1974 an diesem bisher aufwendigsten und erfolgreichsten Vorstoß zum Meeresboden beteiligt. Leitung und Durchführung liegen beim Scripps-Institut für Ozeanographie, das zur Universität von Kalifornien in San Diego/USA gehört.

Helmut Beiersdorf faßt die wichtigsten Ziele des Unternehmens zusammen: »Wir wollen die Kontinentalränder der Meere und ihre Öl- und Gasvorräte untersuchen. Wir wollen Erzlagerstätten im Ozean aufspüren, ihre Entstehung und Verbreitung herausfinden. Schließlich erforschen wir die Klimageschichte der Erde und ihre mögliche Auswirkung auf die Zukunft. Das ist auch unser Beitrag für ein besseres Umweltverständnis.«

Zu diesem Zweck wurde ein spezielles Forschungsschiff konstruiert, die »Glomar Challenger«. Sie trägt den denkwürdigen Namen des ersten ozeanographischen Expeditionsschiffs der Welt, »H. M. S. Challenger«. Ursprünglich ein englisches Kriegsschiff, wurde sie 1872 für wissenschaftliche Vorhaben umgebaut und ergründete über drei Jahre die Weltmeere. Ihre Nachfolgerin nahm im August 1968 den Dienst auf. Die »Glomar Challenger« ist mit mehreren Bohrgestängen ausgerüstet, von denen das längste 6766 Meter mißt. Sie werden von einer Plattform ins Wasser gesenkt und erreichten mit 7044 Meter den bisher tiefsten Punkt unter dem Meeresspiegel. Dabei konnten bis zu 1,7 Kilometer Boden angebohrt werden — das Basaltfundament des Ozeans war entdeckt.

Mit über 880 Löchern gleicht der Meeresgrund heute einem riesigen Schweizer Käse. Auf Spezialkarten sind diese Bohrstellen mit kleinen Säulen markiert. Anfangs wurde das Bohrloch nur mit einem Bohrmeißel »abgeteuft«, wie das Ausheben in der Fachsprache heißt. Wenn der Meißel sich abnutzte, mußte das Gestänge hochgezogen und das Bohrloch verlassen werden. 1970 entwickelten Ingenieure deshalb das »Wiedereintrittssystem« *(Re-entry),* mit dem man dasselbe

Bohrloch erneut befahren kann, um tiefer in die Erdkruste einzudringen. Bei dieser Technik führen Sonar-Reflektoren an einem fünf Meter langen Stahltrichter den flexiblen Bohrstrang zurück in das Loch.

Wie aber konnte das Schiff auf offener See bei hohem Wellengang und starker Strömung seine feste Position über der Schürfstelle halten? Spezialisten der Firma Globa Marine Inc., Los Angeles, erfanden ein geniales Verfahren:

Zwei Strahlruder an Bug und Heck der »Glomar Challenger« sind an ein hochkompliziertes Computersystem angeschlossen und treten auf Befehle des Computers in Aktion. Er analysiert Daten, die ihm von drei Unterwasser-Mikrofonen unter dem Schiffsrumpf übermittelt werden. Diese Mikrofone peilen ununterbrochen Signale an, die ein auf dem Meeresboden befestigter Schallgeber ausstrahlt. Wenn das Schiff abzutreiben beginnt, teilen Schallgeber und Mikrofone diese Information dem Computer mit. Dieser steuert dann die Strahlruder so, daß das Schiff langsam in seine Ausgangsposition zurückgedrängt wird.

Die Bohrungen brachten Kernproben von Ablagerungen und Gesteinen unterhalb des Meeresbodens ans Tageslicht. Chemiker verschiedener Labors analysierten das Material, die Angaben über seine Zusammensetzung wurden weltweit in Datenbanken gespeichert. Damit hatte man erstmals handfeste Beweise für bisher nur vermutete Bewegungen der Erdkruste und Vorgänge in der Tiefsee.

Andererseits mußten nach den Bohrungen der »Glomar Challenger« frühere Ansichten korrigiert und lange Zeit gültige Denkmodelle sogar umgestoßen werden. So kamen Wissenschaftler bei der Untersuchung und Datierung von Gesteinstrümmern, die vom Eis angetrieben worden waren, zu einem sensationellen Ergebnis: Sie stellten fest, daß die Antarktis seit mindestens 20 Millionen Jahren vergletschert beziehungsweise mit Eis bedeckt ist. Diese Erkenntnis steht in krassem Gegensatz zu Schätzungen auf fünf bis sieben Millionen Jahre, die Polarforscher noch vor kurzem für richtig hielten. Auf derselben Bohrungsfahrt fand man dann noch heraus, daß Australien vor etwa 50 Millionen Jahren vom antarktischen Festland losbrach und seit dieser Zeit mit einer Geschwindigkeit von ein paar Zentimetern pro Jahr nach Norden treibt.

Außerdem gelang es, mit Hilfe von Isotopenmessungen, durch Untersuchung von Plankton und anderen Kleinstlebewesen die Klimageschichte der letzten vierzig Millionen Jahre sehr genau zu rekonstruieren. Heute wissen wir, daß es vor etwa hundert Millionen Jahren einen kaum bewegten, sauerstoffarmen Ozean mit Schwarzschieferablagerungen gab, dem dann gutdurchlüftete Becken folgten. Als in den letzten fünfunddreißig Millionen Jahren die Antarktis immer mehr vereiste, wurde das warme, stark salzige Meerwasser durch weniger salziges nahe dem Gefrierpunkt ersetzt. Erst sehr viel später, vor drei Millionen Jahren, bildete sich die grönländische Eiskappe, erstarrte auch die Nordhalbkugel unter den Gletschermassen.

Der Ozean, ein chemisches Superlabor, reagierte verstärkt auf die Klimaveränderungen, stellte sich ein auf die Zufuhr von Moränenschutt und die Abwässer aus den Flüssen. Die Meere schufen unterschiedliche Ökosysteme. Aus den Erkenntnissen, wie die Natur in der Vergangenheit mit solchen Verschmutzungsproblemen fertig geworden ist, lassen sich vielleicht auch Modelle entwickeln, um eine künftige Umweltkatastrophe zu verhindern.

Wirtschaftlich interessant dagegen, und nicht nur für einige Südsee-Staaten, war die Entdeckung der »Glomar Challenger«, daß es im Stillen Ozean starke Metallvorkommen gibt, vor allem Zink und gediegenes Kupfer, das sich in den Tiefen des Meeres abgelagert hat.

Indirekt haben die Expeditionen des Schiffes auch den realen Kern so mancher Eingeborenen-Sage bestätigt. Bohrungen förderten Anzeichen von Festland zutage, die mit typischen Tiefseeablagerungen bedeckt waren. Durch Vergleiche verschiedener Ablagerungsarten erkannte man, daß eine riesige Unterseeschwelle im Indischen Ozean, der »Ninetyeast Ridge«, über 2800 Kilometer lang und heute 1850 Meter unter dem Wasserspiegel, früher eine Inselkette mit Sümpfen und Lagunen war. Kohle- und Tonreste sowie zahlreiche Austernschalen in den Gesteinsproben lieferten den sicheren Beweis.

Nach zwölf Jahren Dauereinsatz wird die »Glomar Challenger« 1983 ausgemustert. Das wesentlich größere und leistungsfähigere Nachfolgeschiff »Glomar Explorer« ist fast startklar. Es soll Aufgaben übernehmen, die mit der »Glomar Challenger« aus technischen Gründen noch nicht möglich waren. Die schwimmende Forschungsstation hat ein längeres Bohrgestänge an Bord und einen sogenannten *»Riser«*, mit dem die Stangen zum Schutz verrohrt werden. Satellitennavigation kann den Standort des neuen Schiffes auf hoher See innerhalb des Zehn-Meter-Bereichs genau bestimmen. Man plant, nach dem technischen Abschluß der Tiefseebohrungen hochempfindliche geophysikalische Meßinstrumente in den Löchern anzubringen, die seismische Störungen, den Wärmestrom oder Schwankungen des Magnetfeldes langfristig registrieren. Ihre Verwendung im Rahmen eines Frühwarnsystems vor Naturkatastrophen — Vulkanausbrüche, Erdbeben, *Tsunamis* — wäre ohne weiteres denkbar.

Die Tabelle nennt die wichtigsten technischen Daten der beiden Schiffe:

	»Glomar Challenger« (Einsatz bis Ende 1983)	»Glomar Explorer« (Einsatz ab 1984 geplant)
Länge	136 m	188,6 m
Wasserverdrängung	10 500 t	36 000 t
Gesamtlänge Bohrgestänge	ca. 8000 m	ca. 12 000 m
Einsatzkosten/Jahr	25 Mio. US-$	ca. 75 Mio. US-$

Tribute nach Niemandsland

Moderne Technologien haben Licht in die dunkle unbekannte Welt der Tiefsee gebracht. Wissenschaftler sind dabei, mit handfesten Beweisen ein anschauliches Puzzle des Stillen Ozeans zusammenzusetzen. Die Kräfte, die ihn formten, sind bekannt und als Daten im Computer gespeichert. Die Statistik besagt, daß er sich seit Jahrmillionen nicht wesentlich verändert hat. Damit kann man die Theorie vom untergegangenen Kontinent *Mu* getrost zu den Akten legen.

Und trotzdem: Noch immer gibt es in der Südsee unerklärliche Vorgänge und mysteriöse Bräuche. Sie scheinen die dunkle Erinnerung an ein verschollenes Inselreich wachzuhalten, an ein uraltes Imperium mit mächtigem Einfluß.

Zurück zu den Karolinen, zum Lokaltermin für die letzten Rätsel. Unser Ziel ist Ulalu, ein Inselchen der Truk-Gruppe, des größten Atolls der Welt. Gottverloren, aber schön und rein wie am sechsten Schöpfungstag. Kristallklares Wasser schwappt gegen die schwarzglänzenden Lavaklippen, die noch heute von der feurigen Geburt zeugen. Dahinter öffnet sich eine palmengesäumte Bucht mit blendendweißem Barfußstrand aus kleingemahlenen Korallen und zerriebenen Muscheln.

Die drei Männer dort sind schon seit geraumer Zeit schwer beschäftigt. Sie haben ihr leichtes Auslegerboot aus einem Unterstand weiter oben ans Ufer gezogen und kontrollieren die Seile aus Kokosfasern, mit denen der Schwimmer und die schmale Plattform am Einbaum befestigt sind. Einer legt strampelnde Seeschildkröten zu einem Haufen von Taro-Knollen, Brotfrucht, Kokosnüssen und Bananen. Aus den unsichtbaren Hütten kommen immer mehr Menschen zum Strand, vor allem Frauen und Kinder. Sie lassen sich im Sand nieder und kommentieren aufgeregt die Aktionen der Bootsleute. Die Männer verfrachten jetzt Früchte und Meerestiere in ihr Kanu. Sie legen noch ein paar breite Blätter darüber und verschnüren das Paket sorgfältig auf dem kleinen Deck.

Ich frage meinen Begleiter, einen Lehrer von der Hauptinsel Moen, was sie vorhaben. Seine Antwort verblüfft mich:

»Sie bringen diese Sachen einem unbekannten Herrscher als Tribut.« Man will es kaum glauben. Da treten an einem Märzmorgen des Jahres 1982 erwachsene Leute eine weite Seereise an, um ihre Ladung einem mächtigen Mann auszuhändigen, von dem sie weder Name noch Adresse kennen. Sie haben auch keine Ahnung, warum sie diese Abgaben überhaupt liefern müssen. Diese kräftigen Burschen, die jetzt singend auf die smaragdgrüne Lagune hinaussteuern, wissen nur eines: Es ist streng tabu, den Sinn dieses Unternehmens in Frage zu stellen. Wer ein Tabu verletzt, muß mit schlimmer Krankheit oder gar mit dem Tod rechnen. Und es wäre ein schwerer Verstoß gegen ungeschriebene Gesetze, diesen Brauch nicht mehr durchzuführen.

Ich erinnerte mich, auch auf Yap von solchen Tributzahlungen gehört zu haben. Dort sind die Außeninseln Ulithi und Woleai seit Menschengedenken auf merkwürdige Weise eng mit drei Dörfern im Distrikt Gagil verbunden. Es ist eine Art Leibeigenenverhältnis, wobei die Yap-Leute die Herrenrolle spielen. Sie bestimmen und regeln nach uralten Verordnungen die Beziehungen. Bis vor kurzem brachten die Leute von den Außeninseln mit einer Kanuflotte über Hunderte von Kilometern haufenweise Abgaben nach Gagil. Wenn man sie fragte, warum sie das machten, hieß es, der Häuptling auf Yap würde andernfalls ihre Inseln durch Erdbeben und Wirbelstürme zerstören. Erstaunlich dabei war, daß die braven Untertanen von den fernen Atollen meist reich beschenkt wieder heimfuhren.

Immerhin kannten sie noch ein festes Ziel, das die Eingeborenen von Ulalu im Truk-Archipel schon lange aus den Augen verloren hatten. Die drei Männer waren jetzt schon weit draußen auf dem lichtflirrenden Wasser, ihr Kanu tanzte wie ein Korken in der kabbeligen Dünung. Lehrer Sasao meinte, diese Tributfahrt habe heute rein symbolische Bedeutung. »Aber die Großväter jener Burschen sind noch weit hinaus gesegelt und haben ihre Gaben auf hoher See versenkt, weil sie nicht mehr wußten, wohin sie die Lebensmittel eigentlich bringen sollten.«

Der Kontakt zu dem allgewaltigen Empfänger muß schon

vor Jahrhunderten abgerissen sein. Vermutlich zahlten noch andere Inseln an ihn, Zwischenstationen für die Leute von Ulalu auf dem Weg dorthin. Und eines Tages waren diese Inseln nicht mehr da, weil die Flut sie verschluckt hatte. Nur so kann man sich die Irrfahrten der hilflosen Eingeborenen, das panikartige Auskippen ihrer Fracht irgendwo im wellentosenden Niemandsland erklären.

Ihre Enkel sind — in unseren Augen — etwas klüger. Jetzt paddelt man nur eine bestimmte Strecke aufs Meer hinaus, kehrt dann wieder um und bringt Früchte und Tiere vernünftigerweise zur Insel zurück, wo sie unter die Dorfbevölkerung verteilt werden.

Aber die uralte Überlieferung ist nach wie vor lebendig. Gab es vielleicht in grauer Frühzeit einen mächtigen Herrscher, dem unterworfene Inselgruppen tributpflichtig waren? Ein strenger Vater, der seine unmündigen Kinder auf den fernen Atollen beschützte, sich diesen Schutz aber immer wieder bezahlen ließ? Ein kluger Regierungschef, dessen Beamte genau darauf achteten, daß die Untertanen in der Provinz ja nicht ihre Steuertermine vergaßen? Aber woran ging sein Reich zugrunde: Zerstörten es Naturgewalten, oder scheiterte es an der sprichwörtlichen Isolation eines zersplitterten Inselstaates? Der Brauch der Männer von Ulalu bleibt rätselhaft — wie so vieles in den endlosen Weiten des Pazifik.

Stiller Ozean — Sprechende Steine

Die Inseln des Königs Salomo

Es sah nicht gut aus für Exkapitän Alvaro Mendaña de Neyra. Anno 1566 mußten karrieresüchtige Glücksritter und Abenteurernaturen wie er an der Lage im Vizekönigreich Peru fast verzweifeln.

Seine glorreichen Landsleute Pizarro und Almagro hatten, Gott sei's geklagt, die Andenfestung schon vor langer Zeit erobert und den blühenden Inka-Staat restlos zerstört. Die reichen Goldschätze ruhten inzwischen in Spaniens Tresoren. Sture Verwaltungsbeamte aus Kastilien und fanatische Priester hielten die Kolonie unter ihrer Knute und sorgten für Friedhofsruhe. Ein Mann wie Mendaña, 25 Jahre jung und unternehmungslustig, konnte vielleicht noch sein Leben lang die Wachen in der Hauptstadt Lima mustern oder durfte in einer Schreibstube alt werden. Eine Zukunft als Flottenchef aber war ausgeschlossen, zu entdecken gab es hier nichts mehr.

Doch der Hof in Madrid brauchte dringend mehr Geld. Er beauftragte die Finanzbehörden, neue Goldquellen zu erschließen. In der *Casa de la Contratación* (Handelskammer) zu Sevilla, die für den Amerikahandel zuständig war, wälzte man eifrig die Kolonialakten aus Peru, um irgendwelche Hinweise auf verborgene Erzlager oder geheime Schatzkammern zu finden. Dabei stieß man auf einen Bericht, den schon die ersten Konquistadoren nach Spanien geschickt hatten, der aber aufgrund der reichen Beutezüge während der letzten Jahrzehnte in Vergessenheit geraten war:

Nach einer Überlieferung der Inka lagen im westlichen Ozean fruchtbare Länder, deren Küsten mit Edelsteinen übersät waren. Ihr Herrscher Tupac Yupanqui (1470—1495), der Großvater Atahualpas, hatte mit 400 Balsaflößen eine

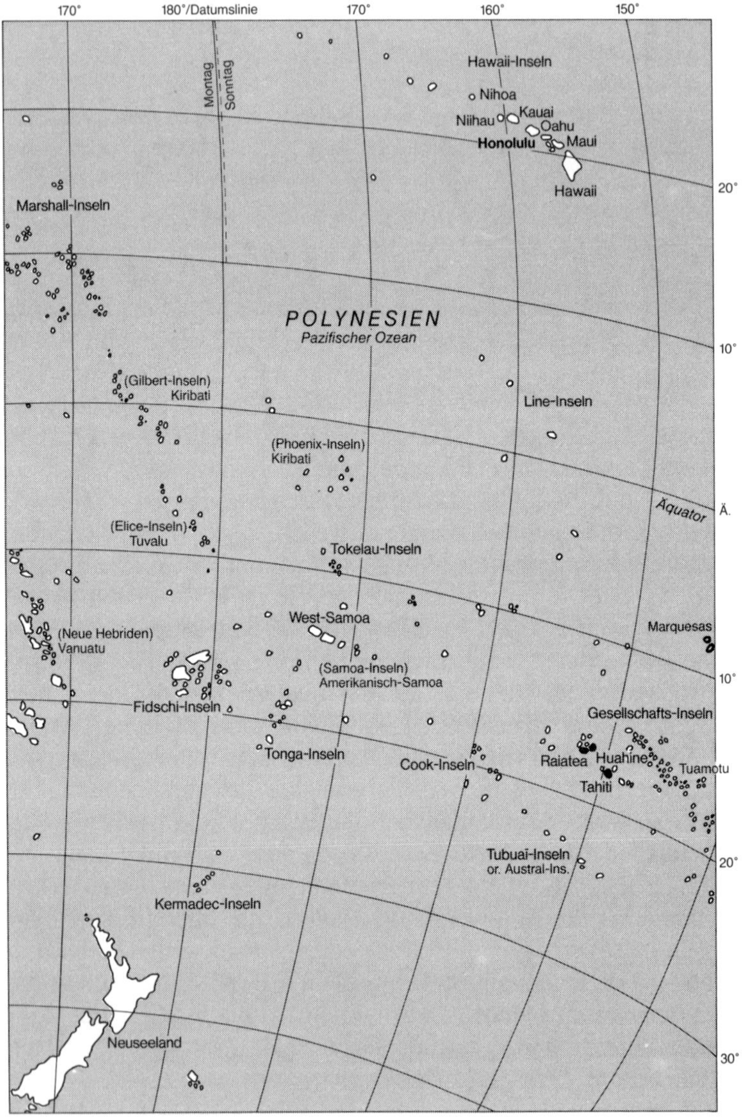

Polynesien, das Herz des Pazifik. Vor über tausend Jahren erschlossen kühne Seefahrer das gewaltige Dreieck zwischen Hawaii im Norden, Neuseeland im Süden und der Osterinsel im Osten.

fast einjährige Seereise unternommen und dabei eine Reihe von Inseln entdeckt.

Thor Heyerdahl ist davon überzeugt, daß es die Galápagos-Gruppe war, tausend Kilometer vom Festland entfernt. Grabungsfunde bewiesen dem norwegischen Forscher 1952, daß der Archipel offenbar noch zum Interessenbereich der Inka gehörte und wiederholt von Peru aus angesteuert wurde. Die Indianer erzählten, Tupac Yupanqui sei mit dunkelhäutigen Sklaven, einem Bronzethron und viel Gold von den »Glücklichen Inseln« heimgekehrt.

Die Archivare von Sevilla atmeten auf. Die bis dahin unbekannten Inseln im Pazifik versprachen glänzende Einnahmen, zumal kirchliche Kreise versicherten, sie seien bestimmt identisch mit *Ophir,* dem geheimnisvollen Goldland der Bibel. Dort heißt es im 1. Buch der Könige 9,26:

»Und Salomo machte auch Schiffe zu Ezeon-Geber, das bei Eloth liegt, am Ufer des Schilfmeers. Und Hiram sandte seine Knechte im Schiff, die gute Schiffsleute und auf dem Meer erfahren waren, mit den Knechten Salomos. Und sie kamen gen Ophir und holten daselbst 420 Zentner Gold und brachten es dem König Salomo.«

Ein Satz aus der 2. Chronik, 9,21 ergänzt die Einfuhrliste um einige Posten:

»Denn die Schiffe des Königs fuhren auf dem Meer mit den Knechten Hirams und kamen in drei Jahren einmal und brachten Gold, Silber, Elfenbein, Affen, Pfauen und Sklaven.«

Wenn dieser biblische Bericht stimmt, dann sind zur Zeit Salomos, etwa um 945 v. Chr., Juden und Phönizier vom heutigen Eilat am Roten Meer nach Ophir aufgebrochen. Wegen der Fahrzeuge hatte sich Salomo an König Hiram von Tyros gewandt, denn die Phönizier waren ausgezeichnete Schiffsbauer und Seemacht Nummer Eins im Mittelmeerraum. Das gemeinsame Geschäft scheint sich gelohnt zu haben, 420 Zentner Gold sind nach heutigem Wert ungefähr 50 Millionen Mark.

Leider schweigt sich die Bibel über die Lage von Ophir aus und gab damit jahrhundertelang Anlaß zu allen möglichen Gerüchten und Vermutungen. Sobald aus irgendeiner Himmelsgegend Beschreibungen auftauchten, die in etwa zur Textstelle der Heiligen Schrift paßten, hieß es sofort: Das kann nur Ophir sein. Genauso geschah es mit der indianischen Überlieferung, von der man eben erst den Aktenstaub abgewischt hatte. Kein Zweifel, auf den »Glücklichen Inseln« des Inka Tupac Yupanqui lagen die Goldminen König Salomos. Sie mußten nur noch gefunden werden.

1566 schickte Madrid eine entsprechende Order an Seine Exzellenz Lopez Garcia de Castro, den Vizekönig von Peru. Der besprach das Projekt mit seinem Neffen Alvaro Mendaña. Endlich bekam der ehrgeizige Ritter seine große Chance. Schon ein Jahr später segelte er vom Hafen Callao aus mit den beiden Schiffen »Dos Reyes« und »Todos los Santos« in Richtung Westen. Der Galápagos-Archipel blieb weit rechts liegen. Nach 63 Tagen sichtete man zum erstenmal Land, ein winziger Fleck, den der gläubige Mendãna Jesu-Insel nannte.

Dann aber tauchten im Morgendunst des 7. Februar 1568 mächtige urwaldbedeckte Hänge vor den Karavellen auf. »Und weil dieses Land so groß und hoch war, entschieden wir, daß es ein Kontinent sein muß«, notierte Mendaña ins Tagebuch.

Es war kein Kontinent, sondern das Zentrum einer ausgedehnten Inselgruppe, die sich 965 Kilometer quer durch den Pazifik zieht. Die Spanier glaubten, endlich ihr Ziel erreicht zu haben, und tauften es »Salomos Inseln«. Sechs Monate hielten sie sich in dem Archipel auf. Ihre Kommandotrupps erforschten aber nur einige Uferzonen und wagten nicht, in das gebirgige, schwer zugängliche Innere vorzudringen, vor allem wegen der feindseligen Eingeborenen, die man, nicht zu Unrecht, als Kannibalen fürchtete. Keine Spur von den sagenhaften Goldgruben des biblischen Königs!

Enttäuscht und fiebergeschüttelt fuhren die Spanier zurück nach Peru. Dort faßte ein königlicher Beamter das niederschmetternde Expeditionsergebnis zusammen: »Die im Westen entdeckten Inseln haben eine überaus geringfügige Bedeutung, da dort nicht einmal Spuren von Gewürzen, Gold, Silber und anderen Einnahmequellen gefunden worden sind und nackte Wilde diese Inseln besiedeln.«

Und dann folgte noch eine merkwürdige Randnotiz: »Vor ihren Küsten gibt es tafelförmige Erhebungen aus wertlosem Korallengestein und Eilande, die aus Sand zu bestehen scheinen.« Ohne sich näher dafür zu interessieren, hatten Mendañas Schiffe künstliche Inseln passiert!

Ein Südsee-Staat in Kinderschuhen

Es ist schon erstaunlich, wie sich Irrtümer gegen alle historischen Fakten behaupten und sogar noch dokumentenreif werden: Der von Mendaña entdeckte Archipel heißt bis heute Salomonen. Er besteht aus sechs großen Inseln, umfaßt 28 500 Quadratkilometer Landfläche und wird von etwa 232 000 Menschen bewohnt. Sie gehören zur melanesischen Rasse, die das Gebiet zwischen Neuguinea und den Fidschi-Inseln vor rund 6000 Jahren besiedelt hat, kräftige Gestalten mit dunkler Haut und krausen Haaren.

Lange Zeit britisches Schutzgebiet, wurden die Salomonen am 7. Juli 1978 unabhängig, blieben aber im Commonwealth und erkennen die englische Königin weiterhin als Staatsoberhaupt an. Der junge Inselstaat hat Probleme. Da gibt es noch heute 40 völlig verschiedene Sprachen und ebenso viele Dialekte. So gut es geht, verständigt man sich untereinander mit *Pidgin,* dessen Satzbau melanesisch, der Wortschatz hauptsächlich englisch ist. Dafür ein Beispiel: Das einzige kleine Museum der Salomonen in der Hauptstadt Honirara erklärt seine Ausstellungsstücke zweisprachig. Die Überschrift »The Archaeology of the Solomons« (Archäologie der Salomonen) heißt auf *Pidgin* »Ol histri blong Solomon«.

Die Wirtschaft des Landes steckt noch in den Anfängen. Man führt Kopra, Palmöl, Kakaobohnen, Bauholz und Thunfisch aus. Farmer aus Australien und Neuseeland haben versucht, in größerem Umfang Rinder zu züchten; bisher ohne nennenswerten Erfolg, weil sich die Eingeborenen gegen eine ausgedehnte Weidewirtschaft sträuben und ihnen westliche Marktgewohnheiten nach wie vor fremd sind. Anders als in vielen Nachbarstaaten setzt die Regierung nur zögernd auf den Tourismus. Man will zunächst das gefährliche Mißverhältnis zwischen zu hohem Import und dem bescheidenen Export beseitigen.

Die Entwicklung der Salomonen zum unbeschwerten Urlaubsparadies scheitert vorerst auch noch an weit verbreiteten Krankheiten und Epidemien. Passagiere, die mit dem Jet auf dem internationalen Henderson-Flughafen landen, erhalten vor dem Aussteigen eine gelbe Karte des Gesundheitsministeriums. Fettgedruckt alarmiert da ein kurzer Satz: »Dies ist noch ein Malaria-Land«, und man wird aufgefordert, während des Aufenthalts plus vier Wochen danach eine entsprechende Dosis Chloroquin-Tabletten zu schlucken.

Die Warnung kommt zu Recht. Auf den feuchten und fieberheißen Inseln wüten die Anopheles-Mücken, die die Krankheit in erschreckendem Maß übertragen. Als Mediziner feststellten, daß sich die Moskitos für kurze Zeit an den Wänden der Wohnungen niederließen, wenn sie ein Opfer gestochen hatten, empfahl die Weltgesundheitsbehörde (WHO), die Räume mit chemischen Pestiziden wie DDT und Dieldrin auszusprühen. Die Regierung von Honiara startete in den besonders gefährdeten Gebieten umfangreiche Spray-Kampagnen. Doch ihre Wirkung war nur von kurzer Dauer. Die unheimlichen Blutsauger wurden allmählich gegen die angewandten Gifte resistent. Und das gerade in Gegenden, wo man kurz zuvor eindrucksvolle Erfolge erzielt hatte und die jetzt, von den Brutstätten gesäubert, landwirtschaftlich genutzt wurden. Diese Rückschläge trafen vor allem die Nordküste von Guadalcanal, die Inseln Malaita und Ngella. 1978 registrierte man auf den Salomonen 10480 neue Malaria-Fälle.

Zu den Sorgen um die Gesundheit der Bevölkerung kommen innenpolitische Schwierigkeiten. Das Land ist in vier Distrikte mit acht Provinzen gegliedert. 1981 hat die Zentralregierung auf der Hauptinsel Guadalcanal den Verwaltungsbezirken größere Verantwortung übertragen. Im Zug dieser Dezentralisierung erhielten die einzelnen Provinzen mehr Macht. Das führt aber auch zu neuen Konflikten, weil die »Inselfürsten« nun nicht mehr jede Anordnung oder Maßnahmen aus dem fernen Honiara akzeptieren. So erkennt zum Beispiel das Inselchen Anuta, südöstlich der Santa Cruz-Gruppe, das Parlament in der Hauptstadt nicht an. Jeder, der es betreten will, muß eine Landegebühr von einem Dollar bezahlen, sogar die staatliche Polizei. Auch wir sollten solche Spannungen zwischen Zentralgewalt und provinziellem Eigensinn zu spüren bekommen.

Bei der Überwindung von Mängeln, Pannen und Hindernissen spielt das Bewußtsein einer gemeinsamen Geschichte, die Suche nach den Wurzeln, eine wichtige Rolle. »Wenn wir in Zukunft mitreden wollen, müssen wir uns noch stärker mit unserer Vergangenheit beschäftigen«, erklärt mir Robert Noquebatu, der Pressesprecher der Regierung.

Die Vergangenheit der Salomonen-Stämme kann sich wahrlich sehen lassen. Das will auch das kleine Museum von Honiara, dem jetzt ein Forschungszentrum angegliedert wurde, der eigenen Bevölkerung ständig vor Augen führen. Archäologische Untersuchungen auf den Inseln haben zwar erst vor zehn Jahren begonnen, inzwischen aber schon erstaunliche Dinge zutage gefördert. So wissen wir heute, daß es auf den Salomonen, Neu-Kaledonien, den Neuen Hebriden und Samoa eine hochentwickelte Töpferkunst gab, deren Anfänge bis etwa 1500 v. Chr. zurückreichen.

Diese *Lapita*-Keramik, benannt nach dem ersten Fundort auf Neu-Kaledonien, wurde aus gelbem Ton gebrannt und mit schwarzen Mustern verziert. Seltsamerweise hat man die Produktion später eingestellt, wie in anderen Gegenden der Südsee auch. Finden Archäologen solche Scherben, dann können sie mit einem sehr frühen Siedlungsplatz rechnen.

Zunächst leisteten Wissenschaftler aus Amerika oder Australien die Spatenarbeit. Inzwischen führt auch der einheimische Nachwuchs Grabungen durch. Dabei entdeckten die Archäologen alte Feuergruben, Äxte aus Schalen der Venusmuschel und Messerklingen aus Obsidian. Sie stießen auf Müllkippen ihrer Vorfahren, wo der Abfall seit etwa 850 Jahren auf fast drei Meter angewachsen war. In den zusammengepreßten Schichten steckten neben Angelhaken aus Muscheln Fischgräten und Knochen von Schweinen, Hunden und Hühnern; wichtige Hinweise auf die Ernährung der Insulaner. Außerdem legte man Befestigungen aus Korallenbrocken frei, die zum Schutz vor Kopfjägern dienten. Auf dem Neu-Georgia-Eiland Kolombangara rekonstruierten die Forscher 500 Meter lange Steinplattformen mit herausragenden Sitzplätzen für die Häuptlinge. Hier fand man auch ummauerte Bewässerungssysteme für die terrassenartig angelegten Tarofelder, die zu den ältesten der Welt gehören. Das spektakulärste Zeugnis der Geschichte aber sind die künstlichen Inseln vor Malaita.

Die Inselbauer von Lau

Honiara, nach der Eingeborenensprache »Platz, wo der Südwestwind einfällt«, ist eine relativ junge Hauptstadt. Ihr einziges Luxushotel, das »Mendana«, erweist zwar dem spanischen Entdecker seine Reverenz, doch aus dessen Zeit blieb nichts übrig. Wenn man aus Mikronesien kommt, das die Amerikaner mit ihrem Lebensstil beglückt haben, wo eine riesige Coca-Welle die Kokosinseln überschwemmt und den Südsee-Charme schwer angeschlagen hat, dann tut der unaufdringliche Flair von Honiara richtig gut. Abgesehen vom Linksverkehr, spürt man beim Umgang mit Behörden oder in der gepflegten Parklandschaft noch etwas von der feinen englischen Art. Die dreizehn Kilometer lange Straße aus der Stadt zum Henderson-Flugplatz säumen schattenspendende Schirmakazien und breitkronige Feuerbäume, die hier »Weihnachtsbäume« heißen, weil ihre scharlachroten Blüten kurz vor dem Fest aufbrechen.

Die neunsitzige »Norman Islander« der regionalen Fluglinie »SOLAIR« bringt uns in vierzig Minuten nach Malaita, der zweitgrößten und am dichtesten bevölkerten Insel des Archipels. In meiner Tasche stecken die offizielle Drehgenehmigung und eine Besuchserlaubnis, ausgestellt vom Kultusministerium. Doch in Auki, dessen wild zusammengewürfelte Hütten die Bezeichnung Hauptstadt beim besten Willen nicht verdienen, zeigt sich der Inselchef von den Papieren aus Honiara völlig unbeeindruckt. Er lehnt unser Film- und Forschungsprojekt kategorisch ab. So bleibt uns nur übrig, das Programm heimlich und mit versteckter Kamera durchzuziehen. Das ist leichter gesagt als getan, denn auf Malaita wimmelt es nicht gerade von Ausländern; auch als harmloser Tourist fällt man auf. Immerhin finden wir einen Lkw-Fahrer, der uns auf der Ladefläche die 120 Kilometer zur Nordostküste schaukelt — gegen gutes Geld, versteht sich.

Die Reise geht vorbei an schroffen Bergflanken, die mit einem undurchdringlichen Vorhang aus Riesenfarnen, Kletterpflanzen und verkeilten Bäumen getarnt sind. In den moosbefransten Astgabeln leuchten grelle Orchideen. Die heiße Luft tropft förmlich aus dem giftgrünen Dschungel. Kein Wunder, wo wir uns doch dem achten Breitenkreis südlich des Äquators nähern! Auf wackligen Notbrücken ohne Geländer überqueren wir mindestens 60 silberhelle Flüßchen. Endstation ist das Dorf Gounatolo. Vor uns liegt spiegelglatt die Lau-Lagune, am flachen Strand dösen ein paar Männer.

Unser Fahrer entdeckt einen Bekannten, der uns zu den einzigartigen Siedlungen in dieser Meereszone bringen will. Mühsam quetschen wir uns in das handtuchschmale Kanu, und ich denke mit Wehmut an die riesigen breiten Plankenboote der Salomonen, die ich im Museum sah. Am Bug dieser Kriegsschiffe drohte eine mächtige Galionsfigur, *Nuzu Nuzu,* der Gott der Kopfjäger. Sein Bild war aus hartem Ebenholz geschnitzt. Vom schwarzen Kopf hoben sich weiße Bänder aus Perlmutt und Nautilus-Muscheln ab, eine sorgfältig ausgeführte Intarsienarbeit. Mit einem Zapfen hinter den Ohren wurde die Figur am Vordersteven befestigt. Von einer Begegnung mit solchen Kampfbooten berichtete 1768 der französische Seefahrer und Entdecker Louis-Antoine de Bougainville:

»Wir nahmen ihnen zwei Pirogen, die sehr lang und gut gearbeitet waren. Vorder- und Hinterteil sind sehr in die Höhe gezogen; das dient dazu, die darin sitzenden Wilden vor den Pfeilen der Feinde zu schützen. Am Vorderteil der einen Piroge war ein geschnitzter Menschenkopf, dessen Augen aus Perlmutt und dessen Ohren aus Schildpatt bestanden. Der Kopf sah aus wie eine Maske mit einem langen Bart; die Lippen waren mit einem grellen Rot gefärbt. Man fand in ihren

Pirogen eine Menge Bogen, Pfeile, Lanzen, Schilde, außerdem Kokosnüsse und mehrere andere, uns unbekannte Früchte, Arekanüsse und verschiedene Gebrauchsgegenstände der Wilden, sehr kunstvoll gefertigte Netze und den halb gerösteten Kiefer eines Menschen.«

Heute können wir uns unter den freundlichen Eingeborenen ohne Bedenken kannibalisch wohl fühlen. Noch immer stellen sie Miniaturausgaben des Schrecksymbols *Nuzu Nuzu* her. Für diese beliebten Souvenirs nimmt man aber inzwischen billigere Holzsorten, die täuschend echt mit Schuhcreme eingefärbt werden.

Im leicht gekräuselten Wasser vor uns ankert ein Dorf. Hütten aus fensterlosen Mattenwänden drängen sich dicht aneinander, über den braunen Pandanus-Dächern greifen Palmen nach dem Himmel. Wir vertäuen das Kanu an einem vorgeschobenen Pfahlbau und gehen an Land. Unser Bootsfahrer macht uns mit Job Risavo bekannt, einem fröhlich lachenden Athleten. Er ist hier *Nambawan,* der erste Mann am Ort, wie man dem verhunzten Englisch unschwer entnehmen kann. Auf dem Weg durchs Dorf hängt sich eine Schar nackter, kreischender Kinder an; viele von ihnen haben semmelblonde Wuschelköpfe. Schon Bougainville stellte mit Erstaunen fest, daß sich die »Wilden« ihr Haar »weiß, gelb oder rot färben«, vermutlich mit einem Sud aus Kalk und Limonen, wie das auch noch heute geschieht.

Job führt uns zu einer Art Versammlungshalle, wo eine Gruppe von Frauen im Schatten sitzt und wie am Fließband arbeitet. Sie »prägen« eine besondere Währung, die noch heute als Tauschmittel und Schmuck hoch im Kurs steht: das Muschelgeld *Kesa.* Woher das Material dafür kommt, ist Männergeheimnis. Denn nur die Männer kennen die Fanggebiete, in denen sie aus 15 Meter Tiefe die seltenen Nassa- und Chama-Schnecken holen.

Gleichförmig hämmern die Frauen mit einem Stein auf die roten, weißen und schwarzen Muschelscherben, die auf einem flachen Amboß liegen. Sie zerschlagen sie in zylindrische Scheiben von etwa einem Zentimeter Durchmesser. Dann werden die Stücke mit Muschelstaub und Wasser zu dünnen

Plättchen geschliffen. Beim nächsten Arbeitsgang durchlöchern die Frauen die runden Formen in einer Kokosschale mit dem Drillbohrer. Er besteht aus einem Hartholzstab mit Feuersteinspitze, der in einer Drehscheibe steckt und mit einer beweglichen Querstange als Schwunggewicht zum Rotieren gebracht wird. Anschließend reiht man die Plättchen auf fast zwei Meter lange Schnüre *(tafuliae)*.

Jetzt sind die Männer dran. Sie spannen die Muschelketten auf ein Brett und ziehen immer wieder einen weichen, gekehlten Stein darüber, um die Glieder gleichmäßig rund zu polieren. Zuletzt sortieren die Frauen das fertige Muschelgeld nach Farben: Am wertvollsten sind die dunkelroten Münzen, am wenigsten zählen die schwarzen. Und je kleiner eine Münze, um so teurer ist sie; verständlich, weil ihre Herstellung mehr Arbeit kostet.

Mit diese Währung zahlt man noch heute den Preis für eine Braut. Er wird nicht vorher ausgehandelt, sondern man gibt soviel man nur kann — das steigert das Ansehen im Dorf. Außerdem läßt sich mit solchem Geld ein umstrittener Rechtsfall schnell lösen.

Job verscheucht die Kinder und führt uns zu einem abgelegenen Platz mit hohen Stauden. Er schiebt das Buschwerk ein wenig zur Seite. Zwischen den Korallenbrocken erkennen wir grüngesprenkelte Menschenschädel, mindestens zwanzig Stück. »Das sind unsere toten Priester«, flüstert Job. »Wenn einer starb, haben wir ihn auf der Nachbarinsel bestattet und nach einigen Jahren den Schädel aus dem Grab geholt. Darin lebt seine Seele weiter, und die schützt uns.«

Gerade auf Malaita hängt die Bevölkerung noch sehr stark an alten Bräuchen, und laut einer Umfrage, die die Regierung erst kürzlich durchführte, bekennen sich hier über 10 000 Eingeborene stolz zum Glauben an die Ahnengeister. Sie lehnen das Christentum ab, weil es nach ihrer Meinung den Menschen vereinsamt. Sie dagegen stehen nicht allein in einer feindlichen Welt, sondern sehen sich als Teil einer Generationenkette: zwischen denen, die vor ihnen lebten und deren Geist in Körperresten und Abbildungen gegenwärtig ist, und jenen, die nach ihnen kommen.

Hinter der Schädelgrube fällt die Insel lotrecht ins Meer ab. Wir stehen auf künstlichem Boden, auf einem sportplatzgroßen Karree aus Korallenschotter, das Menschen im niedrigen Wasser aufgeschichtet haben. Job deutet hinaus auf die flimmernde Lau-Lagune, die sich fast fünfzig Kilometer vor der Nordostküste Malaitas entlangzieht. »Dort drüben, das ist Sulofou, die größte Konstruktion, über hundert Meter lang und fünfzig Meter breit.«

Mir fällt auf, daß die Hauswände bis zur Erde reichen und nicht auf Pfählen ruhen wie am Ufer von Malaita, wo man sich auf diese Weise vor Ratten schützt, die einen halben Meter lang werden. Hierher sind die gefräßigen Nager noch nicht gekommen.

Insgesamt gibt es sechzig künstliche Eilande, die wie große Hausboote unbeweglich im flachen Wasser liegen. Rechts sieht man einen ganz frischen Bauplatz. Einstweilen ragt erst das rohe Fundament einen knappen Meter über den Meeresspiegel. Job erzählt uns, daß die Handwerker zunächst die Grenzen des Grundstücks mit großen Korallenbrocken auf dem Grund der Lagune markieren. Dann füllen sie diesen Rahmen mit dem gleichen Material, das draußen am Riff gebrochen wird, und ziehen die Außenmauern hoch. Allein diese Arbeit dauert fast ein ganzes Jahr. Sand und Erde zum Aufschütten müssen in schmalen Einbäumen von Malaita, der Naturinsel, herangeschafft werden. Später, wenn sich die Humusschicht über den Korallentrümmern gesetzt hat, kann man auch Sträucher und Bäume pflanzen.

Nur eines fehlt in dieser Satellitensiedlung: Trinkwasser. Zweimal wöchentlich bringen es die Frauen in Bambuskübeln von Malaita, wo sie ihre kleinen Familiengärten bewirtschaften und mit Taro, Yams, Tapioka, Bananen und Süßkartoffeln die bescheidene Küche aufbessern. Sie züchten gerade soviel wie für den Eigenbedarf notwendig ist.

Währenddessen sind die Männer meist beim Fischfang von Tümmlern, Makrelen und Bonitos. (Der wohlschmeckende Bonito gehört zur Familie der Makrelen und ähnelt dem Thunfisch, ist aber kleiner, nur etwa 75 Zentimeter lang.) Bei der Tümmlerjagd ziehen die Boote Seile mit locker aufgereihten Steinen hinter sich her, deren Rasseln den Fischschwarm in seichte Buchten treibt. Noch auffälliger ist eine andere Fangmethode: Während der Fahrt lassen die Fischer einen Ballon aus den Blättern der Sagopalme wie einen Papierdrachen mit dem Wind steigen. Daran hängt eine Kugel aus feinsten Pflanzenfasern, dünn wie ein Spinnennetz. Sie gleitet über die Meeresfläche und lockt die Hornhechte an. Wenn sie nach ihr schnappen, verfangen sich ihre Zähne in dem festen Gewebe, und sie haben keine Chance zu entkommen.

Seit etwa 500 Jahren stecken die Salzwasserleute von Lau ihre rechteckigen Parzellen in der Lagune ab und schaffen Neuland. Nur selten einmal hat ein Taifun die Wohnungen auf den grundsoliden Sockeln unter die tosende See gedrückt. Die Fundamente erinnern ein wenig an die Warften oder Wurten im Küstenstreifen der Nordsee, ebenfalls von Menschenhand aufgeworfene Hügel als Bollwerke gegen die Flut. Warum aber hat man hier eine Kolonie im Meer angelegt? Für die Inselbauer gab es zwei handfeste und lebenswichtige Gründe zur Flucht auf das Wasser:

Früher, als sie noch an der Küste Malaitas siedelten, wurden sie immer wieder von feindlichen Buschleuten und Kopfjägern aus dem wilden Bergland angegriffen. Die Kopfjäger handelten nicht aus barbarischer Grausamkeit, sondern aufgrund einer religiösen Tradition. Sie waren der festen Überzeugung, daß sich gerade im Kopf der allmächtige Schöpfungswille konzentriert, der auf andere übertragbar ist. Er erneuert die Kräfte der Kultteilnehmer und fördert die Fruchtbarkeit ihrer Pflanzungen. Deshalb wurde das Haupt eines rituell Getöteten sorgfältig als Trophäe präpariert und an heiligen Plätzen aufbewahrt.

Die andersgläubigen Küstenbewohner dachten allerdings nicht daran, ihren Kopf zu verlieren, nur damit die Bergstämme sich wieder stark fühlten. Sie wußten, daß ihre Feinde zwar gut mit Messer und Axt umgehen konnten, aber nichts von der Seefahrt verstanden. Also stieg das leidgeprüfte Ufervolk in seine Kanus und gründete eine zweite Heimat draußen auf der Lagune, wohin ihnen kein Kopfjäger folgen konnte.

Außerdem waren da Myriaden angriffslustiger Moskitos,

die allabendlich mit Beginn der Dämmerung über den saunaheißen Strand schwärmten und die Eingeborenen mit Malaria ansteckten. Ein Grund mehr, die Uferzone zu verlassen und auf die offene Lagune abzuwandern, wo sich die gefährlichen Blutsauger nicht hinwagen, weil hier ständig eine frische Brise weht. Auch in der Langa-Langa-Lagune vor der Westküste Malaitas ankert eine Flotte von Mini-Inseln, vom Baujahr her jünger als die Lau-Kolonie, aber aus den gleichen Gründen stationiert.

Vielleicht waren es ähnlich bedrohliche Eingriffe in die Existenz eines Volkes, die zur Gründung von Nan Madol führten, jener geheimnisvollen Ruinenstadt auf dem meerumbrandeten Riff vor Ponape. Auf den künstlichen Inseln der Salomonen geht es noch heute höchst lebendig zu. Sie zeugen bis in unsere Tage vom Geschick namenloser Architekten und Handwerker, die seit Jahrhunderten eine Kette magischer Steinplätze über den Pazifik legen.

Pyramiden in der Südsee

»Heiata Noa Noa«, schon der Name zerging auf der Zunge. Vor uns auf der Bar stand eine gekappte Kokosnuß, gefüllt mit zerdrückter Ananas, eisgekühltem weißen Rum, Kokosmilch, Limonensaft und Zucker, alles gut gemixt. Es war der Haus-Cocktail des Hotels »Beachcomber«, einer Luxusherberge am Nordwestufer von Tahiti. Bei mäßigem Andrang der Hotelgäste konnte man vom Barhocker aus das gezackte Panorama der Nachbarinsel Moorea genießen, ein millionenfach fotografierter Südseeblick. Anne Lavondes zog an dem farbigen Plastikhalm. »Es schmeckt nach Palmen, Strand und Nichtstun«, meinte sie anerkennend. Aber deswegen hatten wir uns nicht getroffen.

Madame Lavondes ist die Direktorin des »Musée de Tahiti et des Iles«, eine erst 1977 bei Punaauia eröffnete Schausammlung alter polynesischer Kunst. Sie besticht durch ihre lichtdurchfluteten Pavillons direkt am Meer und durch die übersichtliche Anordnung der historischen Objekte, die dem

Besucher den Zugang zu einer fremden Kultur wirklich leichtmacht.

Anne Lavondes hatte mir einige Presseartikel aus den Jahren 1965 und 1966 mitgebracht, die über ungewöhnliche Zwischenfälle bei einem Schiffstransport und den mysteriösen Tod einiger Arbeiter berichteten. Damals hatte sich folgendes abgespielt: Von der 1500 Kilometer südlich gelegenen Insel Raivavae im Austral-Archipel war eine mächtige *Tiki*-Figur aus Basalt nach Tahitis Hauptstadt Papeete gebracht worden. Sie sollte im Park des Paul-Gauguin-Museums aufgestellt werden, 51 Kilometer von Papeete entfernt im Distrikt Papeari. Doch die Hafenarbeiter weigerten sich energisch, den 2,74 Meter hohen und zwei Tonnen schweren Koloß auf das Spezialboot zu verfrachten, weil sie fürchteten, der *Tiki* würde sie für den gewaltsamen Standortwechsel bestrafen. Nur vier Eingeborene von den fernen Marquesas-Inseln waren dazu bereit. Unmittelbar vor der Fahrt brachen zwei Anker, dann fiel ein Mann über Bord und tauchte nie mehr auf. Nachdem der unheimliche Riese seinen endgültigen Patz gefunden hatte, starben wenig später drei Arbeiter, die an der Aktion beteiligt waren. Zufall? »Viele Leute hier glauben noch heute, daß der *Tiki* magische Kraft besitzt und sie ausübt, daß man sich vor seinem Tabu-Zauber hüten muß«, verriet die Museumsleiterin. Auch wir waren beeindruckt von dem jahrhundertealten Giganten, der jetzt mit dem Rücken zum Meer in einem Park thront, die Hände auf den fetten Bauch gelegt, mit grobgemeißelten Augen, die nach unten starren.

Um die Furcht der Einheimischen vor der Statue zu begreifen, muß man die Bedeutung der *Tikis* kennen. Nach dem Glauben der Polynesier vermittelten sie zwischen Göttern und Menschen, konnten aber auch verstorbene Häuptlinge, Priester oder Kriegshelden darstellen, die wegen ihrer überragenden Leistungen zum auserwählten Kreis der Himmlischen gehörten. *Tikis* dienten als Schutzgott eines Stammes oder Familienpatron, sie markierten als Grenzwächter das Territorium eines Clans. Ihre geheimnisvolle Kraft sollte die segnen, die sie errichtet hatten, Fremde und Feinde aber abschrecken. Wer sie nicht mit Respekt behandelte und ihnen opferte, den verfolgten sie mit heimtückischen Krankheiten oder vernichteten seine Felder. Die Eingeborenen schnitzten sie aus Holz oder meißelten sie in Stein und gaben ihnen menschliche Gestalt, manchmal auch die Form von Tieren. Am Bug oder Heck eines Kanus angebracht, versprachen sie reiche Beute beim Fischfang.

Auf Tahiti kann man heute kaum noch *Tikis* bestaunen; nur der seiner Heimat entrissene Koloß von Papeari oder ein paar abgeschlagene Köpfe aus rötlichem Tuffstein im Museum sind geblieben, dämonische Fratzen mit glotzenden Fischaugen.

Tahiti, was auf polynesisch »ferne Grenze« bedeutet, ist inzwischen für jeden leicht erreichbar. Reiseunternehmen haben es schon längst als »Perle der Südsee« verkauft, die mit Millionen von Touristendollars ständig auf Hochglanz poliert wird. Wer interessiert sich in diesem sündhaft teuren Urlaubsparadies schon für alte Eingeborenenkultur? Die *Tamure*-Musikshow, die zweimal wöchentlich auf dem Unterhaltungsprogramm der Luxushotels steht, die nur ein billiger Abklatsch jener ausgelassenen Tanzfeste, an denen sich Männer und Frauen einst auf den Inseln berauschten. Außerdem haben Farnwälder und Palmenhaine, korallenroter Hibiscus und andere Ziersträucher die steinernen Zeugen der Vergangenheit längst überwuchert. Erst wenn man in das unbewohnte, wild zerklüftete Herz von Tahiti vorstößt, ahnt man etwas von der Blütezeit eines tiefreligiösen Volkes und seinen erstaunlichen Leistungen.

Wir fahren auf der Küstenstraße nach Süden und biegen bei Paea auf einen ungepflasterten Weg, der ins Landesinnere führt. Vor uns die mächtigen Bergzacken des Aorai und des Orohena, die über 2000 Meter hoch nach den Wolken greifen. Durch die offenen Fenster dringt der satte Duft wilder Bananen *(fei)* in den Wagen, weicht dann dem strengen Aroma der Vanille-Plantagen, deren Schlinggewächse an zehn Meter hohen Gerüsten emporklettern. Rechter Hand in einem Talkessel liegt der *Marae Arahurahu.*

Marae, das ist ein geweihter Kultplatz, eine offene Tempelanlage. Er besteht aus einer breiten, eingefaßten Terrasse, die ursprünglich wohl mit Platten bedeckt und mit wenigen heili-

In einem versteckten Gebirgstal von Tahiti liegt der Marae Arahurahu mit seinem Stufenaltar, ein originalgetreu restaurierter Kultplatz.

gen Bäumen bepflanzt war. Flache senkrechte Steine dienten den Priestern als Rückenlehne. Dazwischen ragen noch ein paar kleine Dämonenbilder aus Holz auf. Längs der gemauerten Einfassung steckten früher lange Bretter *(unu)*, in die man Tiere und menschliche Figuren hineingeschnitzt und rot bemalt hatte. An ihrer Spitze wehten Wimpel aus Rindenbast oder Blumengirlanden. Große und kleine Pfähle *(tira* und *ho'e)* dahinter waren ebenfalls beflaggt. Es liegt nahe, daß die Gläubigen bei diesem Anblick unwillkürlich an Mast und Paddel eines Schiffes dachten und in der ganzen Anlage ein riesiges steinernes Kanu sahen, das bereit war, das Volk und seine Götter aufzunehmen.

Den Abschluß des Zeremonienplatzes bildet der *ahu*, eine Art Altar, der in mehreren Stufen nach oben führt. Leicht gekehlte Eckpfeiler sichern die rechteckige Konstruktion aus runden Vulkansteinen. Vielleicht kommt daher der Name *Marae Arahurahu* — »Tempel der Asche«. Auf dem *ahu* wurden keine Opferhandlungen vollzogen. Die erhabene Stelle war für die Götter und die Geister der Ahnen reserviert, die sich hier zeitweilig niederließen. Je höher der Altar, um so bedeutender war der Rang seiner unsichtbaren Bewohner. Zugang zum *ahu* hatten nur die Priester, die dort die hölzernen Götterbilder *(to'o)* aufpflanzten und, besessen von der himmlischen Erscheinung, in Ekstase gerieten. Ein einziges Mal durfte ihn auch der Fürst betreten, wenn er bei seinem Amtsantritt den *Marae* weihte.

Vielleicht war es auf jenem *Marae Arahurahu,* wo Kapitän James Cook 1776 mit dem Einverständnis der Tahitianer einer Opferfeier beiwohnen durfte. Sein Zeichner John Webber hielt die dramatische Szene fest: Links mehrere Musikanten mit Trommeln und Rasseln, rechts Cook und eine Gruppe von Offizieren. Dazwischen liegt der gefesselte Körper eines Toten, für den zwei Eingeborene ein Loch ausheben. Er wurde also nicht verspeist. Als Opfer waren mehrere geschlachtete Schweine bestimmt, die man auf einem Gerüst gestapelt hat. Dahinter erhebt sich die Steinmauer des *Marae,* übersät mit Menschenschädeln und geschmückt mit rechenartigen Standarten *(unu).* (Siehe Abbildung Seite 134.)

Der Kultplatz bei Paea, den Cook besuchte, ist heute der einzig gut erhaltene auf Tahiti. Aber er ist eine Rekonstruktion. Die »Société des Etudes Océaniennes«, bemüht um die Erhaltung des Inselerbes, fand Anfang der fünfziger Jahre nur noch Trümmer der ursprünglich 122 Meter langen Anlage vor. Die fein bearbeiteten Rollsteine lagen überall in der Nachbarschaft verstreut unter hohem Farn. Man muß den Franzosen bescheinigen, daß sie mit dem Wiederaufbau kein Fantasiegebilde schufen. Sie hielten sich streng an die wissenschaftlichen Angaben und Berechnungen des amerikanischen Archäologen Kenneth P. Emory; die Originalteile wurden befestigt und nur geringfügig ergänzt. Im Juli 1954 weihte man das wiedererstandene Heiligtum mit einem großen Volksfest in alten polynesischen Kostümen ein. Der Altar war vermutlich einmal höher. Heute besteht er aus einem etwa 1,70 Meter hohen Sockel, auf dem zwei weniger starke Aufbauten ruhen.

Nun gibt es eine Radierung aus der Zeit der Entdeckung,

Die Männer auf den Kunst-Inseln sind auch äußerst geschickte Bootsbauer. Sie schnitzen ihr Kanu aus dem säurehaltigen Holz des Brotfruchtbaums, das die Termiten verschmähen und das im Wasser nicht fault. (F: F. Adam)

So entsteht Muschelgeld auf den Salomonen: Große Muscheln werden in kleine Stücke zerschlagen, dann zu dünnen Plättchen geschliffen und in einer Kokosnußschale mit einem primitiven Drillbohrer gelocht. (F: D. Hofrath)

Mutter und Kind von den Salomonen-Inseln. Manche Eingeborene färben sich das Haar mit einem Sud aus Kalk und Limonen.

Auf Tahiti, im Park des Paul-Gauguin-Museums, steht dieser gigantische Tiki aus Basalt von der fernen Insel Raivavae. Alte Leute behaupten noch heute, daß er zaubert. (F: F. Adam)

Einer der 28 Maraes von Maeva auf der Insel Huahine. Die künstliche Landzunge mit dem steinernen Altar stößt in die fischreiche Fauna nui-Lagune hinein. Und das gleiche Motiv bei Sonnenuntergang.

die ein anderes Bauwerk auf Tahiti darstellt. Es ist der *Marae Mahaiatea,* dessen kümmerliche Reste jetzt am Südufer der Insel dahindämmern. Einst war es die größte Tempelanlage des Landes, um 1766 für Teriirere, einen Häuptlingssohn, errichtet. Ihr Anblick muß für den Besucher gewaltig gewesen sein: Vor ihm erhob sich eine 90 Meter lange und fast 30 Meter breite Götterburg aus Basaltplatten und Korallenblöcken. Zehn gleichmäßig hohe Treppen führten zum Himmel. Überträgt man das Originalmaß des Sockels vom restaurierten *Marae* bei Paea auf das verschwundene Monument, so kommt man auf 17 Meter Höhe.

Das Verblüffende an dieser Konstruktion: Die Polynesier hatten eine regelrechte Stufenpyramide gebaut, wie man sie eigentlich nur aus dem alten Ägypten oder von den Azteken und Maya in Mittelamerika kennt.

Nach Ansicht der Archäologen entstanden die *Maraes* zwischen 1470 und 1700. Es gab verschiedene Typen. Jede Familie durfte sich auf ihrem Grund und Boden eine Art Ahnengalerie zulegen. Dort traf man sich bei besonderen Anlässen wie Geburt, Beschneidung, Hochzeit oder Tod. Kultgegenstände, beispielsweise geweihte Federn oder Erinnerungsstücke der Vorfahren, wurden in einem Versteck unter dem gepflasterten Zeremonienplatz aufbewahrt. Etwas weiter weg lag eine tiefe Grube, die von aromatischen Büschen umstanden war. In dieses Loch warf man benutzte Opfersymbole: abgeschnittene Fingernägel, Haare, die Nabelschnur eines Neugeborenen. Sie konnten der Familie gefährlich werden, wenn sie ein Außenstehender mit bösen Absichten für einen Bannspruch einsetzte.

Auch die Zauberer besaßen an verborgenen Stellen eigene *Maraes.* Dort opferten sie den Bildern der *Tiki*-Dämonen, die ihnen magische Kraft für die Heilung von Kranken, bei der Weihe neuer Kanus und für Wetterprognosen verliehen.

Um die großen öffentlichen Kultstätten kümmerte sich vor allem das Königshaus. Es ließ sie außerhalb der Wohngebiete errichten, meist nahe dem Meer, dessen reinigendes Wasser bei einigen Ritualen wichtig war. Diese *Mareas* waren Statussymbole der regierenden Clans und wurden als steinernes

Glied einer langen Kette fürstlicher Ahnen betrachtet. Um diese Verbundenheit noch zu untermauern, nahm man zur Grundsteinlegung einen Basaltblock aus einem älteren Bauwerk, das der gleichen Dynastie gehörte. Jeder *Marae* gruppierte sich also um ein Stück Vergangenheit. Auf dem weiten Platz versammelten sich die Abgeordneten der einzelnen Distrikte, um mit dem Herrscher Probleme der Landverteilung oder außenpolitische Fragen zu diskutieren. Nur hier durften Menschen geopfert werden. Der König bestimmte, wer dafür in Frage kam. Meist waren es Kriegsgefangene oder Verbrecher, die heimlich im Schlaf erdrosselt wurden, weil kein Blut den heiligen Ort beflecken sollte. Den Toten wickelte man in eine Bastmatte und begrub ihn in dem Loch, das man für den Grundstein ausgehoben hatte.

Fälle von Kannibalismus müssen sehr selten gewesen sein; sogar in den Berichten der ersten Missionare tauchten sie kaum auf. Diese Zurückhaltung der Polynesier überraschte auch einen Begleiter James Cooks, der aufgrund der wilden Gerüchte in Europa offenbar Schlimmeres erwartet hatte. Während einer Zeremonie notiert er in sein Tagebuch: Ein Diener bietet dem Häuptling das Auge eines Getöteten an, aber der tut nur so, als ob er es hinunterschluckt.

Mit der Ankunft weißer Seefahrer und der Verkünder einer neuen Religion war das Schicksal der steinernen Götterboote besiegelt. Die Eingeborenen selbst hatten zwar manche schon bei früheren Stammesfehden zerstört, ließen die Ruinen aber unangetastet, weil das über sie verhängte *Tabu* weiterhin wirksam blieb. Seit der französischen Verwaltung dienten die *Maraes* als willkommene Steinbrüche. Sie lieferten Material für Hausfundamente, den Brückenbau und das Pflaster der Küstenstraße. Auch in den Hafenkais von Papeete stecken Trümmer der heiligen Altäre. Arbeiter der großen Plantage Atimaona im Südosten der Insel schlachteten allein vier intakte Maraes in der Umgebung aus.

Tahiti ist um ein Zeugnis seiner glorreichen Vergangenheit ärmer geworden. Den Pauschaltouristen von heute stört das nicht im geringsten.

Die stolzen Herren von Otaheite

»Aller Vorsicht ungeachtet, kam ein junges Mädchen auf das hintere Verdeck und stellte sich an eine der Luken über dem Gangspill. Diese Luke stand offen, damit die Leute am Spill frische Luft bekamen. Sie ließ ungeniert ihre Bedeckung fallen und stand vor den Augen aller da wie Venus, als sie sich dem phrygischen Hirten zeigte. Sie hatte einen göttlichen Körper. Matrosen und Soldaten drängten sich zu der Luke, und vielleicht ist niemals so fleißig an einem Spill gearbeitet worden.«

Dies ist die einzige pikante Szene in dem eher trockenen Expeditionsbericht von Louis-Antoine de Bougainville. Sie beschreibt das erste Zusammentreffen mit den Bewohnern Tahitis im April 1768, das recht offenherzige Auftreten der Frauen und die großzügigen Angebote ihrer Männer. Nur am Rand erwähnt der französische Seefahrer die Probleme, die er in dieser Situation mit seiner Mannschaft hatte:

»Die Männer von Tahiti suchten uns zu bewegen, eine Frau zu wählen, mit ihr an Land zu gehen, und sie gaben uns zu verstehen, auf welche Art wir uns mit ihr beschäftigen sollten. Man kann sich vorstellen, wie schwer es angesichts eines solchen Schauspiels war, 400 junge französische Seeleute, die sechs Monate lang keine Frauensperson mehr gesehen hatten, zu bändigen.«

Bougainville nannte das sinnenfrohe Eiland Neu-Kythera, nach jener griechischen Insel, die im Altertum für ihren ausschweifenden Kult um die Liebesgöttin Aphrodite berühmt war. Er bestätigt damit die paradiesischen Erfahrungen, die der englische Kapitän Samuel Wallis und seine Besatzung schon ein Jahr zuvor auf Tahiti gemacht hatten.

Die Insel hieß damals *Otaheite.* Wallis und Bougainville fanden hier aber nicht nur ein erotisch ausgelassenes Völkchen vor, über das man später in den Salons von Europa schwülstige Geschichten verbreitete. Sie begegneten einer hierarchisch gegliederten Gesellschaft mit ausgeprägtem Statusbewußtsein.

An ihrer Spitze stand der Adel *(ari'i),* eine mächtige Gruppe untereinander verwandter Familien. Sie leiteten ihre Herkunft direkt von den Göttern ab und waren dem Volk deshalb heilig. Zahlreiche Tabus schützten Person und Besitz eines *ari'i.* Wer einen besonders eindrucksvollen Stammbaum nachweisen konnte, der wurde zum Oberherrscher bestimmt und regierte wie ein König. Als Zeichen seiner Würde trug er den *maro'ura,* einen Baststoffgürtel, der mit heiligen roten Federchen besetzt war. Die anderen *ari'i* erkannten seine Machtposition formell an, waren aber in ihrem Bereich autonome Distrikthäuptlinge mit uneingeschränkten Befugnissen.

Zu den »Nachkommen der Götter« zählten auch die Priester. Auch sie verfügten über *mana,* eine außergewöhnlich wirksame Kraft, die nur in ganz wenigen, auserwählten Menschen wohnt. Sie wäre sofort im Erdreich verschwunden, wenn König oder Priester den Boden außerhalb ihrer Residenz betreten hätten. Deshalb ließen sie sich bei Reisen über Land auf den Schultern ihrer Diener oder in einer Sänfte tragen. Auf manchen Inseln mußten sie bei solchen Ausflügen sogar den Kopf ständig gesenkt halten, weil unter ihren Blikken die Früchte der Bäume verdorrt wären; so stark strahlte das *mana* aus ihren Augen.

Unter dieser Adelskaste rangierten die Spezialisten *(tohunga* oder *tahu'a)* für Bootsbau, Fischfang und Tempelanlagen und die freien Grundbesitzer *(ra'atira).* Sie kontrollierten im Auftrag der Aristokratie die Masse des Volkes. Ihr Landeigentum war erblich, aber sie mußten den *ari'i* Abgaben leisten.

Die unterste Gruppe bildeten abhängige Eingeborene ohne Grundbesitz *(menehune),* vergleichbar mit den Leibeigenen im alten Europa. Die meisten lebten und arbeiteten auf den Ländereien der Oberschicht. Sie durften einen großen Teil der Früchte und Nutzpflanzen für sich behalten, hatten aber kaum eine Chance, sozial aufzusteigen. Das verhinderte schon ihre Herkunft, die wie beim Adel mythisch begründet wurde: Vor undenklichen Zeiten entwickelten sich im Tang am Strand der Inseln Maden. Der Schöpfergott *Tangaroa* sandte einen Vogel herab, der diese Würmer in zwei Teile zerbiß. Daraus entstanden Mann und Frau; sie blieben für immer niedrige Wesen.

Das Staatswesen dieser Klassengesellschaft trug monarchistische Züge, ihm fehlte jedoch eine starke zentrale Regierungsgewalt, unter der sich größere Gebiete oder mehrere Inseln auf Dauer zusammengeschlossen hätten.

Die soziale Gliederung des polynesischen Volkes entsprach einer wohldifferenzierten Abstufung seiner Götter. An der Spitze des Pantheons steht *Tangaroa,* der alles erschaffen hat. Ihm gehorchen *Tane,* der Wald und Licht beschützt und das Wasser des Lebens verwahrt; *Tu,* der mächtige Kriegsgott, und der friedliche *Rongo,* der für Regen sorgt und die Pflanzungen fruchtbar macht. Unter ihnen wacht ein ganzes Heer niederer Götter und vergöttlichter Helden; allein auf Tahiti waren es über dreihundert. Manche Inseln hatten dazu noch eigene Schutzheilige. Einen so reich bevölkerten Himmel, von dem personifizierte Mächte das Geschehen auf Erden lenken, kannten die Melanesier und Australier nicht.

Man weiß heute kaum, wie die alten Polynesier ihre Götter verehrten, wie sie Feste feierten und den Alltag verbrachten. Da es bei ihnen keine Schrift gab, fehlen originale Quellen. Wir sind auf mißverständliche und lückenhafte Berichte angewiesen, die die ersten Forscher und Missionare nach einer schon halbverschütteten mündlichen Überlieferung aufzeichneten. Teuira Henry, Enkelin eines englischen Predigers mit Eingeborenenblut, hatte Anfang unseres Jahrhunderts die gesammelten Notizen ihres Großvaters unter dem Titel »Ancient Tahiti« veröffentlicht. In diesem klassischen Werk wird ein wichtiges Ereignis auf der Insel sehr ausführlich beschrieben: die Errichtung und Einweihung des Göttersitzes.

Auf dem leeren Platz, der für die Anlage bestimmt war, sproß schon seit Monaten der Ableger einer heiligen Pflanze. Er erinnerte die Bevölkerung daran, auf bestimmte Früchte zu verzichten, die als Verpflegung für die Arbeiter gehortet werden mußten. Diese Arbeiter kamen aus der niedrigsten Schicht und wurden von den »Meistern«, den Architektur-Fachleuten, angeleitet und für verschiedene Aufgaben eingesetzt. Frauen, Kinder und Greise verließen die Umgebung der Baustelle und zogen in die nahen Berge. Absolute Ruhe, hieß die erste Bürgerpflicht, sogar Tierlaute waren verboten. Deshalb mußten auch Hähne und Hunde in das befristete Exil.

Bei aller körperlichen Anstrengung war die Errichtung eines *Maraes* eine Kulthandlung, die höchste geistige Konzentration forderte und durch nichts gestört werden durfte, mit einer Ausnahme: das Rauschen der heiligen Bäume am Rand des Platzes, in dem man die Stimmen der Götter vernahm, und das Zwitschern der Vögel, ihrer Boten, die sich auf den Zweigen niederließen.

Nachdem alles Baumaterial von den Korallenriffen und aus den Flußbetten zusammengetragen war, reinigten Priester und ihre Assistenten in einer Vollmondnacht das Grundstück, besprengten es mit Meerwasser und hoben das Loch für den Eckstein aus. Jetzt erst wurden die Wände und der Altar aufgeschichtet, wobei man die tonnenschweren Blöcke auf untergelegten Walzen oder schiefen Ebenen bewegte.

Neben der Hauptanlage entstand eine ovale Hütte für den Kriegsgott *Oro,* der seinen Kollegen *Tu* mancherorts abgelöst hatte. *Oro* forderte ein Menschenopfer, über dem der Mittelpfosten des Gebäudes errichtet wurde. In dieser Art Sakristei bewahrte man Götterbilder, Trommeln, die Gewänder der Priester und die königlichen Insignien auf. Hier schliefen auch die Wächter. Nebenan zimmerte man einen großen Schuppen für das Götterkanu und das Boot der Priester, die man vor langen Reisen oder Kriegszügen besonders schmückte.

Nach mehreren Monaten Bauzeit riefen Muschelhörner und Trommeln die verbannten Familien aus den Bergtälern zurück: Der *Marae* war vollendet! Die Menge versammelte sich am Rand des heiligen Bezirks und wartete auf die königliche Familie. Sie nähert sich in einer stummen Prozession, an der Spitze die ältesten Töchter, barbusig, nur mit einem weißen Schurz aus Rindenbast um die Hüfte. Mädchen und Priester umschreiten gemeinsam das Gebäude. Sie laden die Götter ein, an ihrer Feier teilzunehmen und in die neue Wohnung zu ziehen. Gebetssprüche murmelnd, wickelt der Oberpriester das hölzerne Bild des Schutzgottes aus der federgeschmückten Rindenstoffhülle und stellt es auf die hohe Plattform. Das leere Tabernakel legt er auf einer frisch gereinigten Matte nieder. Später wird der himmlische Besucher wieder zeitweilig darin ruhen. Dann darf ihn niemand sehen, denn das würde den sicheren Tod bringen. Der Priester bittet den Schöpfer:

»Großer *Tangaroa,* einziger Urgrund, und deine große Götterfamilie! Bleibe hier oben in der Luft über diesem Ort, der den Menschen heilig ist. Er ist voll von deiner Gegenwart. Aber wir Sterblichen bleiben unten und wandeln auf dieser Erde.«

Nachdem der Herrscher den Altar bestiegen und die Kultstätte geweiht hat, beginnt ein üppiges Festmahl. Nach polynesischer Sitte verteilt ein Zeremonienmeister die Speisen. Er ruft jeden einzelnen mit Namen und Titel auf und reicht ihm seine Portion, angefangen bei den Priestern über den König bis zu den einfachen Leuten. Dem Essen folgen Musik, Tanz und verschiedene Spiele, zum Beispiel Bogenschießen oder Wellenreiten. Das Surfbrett ist eine polynesische Erfindung! Alle Tabus sind aufgehoben, das rauschende Gelage währt tage- und nächtelang.

Die weiteren Feste paßten sich meist dem Wechsel der Jahreszeiten an. Ihr segensreicher Einfluß auf Gesundheit und Fruchtbarkeit der Familien, auf die Erträge von Land und Meer konnte durch bestimmte Zeremonien sichergestellt werden. Ende November, wenn am dämmrigen Horizont die Plejaden erschienen und der Aldebaran, ein rötlich leuchtender Stern, langsam nachzog, begann die Zeit des Bonito-Fangs. Nach dem ersten Fischzug wurde die Saison feierlich auf dem *Marae* eröffnet. In diesen Monaten brachte die Erde eine verschwenderische Fülle von Früchten, Kräutern, Wurzeln und Blumen hervor; die ersten Exemplare opferte man aus Dankbarkeit den Göttern.

Im Juni ging das Siebengestirn schon wieder früh unter und verschwand fast am Himmel. Jetzt färbten die Blätter sich gelb, und die himmlischen Mächte verließen die Menschen. Gebete und Spenden begleiteten ihre Abreise, aber auch eine große Furcht, weil sich jeder schutzlos fühlte. Um so freudiger begrüßte man im Oktober mit den ersten Boten des Frühlings die Rückkehr der Götter. Dann bedeckte ein Meer von Blüten den heiligen Kultplatz.

Auch bei Kriegen spielte der *Marae* eine entscheidende

Rolle. Ob es sich nur um ein harmloses Scharmützel oder um einen blutigen Vernichtungsfeldzug handelte — vor jeder Auseinandersetzung mußte man zunächst den Rat der Götter einholen. Das komplizierte Ritual dauerte drei Tage.

Am ersten Tag wurden die Götter geweckt, vor allem *Oro,* der Herr des Krieges. Mit einem Menschenopfer suchte man seinen Beistand zu gewinnen. Nachdem der König ein Auge des Toten erhalten hatte, hängte man die Leiche an einen heiligen Baum auf der Kultstätte. Dabei durchbohrte man den Schädel und zog die Schnur wie einen Angelhaken an den Ohrkanälen heraus. Das Opfer wurde zum »langbeinigen Fisch«. Am zweiten Tag prüften Priester die Eingeweide geschlachteter Schweine nach günstigen oder schlimmen Vorzeichen. Am dritten schließlich wurde vor der Plattform ein kleiner Tempel errichtet, auf dem man geweihte Amulette niederlegte. Geistliche forderten die versammelten Krieger auf, tapfer zu kämpfen. Sie bliesen in Seemuscheln oder lange Bambusrohre und machten ihnen damit Mut.

Die Streitmacht zog zur Grenze des feindlichen Gebietes — meist ein Fluß oder eine Lagune —, schoß mit ihren Schleudern Steine auf den Gegner und rief: »Der Krieg ist eröffnet!« Worauf die Antwort kam: »Die Götter mögen euch in eurem Kampf beschützen!« Der Austausch solcher Formeln beweist, daß sich »unzivilisierte Wilde« sogar im Konfliktfall ehrenhaft und ritterlich verhielten, zumindest am Anfang. Anschließend schlachtete man sich genauso grausam ab wie überall auf der Welt. Welch starke Truppenverbände oft zu Land oder zwischen den Inseln Polynesiens aufeinanderprallten, das konnten James Cook und seine Besatzung bei ihrer zweiten Reise im April 1774 feststellen:

Vor Pare, an der Nordküste Tahitis, begegnete ihnen eine mächtige Flotte, die aus 159 Doppelbooten bestand. An ihrem Heck ragte ein hölzernes Podest, die sogenannte Kriegsbühne auf, von wo die Heerführer den Verlauf der Seeschlacht wie auf einem Feldherrnhügel verfolgten. Jedes Kanu trug etwa dreißig mit Speeren bewaffnete Männer. Tahitis Marine passierte die englischen Schiffe in Richtung Süden. Ihr Angriff galt offenbar einer Nachbarinsel.

Ging eine Schlacht verloren, so gab es dafür nur eine Erklärung: Die Götter hatten ihr Volk im Stich gelassen, weil sie sich von ihm beleidigt fühlten. Verschämt sammelten die Priester symbolische Gegenstände, die von der eigenen Schuld und einem Frevel gegen den Himmel zeugten, packten sie in ein Boot und setzten es den Wellen aus. Der vom Feind entweihte und beschädigte *Marae* wurde wieder instandgesetzt und gereinigt. Die Sieger aber stahlen die Figuren der Schutzheiligen und zogen mit blutigen Trophäen für ihren Kultplatz nach Hause: Körper erschlagener Fürsten, Kinderköpfe und Kieferknochen von Erwachsenen bildeten eine grauenerregende Kulisse für die tagelangen Siegesfeiern. Noch Jahre später bleichten Schädel und Skelette auf dem Rand der steinernen Götterburgen.

Das Kap der toten Seelen

War ein Häuptling im Kampf gefallen oder eines natürlichen Todes gestorben, so nahm das Volk auf dem *Marae* von ihm Abschied. Man bahrte den Leichnam auf einem Trauergerüst *(tupapau)* über hohen Pfählen auf, so daß Ratten oder wilde Hunde nicht herankamen. Eine Umzäunung verhinderte den Zutritt neugieriger Personen. Auf einem Tisch davor lagen Opfergaben und frische Verpflegung für die lange Reise des Toten. Sein Körper wurde einbalsamiert und der Luft zum Trocknen ausgesetzt. Diese Mumifizierung war längst nicht so perfekt entwickelt wie bei den alten Ägyptern oder den Inka im Süden Perus. Immerhin versuchten die Polynesier, mit einfachen Mitteln wie Salz oder Baumharzen den Verfall des Körpers möglichst lange hinauszuzögern.

Von den europäischen Entdeckern wissen wir, daß die Trauerfeierlichkeiten manchmal zwei Jahre dauerten. Dabei mischten sich beinahe lyrische Lobgesänge auf die Verdienste des Toten mit hysterischen Klageliedern. Besonders auffällig benahmen sich die Frauen: In rasendem Schmerz zerrissen sie ihre Kleider und schlitzten sich die Haut mit Bambusmessern oder Haizähnen auf. Das herausströmende Blut wurde in einem Handtuch aus Rindenbast gesammelt, der getränkte Stoff an der Sonne getrocknet. Die leidtragenden Verwandten bewahrten ihn als Zeichen der Verehrung auf.

Nach dem Glauben der Eingeborenen ging der Verstorbene ein in das Reich der Nacht *(te po)* an den Enden des Ozeans, dort, wo die Sonne verschwand. Oft legte man die zusammengeschrumpfte Leiche des Herrschers in ein Boot und ließ es auf dem Meer davontreiben, in Richtung *Hawaiki,* der mythischen Urheimat. Meist aber schälte man nach einigen Jahren Knochen und Schädel aus den Hautresten und brachte sie an einen unzugänglichen Ort.

Wir waren auf der Suche nach einem solchen Totenversteck. Madame Lavondes vom Insel-Museum hatte mir erzählt, daß am Ostufer von Klein-Tahiti einige Bestattungsplätze liegen. Es sei allerdings schwierig, dorthin zu kommen, und erst recht, sie zu finden. Wir fuhren von Papeete auf der Küstenstraße nach Südosten, überquerten bei Port Phaeton die schmale Landenge, wo die Halbinsel gleichsam den Griff eines überdimensionalen Pingpong-Schlägers bildet. In Tautira endete der Weg. Bei Tutaha Salmon, einem ortskundigen Gendarmen, charterten wir eine Motorbarke. Der rundliche Eingeborene freute sich über die Abwechslung, setzte seinen kleinen Sohn vor die Bugbank und ließ das Glasfiberboot auf der Dünung tanzen.

Palmhaine und Limonenpflanzungen zogen an uns vorbei, hinter wilden Kaffeesträuchern blendeten die Blechdächer einiger Hütten in der Sonne. Das Ufer wurde allmählich steiler. Schroffe Wände unter einem Baldachin von Farn und Laub fielen fast lotrecht ins Meer, der handtuchschmale Strand verbarg sich hinter Mangrovensperren. Wir näherten uns einem herabstürzenden Hang, dessen blaugraues Gestein zwischen immergrünem Flechtwerk duchschimmerte. Das Kap von Pari!

Tutaha schaltete den Motor aus, langsam trieb das Boot gegen den undurchdringlichen Ufersaum. Unser Führer kippte den Außenborder nach oben, weil die zackigen Korallenplatten schon gefährlich nahe unter dem Wasserspiegel lagen.

Ein toter Häuptling der Polynesier, aufgebahrt auf dem Trauergerüst (tupapau) und mit Tapa-Tüchern bedeckt. Kupferstich aus der Entdeckungszeit. (F: D. Hofrath)

Dann, nach ein paar Sprüngen durch die lauwarme Brandung, standen wir auf geweihtem Boden. Andacht überkam uns bei der unerträglichen Hitze allerdings nicht. Tutaha deutete auf drei, vier mächtige Bäume mit fleischigen Blättern, deren Wurzelgitter sich gegen die Felswand stemmte. »Banyan«, sagte er nur.

Wir wußten Bescheid. Der Banyan ist eine tropische Maulbeerpflanze, die hoch wächst und sehr alt werden kann. Wichtiger aber noch für unseren Standort und die Suche nach geheimen Kultstätten: Der Banyan ist ein heiliger Baum, der nicht an irgendeiner beliebigen Stelle steht. Seine Verehrung reicht weit in den asiatischen Raum hinein. Laut Überlieferung empfing Buddha um 520 v. Chr. unter einem Banyan-Baum bei Uruwela in Indien die göttliche Erleuchtung, um die er so lange gerungen hatte. Seitdem ist diese Pflanze den Buddhisten heilig. Ein Ableger in der berühmten Tempelstadt

Anuradhapura auf Ceylon soll über zweitausend Jahre alt sein. Die Polynesier glaubten, die Mondgöttin *Hina* habe den ersten Banyan-Setzling im Erdreich vergraben. Sie schätzten den Baum vor allem, weil er ihnen *Tapa,* das Rohmaterial für ihre zarten Stoffe, lieferte, von denen die frühen Entdecker meinten, es seien batistartige Gewebe. Dabei war es nur Bast, der zwischen der Rinde und dem Holzkern des Banyan wächst.

Schon bei den Schößlingen entfernte man sorgsam die Triebe, um einen möglichst makellosen Stoff zu gewinnen. Nach etwa anderthalb Jahren schnitten die Frauen die Stämmchen an, ließen die gekerbten Stellen kurz trocknen und zogen dann die Rindenschicht in einem Stück ab. Anschließend lösten sie den an der Innenseite haftenden Bast und dörrten ihn an der Sonne. Nachdem er eine Zeitlang in Rollen gelagert hatte, wurde er gewässert und auf einer hölzernen Unterlage mit Schlegeln aus Eisenholz geklopft, wodurch sich die ursprüngliche Fläche etwa auf das Zehnfache vergrößerte. Die Priester empfahlen, den Bast nachts breit zu schlagen, weil er unter dem Einfluß der Mondgöttin besonders fein würde.

Zuletzt prägte man mit ornamentierten Bambusstempeln Motive in den Stoff, die uns wie »Wasserzeichen« erscheinen. Die Motive reichen von Menschen- und Tierfiguren bis zu einfachen Dreieckssymbolen für Haizähne oder Andeutungen von Muränengräten und Tausendfüßlern. Oft wurden mehrere Stücke mit einem Stärkekleister aus dem Saft der Pfeilwurzel zu größeren Bahnen zusammengeklebt, die zwanzig bis hundert Meter lang werden konnten.

Das fertige Tuch, dünn wie Papier, aber äußerst haltbar, zeigte meist einen weißlichen Naturton. Auf einigen Inseln aber färbten es die Frauen mit Pflanzenextrakten braun, rötlich und gelb ein; das seltene Schwarz erhielten sie aus dem Ruß verbrannter Aleurites-Nüsse. Die Farben, die das poröse Material leicht annahm, wurden mit Salzwasser und beigemengtem Öl fixiert. Stark beanspruchte Kleidung, wie die der Fischer, imprägnierte man mit einem speziellen Nußöl, in dem die *Tapa* getränkt wurde. Die geruchsempfindlichen Polynesier parfümierten einige Stoffe auch mit aromatischen Pflanzensäften und Hölzern, um den unangenehmen strengen Eigengeruch des Bastes zu verdrängen.

Dieser »Stoff direkt vom Baum« machte im ganzen Südseeraum Mode; er diente zur Herstellung von Schlafdecken, Raumteilern, Wandvorhängen und Kleidern. Auf den Höfen des Adels stapelten sich riesige Ballen von *Tapa,* aus denen die Untertanen schlichte Konfektionsware oder raffiniert geschnittene und verzierte Gewänder für Zeremonien anfertigten.

Wir standen auf einem Zeremonienplatz. Erst nach längerem Suchen entdeckten wir hinter den Banyan-Stämmen im dämmrigen Moskitodickicht drei bemooste Riesensteine mit seltsamen Zeichnungen. Auf den ersten Blick sahen sie aus wie Strichmännchen, eine ganze Parade von ihnen zog quer über die Findlinge. Mir fiel auf, daß die Petroglyphen nur auf der Seite des Steins eingeritzt waren, die sich der Lagune, also dem Meer zuwandte. Da es kaum möglich war, von Land her

Bemooster Riesenfindling mit rätselhaften Ritzzeichnungen am Kap von Pari/Klein-Tahiti, wo einst die verstorbenen Stammesführer bestattet wurden.

Ausschnitt aus dem Bildprogramm der Felsblöcke. Einige Forscher halten das Motiv für ein »Sonnenkanu«. Ein Irrtum!

über den halsbrecherischen Steilhang zum Kultplatz zu kommen, sollten Besucher mit dem Boot wohl als erstes die geheimnisvollen Zeichen auf den Felsbrocken sehen, die früher mit Sicherheit freier herumstanden.

Niemand weiß heute, wer die naiven Künstler waren und wie alt ihre in Stein gemeißelten Bilder sind. Besonders gerätselt hat man um ein Motiv: Es zeigt zwei gekrümmte Linien, die parallel verlaufen und sich an den Enden treffen. Mit einiger Fantasie läßt sich ein liegender Halbmond oder ein stilisiertes Schiff erkennen. In der Mitte darüber steht eine leicht ovale Form, deren Zentrum als »Auge« markiert ist. Ein Strahlenkranz gleichlanger Linien umgibt sie.

Einige Forscher haben geglaubt, es handle sich um eine Kombination von Sonnensymbol und Bootsskizze. Dieses »Sonnenkanu« würde dann auf einen ehemaligen Ankerplatz für Zeremonienschiffe hinweisen oder auf die geheimgehaltene Uferstelle, wo man das Boot mit dem toten Herrscher aussetzte und in Richtung *Hawaiki* treiben ließ. Das kann aber schon deshalb nicht stimmen, weil diese sagenhafte Urheimat der Polynesier laut Überlieferung im Westen lag, die Bildsteine von Pari sich jedoch genau im Osten Tahitis befinden und von der Morgensonne beschienen werden. Ein denkbar ungeeigneter Punkt, um den Verstorbenen in das Reich der Nacht zu verabschieden!

Die Erklärung mit dem »Sonnenkanu« ist falsch. Die unbekannten Künstler haben vielmehr die Umrisse eines Trauerornats in Stein geritzt, den der Priester bei den Leichenfeiern trug. Das Oval mit dem »Auge« ist die Maske aus Perlmutt, die sein Gesicht verdeckte und manchmal eine kleine Öffnung zum Sprechen hatte. Sie war ringsherum befranst mit den schmalen Schwanzfedern des Tropikvogels, die wie ein Strahlenkranz leuchteten. Dem Halbmond oder Schiffsrumpf der Felszeichnung entspricht der sichelförmige Brustschmuck des Priesters, ein breiter *Tapa*-Streifen, auf den große Perlmuttscheiben genäht waren. Maske und Ringkragen waren miteinander verbunden und wurden wie eine Kapuze über Kopf und

Trauergewand eines Totenpriesters. Das Oberteil wurde wie eine Kapuze über Kopf und Schultern gezogen. Darunter ein reich verzierter Tapa-Rock.

Schultern gezogen. Darunter trug der Geistliche einen reichverzierten *Tapa*-Rock mit Muschelknöpfen. Für die Hinterbliebenen und Trauergäste muß es eine unheimliche Erscheinung gewesen sein. Der kostümierte Priester hielt in der linken Hand einen Zeremonienstab, der mit Haifischzähnen gespickt war, in der rechten ein Instrument aus zwei Hartholzscheiben, ähnlich einer Kastagnette, mit dem er ständig klapperte. Wie ein Totengeist führte er die Prozession zum Aufbahrungsplatz.

Warum wurde dieser zeremonielle Kopfputz auf den Felsblöcken wiedergegeben? Manche Wissenschaftler nehmen heute folgendes an: Priester haben an diesem versteckten Ort Schädel und Knochen mehrerer Herrscher bestattet und anschließend für jeden ein »Denkmal« mit Petroglyphen meißeln lassen. Damit wollte man die Erinnerung an den verstorbenen Häuptling, um den man noch trauerte, für alle Zeiten festhalten, sich seiner ständigen Gegenwart über den Tod hinaus versichern und seine ungebrochenen magischen Kräfte auf ewig in den Stein bannen, der von jetzt an *mana* ausstrahlte.

Verzauberte Steine also auch hier, an deren Wirkung niemand mehr glaubt. Sicher ist nur, daß ihnen an dieser einsamen, kaum zugänglichen Stelle Tahitis das traurige Schicksal der gestürzten *Tikis* erspart bleibt.

Huahine — Götterzeichen und Menschenreste

Das schlüpfrige Etikett, das der Franzose Bougainville den Liebesinseln um *Otaheite* anheften wollte, wurde durch eine seriösere Bezeichnung abgelöst. James Cook nannte den Archipel »Society Islands« — Gesellschaftsinseln, zu Ehren der Britischen Königlichen Gesellschaft der Wissenschaften in London. Sie hatte seine Forschungsreise in die Südsee finanziert, wo ein Expertenteam am 3. Juni 1769 den Durchgang des Planeten Venus vor der Sonne beobachten sollte. Bei diesem Namen blieb es.

Nach Schätzungen von Cook und dem deutschen Völkerkundler Georg Forster lebten seinerzeit etwa 40 000 Polynesier auf den Gesellschaftsinseln, heute sind es über 100 000. Aber dieses Zahlenverhältnis täuscht, weil sich die Bevölkerung jetzt hauptsächlich auf Tahiti und Umgebung konzentriert, dem geographischen und verkehrstechnischen Mittelpunkt des französischen Übersee-Territoriums. Früher war dieses riesige Gebiet zwischen dem Äquator und dem Wendekreis des Steinbocks wesentlich dichter besiedelt, und ein statistischer Vergleich sieht da ganz anders aus: 200 000 Einwohner zur Zeit der europäischen Entdecker, 140 000 im Jahr 1982. Der »Archipel de la Société« gliedert sich in zwei größere Gruppen: die »Inseln über dem Wind« und »unter dem Wind«. Zu den letzteren gehört ein Paradies mit Adresse, das von dem hektischen Tourismus à la Tahiti oder Bora-Bora bis heute erstaunlicherweise verschont blieb: Huahine.

Wir stehen wie gebannt auf einer Anhöhe bei Maro'e und haben das Gefühl, hier seien die Uhren vor 200 Jahren angehalten worden. Unter uns liegt ein ultramarin schimmernder Spiegel, gerahmt von blaßgrünen Bergzacken. Die Bucht der Abenteuer! Jeden Augenblick kann hinter einer der palmensträhnigen Landzungen eine alte Fregatte unter vollen Segeln aufkreuzen, warum nicht die »Bounty«! Mir scheint, als habe die Flotte von Captain James Cook gerade erst die Anker gelichtet und Kurs genommen aufs offene Meer. Kein Bungalowdorf, kein Hotelbau, keine Kopra-Plantage, keine Verladestation für Wassermelonen stört das Idyll. Das Vulkan-Eiland besteht eigentlich aus zwei Inselchen, die eine Brücke über den Maro'e-Sund miteinander verbindet. Die beiden Teile heißen Klein- und Groß-Huahine; sie bildeten früher einen eigenen Staat, in dem bis zum Jahr 1900 Könige und Königinnen über acht Häuptlingsdistrike herrschten.

Aus jener Zeit, deren Anfänge sich wie so oft im Dunst der Mythen verlieren, blieben zahlreiche magische Plätze und heilige Steinbauten erhalten. Einer von ihnen ist der mächtige, 155 Meter lange *Marae Mata'irea* im Nordosten, Sitz des Waldgottes *Tane.* Noch heute erinnern acht Ruhesteine an die großen Clans und ihre Bezirke. Das Monument vereinte symbolisch die acht führenden Gruppen des Landes.

Am eindrucksvollsten sind die Strand-*Maraes* von Maeva, einst das religiöse Zentrum der ganzen Insel. Als Cook sie 1769 entdeckte, residierte gerade die Fürstin *Fa'atuarai* in Maeva! Die große Kultanlage muß schon lange vorher entstanden sein. Sie zieht sich an der Fauna nui-Lagune entlang und besteht aus 28 künstlichen Plattformen, die in unregelmäßigen Abständen nebeneinander ins Wasser ragen. Jede dieser aufgeschütteten Landzungen trägt einen länglichen Aufbau aus starken Korallenplatten und jede hat ihren eigenen Namen. Die einzelnen Distrikthäuptlinge besaßen nämlich ihren privaten *Marae,* den sie als eine Art Familienheiligtum errichten und pflegen mußten. Dort wurden vor dem Altar die Geister der Ahnen verehrt, und dort dankte man dem Gott des Meeres für den unerschöpflichen Fischreichtum der Lagune.

Der alte Gemarkungsname *Tahuna nui* — »Großer Begräbnisplatz« — läßt aber darauf schließen, daß hier auch Totenfeiern veranstaltet und zumindest die Schädel verstorbener Häuptlinge beigesetzt wurden; ob in dem kistenartigen *ahu* oder unter dem Basaltpflaster der künstlichen Landzungen ist ungewiß. Man hat keine Knochenreste mehr gefunden. Unter Leitung des Bernice-Bishop-Museums in Honolulu auf Hawaii wurden 16 Küsten-*Maraes* restauriert; ein so geschlossenes Ensemble alter Göttersitze gibt es sonst nirgendwo in Polynesien.

Nach Süden zu verengt sich die Lagune immer mehr und bildet einen schmalen Kanal. Zwischen den Kultplätzen und der zum Greifen nahen Halbinsel auf der anderen Seite liegen reiche Fischgründe. Hier hat man schon vor Jahrhunderten ein raffiniertes Fallensystem angelegt, das auf einem Naturgesetz, dem Wechsel der Gezeiten, beruht und noch heute benutzt wird. Neun lange Reusen aus Korallentrümmern und Basaltbrocken ziehen sich in einer Zickzacklinie quer durchs Wasser. In den Winkeln der flachen Steinmauer läßt man bei Flut Einlässe frei. Die Fische strömen herein — und sitzen in der Falle. Denn noch bevor das Wasser wieder abläuft und die Fische mit hinaustreiben, hat man vorne die Öffnungen mit Steinen verschlossen. Dort, auf den Spitzen der Reusen, befinden sich kleine, strohgedeckte Unterstände, in denen die Fischer warten. Wenn die zappelnden Schwärme orientierungslos durcheinander quirlen, können sie seelenruhig zu ihrem Kescher greifen und die reiche Beute herausholen.

Obwohl das Meer Nahrung im Überfluß lieferte, gingen die alten Polynesier sehr rücksichtsvoll damit um, gerade hier in der Lagune. So belegten die Priester von Maeva das gesamte Seegebiet für bestimmte Zeiten im Jahr mit einem strengen Tabu, was einem absoluten Fangverbot gleichkam und unserer Schonzeit entspricht. Diese Maßnahme zeugt von einem hochentwickelten ökonomischen und ökologischen Verständnis der Eingeborenen, die das lebenswichtige Gleichgewicht ihrer Umwelt stets im Auge hatten.

Durch eine sensationelle Entdeckung läßt sich der Alltag der alten Polynesier jetzt lückenlos rekonstruieren. Der Fundort liegt auf Groß-Huahine im Norden. 1977 sollte ein Baggerführer das Gelände hinter dem Bali Hai-Hotel für einen Tennisplatz planieren. In sieben Meter Tiefe stieß er zufällig auf zwei große Holzplanken, die sorgfältig bearbeitet waren. Die Hotelleitung verständigte den Archäologen Dr. Yosihiko Sinoto, der sich mit einem Team vom Bishop-Museum aus Honolulu gerade in der Nähe aufhielt. Er untersuchte die Planken und stellte fest, daß sie von einem Boot stammten. Es war zwischen 18 und 25 Meter lang und um 850 n. Chr. gebaut worden. Sinoto erkannte sofort die Bedeutung dieser Reste.

»Wir wissen zwar, daß die Polynesier von Insel zu Insel fuhren«, erklärte er den neugierigen Besuchern, »aber wir hatten bisher keine wissenschaftlichen Beweise dafür. Jetzt, wo wir eines ihrer seetüchtigen Schiffe gefunden haben, halten wir sie endlich in der Hand.« Der Archäologe holte sich die Genehmigung für eine Testgrabung und schaufelte neben zahlreichen Kultobjekten zwei Stoßwaffen und ungewöhnlich viele Walknochen frei. In den nächsten Jahren kamen immer mehr Gegenstände ans Licht. Hatte man erst nur einen Versammlungsplatz vermutet, so stellte sich jetzt heraus, daß hier eine größere Siedlung, mindestens ein Dorf lag.

Dieses Dorf war vor etwa 1100 Jahren von einem schweren

Taifun verwüstet worden. Die Springflut hatte Sand und Schlamm auf den Küstensaum geschwemmt und den Ort unter einer meterdicken Erdschicht begraben. Diese Naturkatastrophe erwies sich, wie beim antiken Pompeji, für die Wissenschaft als Glücksfall. Holz oder Gewebe, also organisches Material, das normalerweise rasch im Boden verfällt, blieben hier völlig intakt, weil die zerstörerischen Bakterien im harten Schlick nicht lebensfähig waren. Daher der erstaunlich gute Erhaltungszustand der ausgegrabenen Stücke.

Mit Hilfe dieser fast kompletten Sammlung von Gebrauchsartikeln konnten Dr. Sinoto und sein Team folgendes nachweisen: Die Siedlung war von über zweihundert Menschen bewohnt und besaß getrennte Bereiche für die Lagerung von Nahrungsmitteln, für religiöse Veranstaltungen, für Bootsbau, Kochen und Schlafen. Aufgrund der Pfostenlöcher weiß man, daß die meisten Hütten rechtwinklig angelegt waren. Ein einzelnes Gebäude mit ovalem Grundriß diente vermutlich als Versammlungshalle oder Kultraum. Die früheren Bewohner stellten Werkzeuge aus Muscheln und Netze aus zähem Pflanzengarn her. Sie ruhten auf geflochtenen Matten und trugen Kleidung aus Tierhäuten. Zwischen zusammengepreßten Schlammschichten entdeckte man sogar angeschnittene Pfefferwurzeln, ein Zeichen dafür, daß das Rauschgetränk *Kawa* bekannt war. Eine kostbare Kette aus Walzähnen — ein Unikat — deutet auf einen Häuptling hin, der die Bevölkerung anführte. Stück für Stück läßt sich so die Sozialstruktur und das Wirtschaftssystem einer früheren Dorfgemeinschaft erschließen, dank eines Fundes, wie er bisher im pazifischen Raum einmalig war.

Die Nacht der Überlieferungen

Der Boden liefert uns buchstäblich handfeste Beweise für die Geschichte der alten Polynesier, ihr reicher Sagenschatz verklärt sie in farbigem Licht. Auf jeder Insel schöpften Dichter, Priester und Erzähler aus derselben tiefen Quelle einer mythischen Vergangenheit, die die Eingeborenen selbst »Die Nacht der Überlieferungen« nannten. Denn als ihre Ahnen aus dem Land des Sonnenuntergangs aufbrachen, nahmen sie das Wissen um die großen legendären Ereignisse, die Namen ihrer Götter, Halbgötter und Heroen mit und gaben sie an ihre Nachkommen auf den neuentdeckten Inseln weiter.

Das zentrale Thema beschäftigte sich mit der Urheimat aller Polynesier, *Pulotu* oder auch *Hawaiki* im fernen Westen. An dieses verschollene Stammgebiet erinnern noch die Bezeichnungen einiger Inseln, wie Hawaii, Savai'i in der Samoa-Gruppe und Avaiki im Cook-Archipel. Manche Sänger schilderten die Wiege der Menschheit als riesige Muschel, für andere waren es »Wandernde Inseln«, die man zuweilen vor der Küste treiben oder am Himmel hängen sah; aber sie verschwanden, wenn man auf sie zeigte.

Auf *Hawaiki* sehnte sich *Tane,* der Herr des Waldes, nach einer ebenbürtigen Gattin. Er formte aus dem weichen roten Sand der Küste den Umriß eines Weibes und hauchte ihm seinen Atem in Nase, Ohren, Mund und Augen. Die Frau erwachte zum Leben, ihr Name war *Hine-hau-one* (»Erdgeformte Jungfrau«). Bald gebar sie eine Tochter, die »Jungfrau der Morgendämmerung«. Als sie herangewachsen war, nahm *Tane* sie zur Frau. Das Mädchen aber wußte nicht, daß ihr Ehemann gleichzeitig ihr Vater war. Sie suchte nach ihrem Vater und befragte die sprechenden Stützen des Hauses. Aber weder sie noch die Wände gaben eine Antwort. Da erkannte das Mädchen die Wahrheit und floh voller Scham aus *Hawaiki* in die Dunkelheit von *Po,* der Unterwelt. Die »Jungfrau der Morgendämmerung« wurde zur »Großen Göttin der Finsternis.«

Seit dieser Zeit hatten die Lebenden jede Verbindung zu *Hawaiki* verloren, nur die Geister konnten dorthin zurückkehren. Es war das ersehnte Ziel aller Seelen nach dem Tod. Jenes Reich lag entweder im Himmel, unter dem Meer, im Schoß der Erde oder aber auf einer wunderschönen Insel.

Die Insel *Hawaiki* wurde von *Maui,* der schillerndsten Figur der polynesischen Mythologie, aus dem Meer gezogen. Zahlreiche Dramen, Gedichte und Lieder haben den listenreichen *Maui* populär gemacht. Von allen Schelmen und Spaßmachern, die Ozeaniens Sagenwelt bevölkern, ist er der größte. Sein Vater war der Gott *Tangaroa,* seine Mutter die sterbliche *Taranga.*

Mauis Geburt stand unter einem Makel: Die Mutter kam zu früh nieder und fürchtete, ihr Baby würde wie alle Frühgeburten oder abgetriebenen Kinder ein böser Geist. Deshalb wikkelte sie es in ein Büschel Haare und warf es in den Schaum der Brandung. Der Seetang umhüllte und nährte den ausgesetzten Säugling, weiche Quallen beschützten ihn, bis sein großer Vorfahr, der himmlische *Tama,* ihn fand, an das Dach des Hauses hängte und an der Wärme des Feuers zu neuem Leben erweckte. Im Reich der Sonne wächst *Maui* zu einem häßlichen, aber äußerst intelligenten Jungen heran, der in kürzester Zeit lernt, was ihm die Götter beibringen.

Eines Tages verläßt er seine Pflegeeltern und findet seine wirkliche Familie wieder. Der Vater vollzieht die fällige Taufzeremonie, vergißt aber unseligerweise einige Worte des Rituals. Als er sein Versäumnis bemerkt, ahnt er erschreckt, daß sich der Himmel eines Tages dafür rächen und *Maui,* der Halbgott, sterben wird. Zuvor aber sollte der Wunderknabe die ganze Welt mit seinen Zauberstücken, Verwandlungskünsten und fabelhaften Taten verblüffen.

Maui ist eine Mischung aus Eulenspiegel und Prometheus, nicht nur ein Spaßvogel, über dessen Streiche man lacht, sondern auch ein Kulturheros, der den Polynesiern viele nützliche Dinge bringt. Er vollendet, was die Götter begonnen, er ordnet den Zustand der Welt, ihm verdanken die Menschen unermeßliche Wohltaten.

Bevor *Maui* erschien, gab es nur den Himmel und das weite Meer, ein Weltbild, das sich allen Seefahrern von selbst aufdrängte, weil es ihrer Situation entsprach. *Maui* hebt das Firmament und stützt es mit den Stämmen der Kokospalme. Dann stiehlt er seiner göttlichen Großmutter *Muri-Ranga* das magische Gebiß, macht sich daraus eine unüberwindbare Waffe und lauert damit der Sonne auf. Als sie aus ihrer Höhle hinter dem Horizont aufsteigt, fängt er sie in einem Netz aus Flachs und schlägt sie mit dem Zauberkiefer. Seit diesem

Überfall ist die Sonne gelähmt und kann ihre Bahn nur noch langsam ziehen. Dafür aber haben die Menschen jetzt mehr Zeit, ihre Gärten zu pflegen, die Speisen richtig zu kochen und *Tapa*-Tücher herzustellen.

Gerade diese Geschichte lebte im Volksmund weiter, auch als das Christentum längst gesiegt hatte. Vor wenigen Jahren erst erzählte der Abgeordnete Peter Buck im Parlament von Neuseeland, wie *Maui* die Sonne bändigte, und stützte so ein Gesetz zur Einführung der Sommerzeit.

Als nächstes strebt *Maui* nach dem Besitz des Feuers, das auf Erden noch unbekannt war. Er besucht seine Muhme *Mahuika,* die Hüterin der Unterwelt, und bittet sie um Feuer für seine Kochstelle. Die alte Frau brach einen ihrer glühenden Fingernägel ab. *Maui* nahm ihn, löschte ihn aber und verlangte einen neuen, da der erste ausgegangen sei. Achtzehnmal wiederholte er diesen Streich, bis *Mahuika* nur noch einen Zehennagel besaß und den Betrug erkannte. Wütend riß sie sich den letzten aus und steckte ihre Umgebung in Brand. *Maui* verwandelte sich in einen Adler, um den Flammen zu entkommen, doch er versengte seine Schwingen. Da rief er den Regen zu Hilfe, der das Feuer löschte. *Mahuika* rettete nur ein paar Funken, die sie bei ihrer Flucht in die Bäume warf. Seit dieser Zeit macht der Mensch Feuer mit dem Holz des Waldes.

Berühmt wurde *Maui* vor allem durch seinen erfolgreichen Fischzug. Aus dem magischen Gebiß seiner Großmutter hatte er einen Angelhaken angefertigt. Zusammen mit seinen Brüdern fuhr er auf die hohe See. Während sie müde vom Rudern einschliefen, warf *Maui* die Angel aus. Die Brüder erwachten durch einen plötzlichen Ruck und das Donnergeräusch, mit dem ein riesiges Untier die Wasserfläche durchbrach. »O *Maui*«, riefen sie erschrocken, »das ist gar kein Fisch, das ist eine Insel!« *Maui* hatte *Hawaiki,* das Urland aller Polynesier, aus der Tiefe gezogen. Später soll er noch viele Atolle vom Meeresboden geangelt haben. Die Nordinsel von Neuseeland heißt noch heute bei den Maori *Te Ika a Maui* — »Mauis Fisch«. Ein Blick auf die Landkarte zeigt, wie genau diese Bezeichnung paßt: Da schwimmt ein Rochen mit dem geöffneten

Maul nach Süden, dem langen Schwanz im Norden und einer Seitenflosse am Angelhaken.

In seinem letzten großen Abenteuer wollte *Maui* der Menschheit die Unsterblichkeit verschaffen. Er stieg hinab in die Unterwelt, begleitet nur von den Vögeln des Waldes. *Hina,* die Große Göttin der Finsternis, schlief gerade. Leise erklärte *Maui* den Vögeln, er wolle in ihre Gebärmutter eindringen, um dort den Tod zu besiegen. Sie sollten völlige Ruhe bewahren, bis er wieder aus *Hinas* Mund herausgekrochen und bei ihnen sei. *Maui* zog sich die Kleider aus und verschwand zwischen den Schenkeln der furchtbaren Göttin, nur noch seine Beine waren zu sehen. Bei diesem komischen Anblick konnte sich eine kleine Bachstelze nicht mehr beherrschen und zwitscherte fröhlich los. *Hina* erwachte und zerquetschte *Maui* in ihrem Körper. Mit seinem Ende waren auch alle Menschen auf ewig zum Tod verdammt.

Hina, die grausame Herrin der Nacht, ist identisch mit jener »Frau im Mond«, die den Mädchen beim Schlagen der *Tapa*-Stoffe leuchtet. Sie war die erste, die Kleider aus dem Bast des Banyan-Baumes herstellte. Einmal brach sie einen Zweig so heftig ab, daß er ihr aus der Hand rutschte und auf den heiligen Tempel einer bestimmten Insel niederfiel, dort Wurzeln schlug und zum ersten Feigenbaum der Welt wurde. Auf derselben Insel zeigt man noch heute einen versteinerten Brotfruchtstamm, mit dem die Göttin ihre *Tapa*-Tücher besonders zart klopfte. Diese Insel war das vorletzte Ziel unserer Reise.

Raiatea oder das große Tabu

Etwas mehr als eine Stunde dauert der 220 Kilometer lange Flug von Tahiti nach Raiatea. Sie ist die größte der »Inseln unter dem Wind« und zählt knapp 7000 Bewohner. Fährt man vom Hauptort Uturoa an der Ostküste entlang nach Süden, so begleitet einen lange Zeit die zerfurchte, grüngefleckte Pyramide des Mont Temehani. An seinen Flanken wächst die *Tiare apetahi,* eine weiße Blume, die es sonst nirgendwo auf der Welt gibt und die sich auch nicht verpflanzen läßt. Sie ähnelt der wachsfarbenen Frangipani, doch ihre windradförmig angeordneten Blütenblätter sind schmaler. Nach einer alten Sage symbolisieren sie die fünf Finger eines wunderschönen Mädchens, das einen stattlichen Prinzen liebte, ihn aber wegen ihrer niedrigen Herkunft nicht heiraten konnte. Aus Gram verwandelte sie sich in diese einmalige Blume.

Der Mont Temehani ist ein heiliger Berg. In seinem Vulkankrater, sagt man, wurde der wilde Kriegsgott *Oro* geboren. Sein Kult entstand auf Raiatea und verbreitete sich ab 1350 von hier aus über ganz Polynesien. *Oros* Tempel liegt beim Dorf Opoa am Südostende der Insel. Schon von weitem künden steinerne *Maraes* den geweihten Bezirk an. Gewaltig wie Hünengräber säumen sie das Ufer. Aber diese Bauwerke sind keine Totenkammern. Für ankommende Seefahrer waren sie die ersten Landmarken, die ein bestimmtes Stammesgebiet oder ein Zeremonialzentrum kennzeichneten. Sie bilden das in Stein geformte Gegenstück zu einer sozialen bzw. religiösen Gruppe, die fest in ihrem Heimatboden wurzelt und wie die *Maraes* auf solider Grundlage steht.

Der gesellschaftliche Rang eines Mannes hing davon ab, ob er einen eigenen Sitz auf dem *Marae* besaß, der nach ihm benannt war. Als man James Cook 1774 kurz vor seiner Abreise aus Raiatea nach dem Namen seines heimischen *Maraes* fragte, war er etwas verwirrt. Er verstand zunächst nicht, daß ein Mann ohne *Marae* kein Häuptling sein konnte, und Cook galt in den Augen der Eingeborenen als großer Anführer. Dann aber gab er seine Londoner Adresse, den Stadtteil Stepney, an. Sein Dolmetscher übersetzte es ins Polynesische, wo es *»Tapinu«* klang. Da riefen Hunderte von Insulanern alle zusammen respektvoll *»Marae na Tapinu!«*, und Cooks Ansehen war gerettet.

Der größte Teil von Raiatea war *Te Ao,* dem Tag, geweiht. Der sakrale Bereich hier unten hieß *Te Po,* die Nacht. Das läßt an *Hina* denken, die Mondgöttin und Herrin der Unterwelt. Man verehrte sie mit Girlanden aus süßduftenden grünen Blättern und rief sie bei einem ganz besonderen Ritus an. Dabei schritten junge Männer über glühendheiße Steine aus einem Erdofen, ohne sich die Fußsohlen zu verbrennen. Bedeutung und Zweck dieses »Feuerlaufs« sind unklar. Man kennt ihn übrigens auch im fernen Melanesien, wo er vermutlich als symbolische Reinigung und Mutprobe für heranwachsende Knaben galt, heute aber zur reinen Schaustellung herabgesunken ist, wie beispielsweise auf der Insel Mbau in der Fidschi-Gruppe.

Das Allerheiligste von Raiatea liegt in einem lichten Palmenhain. Es ist ein weiter, gepflasterter Festplatz mit den üblichen Stelen, die als Ruhesitze der Götter und Rückenlehnen für die Priester während der Zeremonie dienten. Dahinter erstreckt sich genau in Nordsüdrichtung der Altar *(ahu),* 43 Meter lang und über sieben Meter breit. Basalt- und Kalkplatten bilden die drei Meter hohe Einfassung, das Innere wurde mit Korallenschutt aufgefüllt. Auf dieser mächtigen Plattform standen einst hölzerne Bilder, die fanatische Missionare in ihrem christlichen Übereifer längst zerstört haben. Die Figur von Gott *Oro* war aus feinen Fasern gewebt, mit roten und gelben Federn verziert und steckte in einem Futteral aus *Tapa*-Stoff. Der Herr des Krieges forderte Menschenfleisch. Kanus brachten die toten Körper zu einer breiten Landestelle, die noch heute »Bucht der Menschenopfer« heißt. Von dort schleifte man sie zum nahen *Marae.*

Er trägt einen aufschlußreichen, für Europäer schwer auszusprechenden Namen: *Taputapuatea.* In diesem Wort steckt zweimal der Begriff *Tabu,* was seine Schutz- und Abschrekkungswirkung wesentlich erhöht. Ein Tabu beschränkte sich nicht allein auf die religiöse Sphäre, wo es die Erhabenheit und Unnahbarkeit der Götter verstärkte. Daneben gab es auch soziale, wirtschaftliche und hygienische Tabus. Nur Häuptlinge und Priester durften den Bann verhängen und wieder aufheben. In ihren Händen war er ein wirksames Ordnungsmittel und enormes Machtinstrument, das oft willkürlich eingesetzt wurde. Wer die zahlreichen Vorschriften verletzte, wurde von den Mächten des Himmels bestraft. Tabu waren bestimmte Personen ebenso wie Gegenstände und Bezirke. Um einen Festplatz hatten die Geistlichen eine Art Bannmeile gezogen. Das bedeutet: Für Unbefugte Zutritt verboten.

Der *Marae Taputapuatea* — wörtlich »Das Allerheiligste des Luftraums« — war nicht nur durch ein doppeltes Tabu gesichert, er war die wichtigste Kultstätte der alten Polynesier, mit Priesterschulen und Bildungsseminaren. Novizen zogen sich hier in die »Gemächer der inneren Erleuchtung« zurück und lernten, Gebete, Gesänge und Anrufungsformeln vorzutragen und das Ritual zu vollziehen. Männer und Frauen von Rang trafen sich in einem »Haus der Gelehrsamkeit«, um Astronomie, Navigation, Geographie, die Kunst der Komposition, Mythologie und Ahnenkunde zu studieren. Der Unterricht in den beiden letzten Fächern war besonders intensiv, fühlten sich doch die Lehrer dem alten Namen von Raiatea verpflichtet, der einst Havai'i lautete und in dem die sagenhafte Urheimat *Hawaiki* nachklang.

Taputapuatea war internationaler Treffpunkt, Wallfahrtsziel und Tagungsort für Konferenzen. Der geweihte Platz direkt an der Lagune, mit den ehrwürdigen Bäumen und dem eindrucksvollen Altar bildete einen idealen Rahmen für religiöse und politische Veranstaltungen. Hier hielten die Priester Zwiesprache mit dem Wind, dem Meer und den Wolken, durch die sie die Stimmen der Geister vernahmen. Hier empfing die mächtige Adelsfamilie Hiro, die einen berühmten Seehelden zum Ahnen hatte, den Lehnseid abhängiger Häuptlinge von anderen Inseln. Aus allen Ecken des Pazifik, sogar aus dem 4000 Kilometer entfernten Neuseeland, trafen Sendboten und Kongreßteilnehmer nach langen, beschwerlichen Reisen mit ihren Kanus ein.

Führende Theologen des Landes verkündeten von Opoa aus die neue Lehre vom Kriegsgott *Oro*. Sein Kult stieß jedoch bei vielen Polynesiern auf erbitterten Widerstand. Bei einer Zusammenkunft von Abgeordneten verschiedener Inseln kam es mit den Anhängern des alten Glaubens zu einer heftigen Auseinandersetzung. Sie gipfelte schließlich in einem Totschlag auf dem *Marae Taputapuatea*. Das war etwas so Entsetzliches, Unerhörtes, noch nie Dagewesenes, daß in Zukunft keine Versammlungen mehr in diesem entweihten Zentrum stattfanden. Auch der *Oro*-Kult ging zurück und hielt sich nur noch auf den Gesellschaftsinseln. Als wenig später ein Baum auf seinen Tempel stürzte, prophezeiten Priester die Ankunft fremder Eroberer, die die Zeremonie des Kriegsgottes radikal verändern würden. Mit dem Erscheinen der Europäer traf diese Weissagung tatsächlich ein.

Lange vor ihnen aber waren die Polynesier selbst zu kühnen Entdeckern geworden. Nicht weit von Opoa, wo der Faaroa-Fluß in eine Bucht mündet, lag früher ein geschützter Hafen. Hier brachen die Männer von Raiatea zu ihren waghalsigen Expeditionen über den Pazifik auf. Hier gingen die Schiffe vom Stapel, die sie nach Neuseeland und Hawaii trugen. Eine wichtige Zwischenstation und Nachschubbasis auf der Nordroute, wo man sich ausruhen und frischen Proviant fassen konnte, waren die Marquesas-Inseln.

Götterdämmerung über den Marquesas

Wir sind wieder über den Perlenketten der Südsee, schauen hinunter auf den Rücken versteinerter Fische, die das Ultramarin des offenen Ozeans vom Türkisgrund der Lagune trennen. Die Brandung zeichnet weiße Ringe um grüngetupfte Sandkörner. Wie große Spiegeleier auf einer blauen Pfanne schwimmen die Inseln unter uns davon.

Pilot Dominique Berger meldet sich über Funk beim Tower von Rangiroa. Sechs Stunden dauert der Flug von Tahiti zur Marquesas-Gruppe, die völlig isoliert im äußersten Nordosten des französischen Überseegebiets liegt. Nur einmal pro Woche verkehrt die staatliche Linie »Air Polynésie«. Unsere sechssitzige »Piper Aztec« setzt zur Zwischenlandung in Rangiroa an, dem dichtest besiedelten Punkt des Tuamotu-Archipels. Es ist die größte Versammlung von Atollen in der Welt, aber auch einer der trockensten, unfruchtbarsten Flecken unserer Erde.

Von den Tuamotus hörte man eigentlich erst 1947, als Thor Heyerdahl mit seinem Floß »Kon-Tiki« am Riff von Raroia strandete. Auf der hitzeflirrenden Korallenpiste sind wir die einzigen Passagiere. Zwei Jungen radeln über die Rollbahn und hantieren gemütlich an den glühendheißen Kerosin-Fässern. Warten, bis die kleine Propellermaschine aufgetankt ist. Dann geht es weiter in 3000 Meter Höhe.

Von jetzt an bis zu unserem Ziel wird kein Land mehr auftauchen. Wir sind allein mit der endlosen Wasserwüste. Dann auf einmal, noch weit vor uns, ein lockerer Wolkenhaufen, der am Himmel zu kleben scheint. Je näher wir kommen, um so deutlicher schälen sich aus dem Dunst die Umrisse einer Insel heraus. Aber was für eine! Es ist ein fast unwirklicher Anblick; als habe jemand zwischen Himmel und Meer eine bizarre Kulisse geschoben, das dramatische Bühnenbild für Wagners »Götterdämmerung«. Die wildgezackte Felsenburg ist Na Pou, der südwestliche Vorposten der Marquesas, der 1232 Meter hoch aus den Fluten ragt.

Der erste Weiße, der ihn zu Gesicht bekam, war unser alter Bekannter Alvaro Mendaña, der auf den Salomonen vergeblich das sagenhafte Goldland des biblischen Königs gesucht hatte. 28 Jahre nach seinem Mißerfolg stach er mit vier Schiffen von Peru aus wieder in See, Richtung Westen; dieselbe Route nahm später Thor Heyerdahl. Am 21. Juli 1595 tauchten bei zehn Grad südlicher Breite gewaltige Basaltinseln auf. Zu Ehren des Marquis de Mendoza, Vizekönig von Peru und Patron der Expedition, nannte man sie »Las Islas Marquesas«, und diesen Namen haben sie noch heute. Der gesamte Archipel erstreckt sich über knapp tausend Quadratkilometer und besteht aus vierzehn Inseln, von denen aber nur sechs besiedelt sind. Hauptort ist Atuona auf dem Eiland Hiva Oa.

Mendaña und seine Leute dachten zunächst, die steilen Felsbastionen seien unbewohnt. Als sie jedoch dichter an die Südküste heransegelten, kam ihnen eine Flotte von Auslegerbooten mit etwa vierhundert Ruderern entgegen. Die Männer waren robust gebaut, ihr langes schwarzes Haar wehte offen im Wind. Sie hatten eine wesentlich hellere Haut als jene Eingeborene, die man auf den Salomonen angetroffen hatte. Aber ihre nackten Körper waren fast völlig mit blauen Mustern tätowiert.

Die Insulaner kletterten an Bord des Flaggschiffs »San Jeronimo« und sahen sich neugierig um. Als sie schon dreister die Proviantkisten durchsuchten, ließ der Admiral eine Flinte abfeuern, und sie sprangen Hals über Kopf ins Wasser. Die Spanier glaubten, sie müßten sich mehr Respekt verschaffen und begannen in den nächsten Wochen auf beinahe alles zu schießen, was sich bewegte, weil, wie Mendañas Bootsmann sich ausdrückte, »es nichts ausmacht, ob die Heiden schon heute zur Hölle geschickt werden, wo sie morgen ohnehin sein werden«.

Auf Santa Cristina, dem heutigen Tahuata, hängten sie am Eingang ihres Lagers mehrere Marquesaner auf, als Warnung für andere. Unzufrieden, weil es in diesem Paradies weder Gold und Silber noch Gewürze gab, errichteten sie drei große Kreuze, schnitzten ein Datum ins Holz und ließen über zweihundert ermordete Eingeborene zurück.

Jahrhundertelang verheimlichten die Spanier die Existenz dieser Inseln, um zu verhindern, daß sich England, ihr stärkster Konkurrent auf den Weltmeeren, hier festsetzte und, wie es ein Protokoll aus Madrid heuchlerisch formulierte, »großen Schaden im pazifischen Raum anrichtet«. Erst 1774 steuerte Cook den Archipel wieder an, und 1791 entdeckte der Amerikaner Ingraham zufällig die Nordgruppe, von der man bis dahin überhaupt nichts wußte. Damals schätzte man die hochentwickelte Bevölkerung der Marquesas auf 120000 Menschen. Später aber verschleppten skrupellose Banden aus Europa und Australien ganze Dörfer zur Sklavenarbeit auf den Plantagen der Übersee-Territorien.

Männliche Eingeborene wurden wie Vieh auf die Walfangschiffe verfrachtet und für den äußerst harten Dienst an den Winden eingesetzt. Im Jahr 1842 gab es nur noch 20000 Marquesaner. Den Rest besorgten Alkohol, Opium und von den Weißen eingeschleppte Krankheiten. 1926 war die Einwohnerzahl auf ganze 2000 geschrumpft. Von diesem regelrechten Völkermord, der in der übrigen Welt nie Schlagzeilen machte, haben sich die stolzen und freiheitsliebenden Polynesier auf den Marquesas bis heute nicht erholt, auch wenn jetzt wieder 6000 Menschen hier leben.

Wolkenfetzen segelten um die Türme von Ua Pou. Die verwitterte Vulkanruine verschwand hinter uns. Dann hatten wir Nuku Hiva erreicht, die größte Insel des Archipels. Sie ist

Porträt eines Häuptlings der Marquesas-Insel Tahuata aus dem 19. Jahrhundert. Das Tötowierungsmuster auf der Stirn ähnelt der Kurzschrift (F: D. Hofrath)

nicht so unheimlich wie ihre Nachbarin, aber beeindruckend genug. Auch hier steigen gewaltige Gebirgsmassen aus dem Meer.

Diese rauhen Eilande unterschieden sich stark von jenen, die wir bisher im Pazifik gesehen hatten. Ihnen fehlt das schützende Riff und damit auch die Lagune. Der Felssockel ragt fast senkrecht vom Boden des tiefen Ozeans auf, so daß die Korallentierchen nie in der Lage waren, einen Kalkwall zu bilden. Ungehindert brandet die See gegen die steilen Lavaklippen und hämmert schaumaufwühlend auf die unbeweglichen Hindernisse mitten in ihrem Element. In einem endlosen Rhythmus drückt die Flut in die wildzerfurchten Buchten. Die jäh abfallenden Wände lassen kaum Platz für fruchtbare Küstenebenen oder Strände. Am Nordrand von Nuku Hiva stoppen der 1185 Meter hohe Tokao und andere Berge den Westkurs der Passatwolken und zapfen den Regen aus ihnen ab, ehe sie weiterziehen. Deshalb ist der Ostteil dicht bewaldet, die westliche Hälfte dagegen gleicht einer Mondlandschaft, baumlos, eine nur mit Gras und Farn bedeckte Hochfläche. Auch auf den übrigen Inseln bilden die Gipfel solche Wetterscheiden und sorgen für völlig verschiedene Vegetationsformen.

Unsere Maschine rollt auf der frischgewalzten Piste aus und hält kurz vor dem hölzernen Empfangsgebäude, das wie ein luftiges Zelt wirkt. Der kräftige Wind zerzaust die Trikolore. Der Landweg zum Hauptort Taiohae würde mehrere Stunden dauern. Deshalb bringt uns ein uralter Bus mit der Aufschrift »Terre Deserte« (Öde Erde) vom Plateau zum Strand hinunter, wo eine Barkasse wartet.

Das Meer sah nicht gut aus. Vor einer schwarzen Wolkenwand, die sich am Horizont zusammengebraut hatte, rückte die Dünung kurz und steil mit weißen, phosphoreszierenden Schaumkronen heran. Trotz des starken Motors wurde das Boot wie von einer unsichtbaren Faust auf einer irrsinnig schiefen Ebene abwärts geschoben, um im nächsten Augenblick wieder steil emporgerissen zu werden. Man sah keine Wellenkonturen mehr und war deshalb nie auf die heimtückischen Brecher vorbereitet, die mit voller Wucht über die

Das Kamerateam des ZDF auf dem bedeutendsten Kultplatz der alten Polynesier, dem Marae Taputapuatea auf der Insel Raiatea.

Die felsige Steilküste von Nuku Hiva/Marquesas-Inseln. Ungehindert schäumt die Brandung gegen die Vulkanklippen.

Panorama bei Maro'e auf der Insel Huahine. Die Bucht, wo das Abenteuer ruft. Seit über 200 Jahren hat sich die Landschaft nicht verändert.

Dieser mächtige Tiki bewacht einen alten Kultplatz im Dschungel des Taipi-Tals auf Nuku Hiva/Marquesas.

Bordwand schlugen. Der Fahrer bemühte sich, genügend Abstand von den himmelhohen Basaltmauern zu halten, die links von uns drohten. Für einen Moment verschwanden sie hinter einem zischenden Wasservorhang und schienen dann, wenn das Boot hilflos auf der Kimm tanzte, über uns einzustürzen. Manchmal war das Donnern von Explosionen zu hören. Aber hier arbeitete nur das Meer. Die Flut drückte mit unvorstellbarer Gewalt unter die Felsüberhänge und preßte die Gischtmassen durch Löcher und Kanäle, die Wind und Erosion in Jahrhunderten gebildet hatten. Mit lautem Knall, als ob eine Sprengladung gezündet worden sei, schossen riesige Dampfstrahlen hoch, formten eine sprühende Wolke und regneten langsam wieder ab.

Es war ein gewaltiges Naturschauspiel, aber wir hatten Angst. Die Barkasse würde nicht sinken, sie konnte aber auf der schlingernden Berg- und Talbahn umschlagen, und dann gab es hier, vor der steilen Südküste Nuku Hivas, keine Rettung mehr. Niemand malte sich in einer solchen Lage das Ende näher aus, aber wir wußten, daß vor den Klippen der Marquesas die größten Menschenhaie der Welt patroullieren. Alle waren heilfroh, als das Boot in die ruhigere Bucht von Taiohae einfuhr, die wie ein Amphitheater ansteigt, als Bühne der kleine Hafen, wo wir endlich festmachten.

Im Dschungel der steinernen Monster

Noch immer sind sie ein Geheimtip, die Marquesas, wo unangepaßte Künstler wie Paul Gauguin und Jacques Brel ihr Grab fanden. Der Tourismus hat sich kaum entwickelt, nur Einhandsegler und abenteuernde Kreuzfahrer mit ihren hochseetüchtigen Yachten machen hier Station. Auf Nuku Hiva gibt es kein nobles Hotel, Unterkunft findet man bei den Einheimischen, die mit einer Handvoll Adressen den weiteren Aufenthalt organisieren.

Bei Monsieur Raymond Puhetini mieten wir uns am nächsten Morgen ein Motorboot mit einem erfahrenen Skipper. Wir wollen ins Land der *Tikis,* zur einsamen Bucht von Taipivai am Ende der Südküste. Die See ist diesmal erstaunlich glatt. Silberne Schwärme von fliegenden Fischen springen quer übers Boot, Manta-Rochen schnellen aus den Wogen und klatschen hart neben uns auf, ihre mächtigen Dreiecke begleiten uns noch eine ganze Weile dicht unter der Wasserfläche.

Der Strand von Taipivai empfängt uns mit schwarzem vulkanischen Sand, warmes Dschungelgrün überspannt die sanft ansteigenden Hänge. Zwischen Palmstämmen tauchen die ersten Hütten eines kleinen Dorfes auf. Der freundliche Bürgermeister gibt uns drei kräftige Männer mit, die den Weg zu den alten Kultplätzen der Marquesaner kennen. Wir gehen den Taipi-Fluß aufwärts und biegen dann ins menschenleere Hügelland ab, wo nur Wildpferde und Bergziegen leben. Riesige Stauden mit roten Fruchtbündeln säumen den schmalen Pfad. Es sind *Feis,* die seltenen Gebirgsbananen. In rohem Zustand ungenießbar, werden sie in der Asche geröstet und dann in kremweiße Soße aus geraspeltem Kokosnußkern getaucht. Ein köstliches Dessert!

Nach gut zwei Stunden hatten wir unser Ziel erreicht. 1957 war das Gelände zum letztenmal von Archäologen untersucht worden, vor einigen Monaten hatten es Reporter eines Wissenschaftsmagazins aus Japan stellenweise roden lasen. Doch bei dem tropischen Klima hier schießen die Bäume pro Jahr etwa zwei Meter hoch. Im verfilzten Dickicht war nichts zu erkennen.

Unsere Begleiter aus dem Dorf schlugen mit ihren Macheten auf das Unterholz ein und reinigten den Boden. Bald merkten wir, daß wir auf einer außergewöhnlich ebenen Fläche standen, die an zwei Seiten gleichmäßig in ein Waldtal abfiel. Es war eine künstliche Terrasse im Berghang, die man auf den ersten Blick kaum vom Mutterboden unterscheiden konnte. Archäologen haben geschätzt, daß etwa 9000 Kubikmeter Erde für diesen monumentalen Aufbau von 170 Meter Länge und 25 Meter Breite bewegt wurden. Wir hatten einen *tohua* wiedergefunden, den Begräbnis- und Versammlungsplatz der alten Marquesaner. Diese Plattformen wurden seit 1300 n. Chr. angelegt, oft mit Erdwällen und Palisaden geschützt, aber die waren längst verfallen. Der amerikanische Schriftsteller Herman Melville, Autor des weltberühmten Romans »Moby Dick«, hat im Jahr 1842 mehrere Monate lang auf Nuku Hiva gelebt und im Taipi-Tal einen Totenort noch mit eigenen Augen gesehen:

»Wie alle Bauwerke von einiger Bedeutung war das Grabmal des verstorbenen Kriegerhäuptlings auf einem kleinen steinernen *paepae* errichtet. Ein leichtes Dach aus gebleichten Palmettoblättern hing wie ein schwebender Baldachin darüber; denn erst wenn man sehr nahe herankam, sah man, daß es von vier schlanken, etwas über mannshohen Bambussäulen getragen wurde. Der Ort war heilig. Das Zeichen des unergründlichen Tabus war in Gestalt einer mystischen Rolle weißer *Tapa* sichtbar, die an einer gedrehten Bastschnur von der Spitze einer dünnen Stange hing. Die Heiligkeit des Ortes schien nie entweiht worden zu sein. Von welcher Seite aus man sich ihm auch näherte, immer erblickte man das Bildnis des toten Kriegers, wie er im Heck eines Kanus saß, das auf einem leichten Gestell ein paar Zoll über dem Boden stand. Das Kanu war ungefähr sieben Fuß lang, aus prächtigem, dunklem Holz hübsch geschnitzt und an vielen Stellen mit bunter *Tapa* besetzt, in die man glänzende Seemuscheln kunstvoll eingearbeitet hatte. Der Körper der Figur wurde völlig von einem schweren Mantel aus brauner *Tapa* verhüllt. Nur die Hände und den Kopf ließ der Umhang frei, der letztere war aus Holz schön geschnitzt und trug einen prächtigen Federschmuck. Der sanfte Wind, der in den geschützten Winkel drang, ließ die Federn keinen Augenblick zur Ruhe kommen; sie nickten und wehten unaufhörlich über der Stirn des Häuptlings. Durch die langen Palmettoblätter sah man den Krieger, wie er sein Paddel in beiden Händen hielt und ruderte und sich dabei vorwärtsbeugte und den Kopf neigte, als ob er es auf seiner Reise eilig hätte. Ein polierter Totenschädel krönte den Bug des Kanus und starrte ihn ewig an. Diese gespenstische Galionsfigur blickte, anders als gewöhnlich, nach rückwärts und schien über die ungeduldige Haltung des Kriegers zu spotten.«

Das Metall der Buschmesser klirrte gegen Stein. Schlag um

Schlag lichteten die Eingeborenen eine rechtwinklige Plattform, die zwei Meter hohe Mauern einfaßten. Das war der sogenannte *paepae,* das Fundament für die Häuser. Kein einziges steht mehr. Sie waren aus Holzbalken, Matten und Blattwerk errichtet. Neue Hütten baute man meist zu Ehren des erstgeborenen Sohnes.

Dabei wurde *Atanua* angerufen, die mythische Stammutter aller Marquesaner. Auch sie bekam eine eigene Wohnung, einen großen, luftigen, aber regenundurchlässigen Pavillon an geweihter Stätte. Recht extravagant waren die Tempel der Priester, bis zwanzig Meter hohe Türme in Obeliskenform, die besonders auf der Insel Hiva Oa emporragten und heute alle zerstört sind.

Unsere hilfreichen Freunde aus Taipivai knieten jetzt an den Ecken der Mauer und rissen Schlingpflanzen und Farne herunter, die den stummen Wächtern dort längst über den Kopf gewachsen waren. Die Abendsonne beleuchtete fast drei Meter hohe Figuren aus lockerem rötlichen Tuffstein, die an allen vier Kanten kauerten. Monster in Menschengestalt, die Hände vor dem fetten Bauch, glotzten mit runden Froschaugen über uns hinweg. *Tikis!* Wenn man ihren Kopf genauer betrachtete, erkannte man einen stark stilisierten Totenschädel mit großen leeren Augenhöhlen, einem platten Nasenstumpf und breiten Zahnreihen. Sie stellen verstorbene Häuptlinge oder Kriegshelden dar, keine Götter. Als Abwehrdämon und Schutzgeist eines Stammes hüten sie die heiligen Plätze. Wie lange schon? Thor Heyerdahl hatte Reste von Holzkohle unter den Sockeln gefunden, auf denen die Statuen ruhen. Er datierte sie mit der C-14-Methode auf 1500 n. Chr. Der Norweger lebte vor dem Krieg längere Zeit auf einer anderen Insel des Archipels, auf Fatu Hiva. Dort entdeckte er mit einem Eingeborenen einen geheimen Opferplatz, den vor ihm noch kein Weißer gesehen hatte. Eindrücklich schildert er sein Erlebnis:

»Bald kamen wir an einen Hang über einem kleinen Bach. Hier war der Wald lichter, da ein wahrhaft riesiger Baum gestürzt war, und alles, was ihm im Weg stand, mitgerissen hatte. Nackter Fels, wie zwei ungeheure Platten geformt, trat an der

Ein abgeschlagener Tiki-Kopf im Museum von Tahiti erinnert an die Vernichtung der alten Eingeborenenkultur durch europäische Missionare und Kolonialbeamte.

hochgewuchteten Wurzel des Baumes zutage, zum Teil von Kaffeesträuchern bedeckt. Tioti zeigte: Da, der Fisch! Da war er, über zwei Meter lang mit Kopf, Schwanz, Flossen, alles deutlich umrissen. Kein Fossil, sondern die erste Felszeichnung, die je auf Fatu Hiva entdeckt worden war. Die einzige dieser Art, die aus irgendeinem Teil Polynesiens bekannt war. Petroglyphen oder Umrißmeißelungen kleiner menschlicher Figuren waren von einigen anderen Inseln der Marquesas-Gruppe gemeldet worden, doch hier war ein Fisch, größer als ein Mensch und mit schüsselförmigen Vertiefungen und symbolischen Zeichen bedeckt. Die beherrschenden Zeichen waren Sonnensymbole, als Augen ausgemeißelt, in Form eines Punktes mit konzentrischen Ringen rundherum. Ich zog die Machete aus der Scheide und fing an, das umgebende Buschwerk wegzuschneiden. In gemeinsamer Mühe beseitigten wir große Wurzeln und dicke Grasschichten, und der zutage tretende Fels wurde mit Zweigen und Farnwedeln abgefegt. Tioti

James Cook bei einer Opferfeier auf Tahiti. Kupferstich nach einer Zeichnung, die während der dritten Reise (1776—1779) entstand.

wurde ernst und machte große Augen, wie sie die Petroglyphen selber hatten, als viele weitere Figuren unter dem schwarzen Boden zum Vorschein kamen. ›*Tiki*‹, flüsterte er feierlich, ›*menui tiki.* Götter, viele Götter!‹ Alte magische Masken mit ungeheuren Augen starrten wieder in das Licht des Tages. Hinter der Rückenflosse des Fisches war eine einäugige Gottheit, deren rechtes Auge in Form von großen konzentrischen Kreisen ausgemeißelt war. An anderen Stellen auf dem Felsen fanden sich vollständige menschliche Figuren mit abgewinkelten Beinen und Armen, eine Schildkröte, schwer zu beschreibende Symbole und etwas, was mich für Jahre vor ein Rätsel stellte: ein halbmondförmiges Schiff mit gewölbtem Boden, sehr hohem Bug und Heck, einem Doppelmast und Reihen von Rudern.«

Auf den Marquesas wimmelt es geradezu von historischen Kultstätten, gemeißelten Steinplatten und geweihten Höhlen, in denen sich grünfleckige Menschenschädel und lange Röhrenknochen stapeln. Makabre Erinnerungen an Opfer für die Götter oder an kannibalische Gelage, mit denen die oft verfeindeten Stämme in den isolierten Tälern einen Sieg feierten. Als Waffen benutzten sie verzierte Holzkeulen und Schleudern, die bei den Völkern Ostasiens unbekannt, dafür aber erstaunlicherweise im alten Peru stark verbreitet waren. Die Insulaner schützten ihre Wohngebiete mit Beobachtungstürmen, massiven Festungen und von Erdwällen umgebenen Fluchtplätzen, wo sie in Kriegszeiten Frauen und Kinder unterbrachten. Solche uneinnehmbaren Schlupfwinkel verbargen sich hinter einer starken Brustwehr mit einem winzigen Zugang und konnten nur von europäischer Artillerie zerstört werden. Sie enthielten Löcher für Trinkwaser und tiefe Gruben, in denen die Evakuierten ihre Hauptnahrung *poipoi* aufbewahrten. Das war ein durchgekneteter und fermentierter Teig aus Brotfrüchten, der zwar entsetzlich roch, zwischen Palmblättern gelagert aber monatelang haltbar blieb.

Die Reste dieser militärischen Anlagen dämmern im undurchdringlichen Dschungel dahin. Schlägt man sich mühsam einen Weg durch die Wälder, so stößt man immer wieder auf gewaltige wurzelumspannte Steinterrassen. Unbekannte Handwerker haben sie ohne Mörtel aus tonnenschweren, völlig glatten Blöcken zusammengefügt, die keine Meißelspuren zeigen. Man transportierte das Baumaterial mit einem äußerst einfachen Tragegestell. Es bestand aus etwa fünf bis sieben Stangen, die kreisförmig übereinander angeordnet und in der Mitte mit Faserseilen fest verschnürt waren. Die langen Enden dieser Taue waren nach unten zu einem großen »Einkaufsnetz« verknotet, in das der Stein hineinkam. Mehrere Männer hievten dann die Last an den Stangen auf ihre Schultern (vgl. Abbildung).

Die verwitterten Stufenterrassen warten bis heute darauf, freigelegt zu werden. Der ganze Archipel ist eine einmalige archäologische Fundgrube. Aber seitdem der Deutsche Karl von den Steinen 1894—1897, die amerikanischen Ethnologen E. S. Craighill Handy und Ralph Linton in den zwanziger Jahren und Thor Heyerdahl 1956 einige Orte gründlich untersucht hatten, ist die wissenschaftliche Forschung hier fast zum

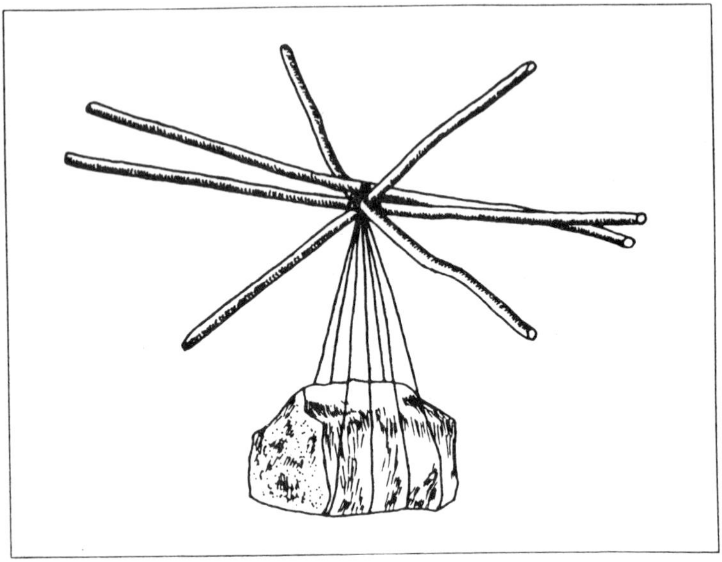

Tragegestell der Marquesaner

Stillstand gekommen. Ausgrabungen werden höchst selten gemacht. Nur auf Hiva Oa reinigt man die knapp vier Meter hohen Steinriesen im felsumgürteten Puamau-Tal ab und zu von der gierig schlingenden Vegetation, um den wenigen Besuchern, die sich hierher verirren, einen Eindruck von der großartigen Kultur der Marquesaner zu vermitteln.

Dabei taucht stets dieselbe Frage auf: Wer hat diese roten Kolosse aufgestellt und wie? Angeblich standen sie bereits da, als die ersten Polynesier, die Vorfahren der heutigen Inselbewohner, ins Land kamen. Demnach hätte ein anderes Volk sie geschaffen. Archäologen konnten aber, wieder mit Hilfe der Radiokarbon-Methode, ihre Entstehungszeit auf etwa 1300 n. Chr. datieren. Die frühesten Siedlungsspuren auf den Inseln reichen bis 400 n. Chr. zurück. Zeugnisse einer fremden Rasse waren die Giganten von Puamau also nicht.

Diese *Tikis* — die größten, die es in Französisch-Polynesien gibt — verkörperten Götter *und* Menschen zugleich. Nach einem Mythos der Marquesaner galt *Tiki* als Schöpfer der Erde und des Weibes. Seinen Namen trug aber auch jener mächtige König, der die Ahnen einst übers Meer in die neue Heimat geführt hatte. Offenbar leiteten die ersten Herrscher des Volkes Rang und Titel direkt vom Herrn des Himmels ab, genau wie die vergöttlichten Sonnenkönige in Ägypten, Mexico und Peru. Als die Völkerkundler Karl von den Steinen und Craighill Handy alte Überlieferungen auf den Inseln sammelten und nach der Herkunft der Vorfahren fragten, erhielten sie von den Eingeborenen immer die gleiche Auskunft: Sie seien aus dem Land der aufgehenden Sonne gekommen, aus *Fiti-Nui,* dem »Großen Osten«.

Diese Angabe unterschied sich völlig von den Ursprungssagen der übrigen Polynesier, wo die verschollene Wiege *Hawaiki* im fernen Westen stand. Waren die Marquesas demnach aus einer ganz anderen Richtung besiedelt worden? Östlich von ihnen wogt nur noch der Ozean, weit und breit keine Insel, bis dann nach fast 4000 Kilometer eine riesige Küste erscheint: Südamerika. Thor Heyerdahl versuchte jahrelang zu beweisen, daß die Bewohner der Marquesas von dort einwanderten und indianischer Abstammung waren. Trotz des aufsehenerregenden Experiments mit dem Balsa-Floß »Kon-Tiki« blieb seine Theorie bis heute äußerst umstritten. Immerhin, auf dem »X. Pacific Science Congress« (Wissenschaftlicher Pazifik-Kongreß) 1961 in Honolulu billigte die Versammlung auf Vorschlag der archäologischen Fachgruppe einmütig eine Resolution, die Heyerdahls Ansichten über die Wanderung im Stillen Ozean mit folgender Feststellung stützte: »Südostasien und die ihm vorgelagerte Inselwelt bilden ein Hauptherkunftsgebiet für die Völker und Kulturen der pazifischen Inseln, Südamerika ein zweites.«

Doch die etablierte Wissenschaft geht nach wie vor von einer Kolonisation in West-Ost-Richtung aus, die den ganzen pazifischen Raum erfaßte. Nachdenklich macht allerdings, daß sich die eindrucksvollsten Bildhauerarbeiten nicht im westlichen Pazifik oder in Zentralpolynesien befinden, sondern auf Inseln, die Südamerika unmittelbar gegenüberliegen, wie den Marquesas, Raivavae in der Austral-Gruppe, Pitcairn und, als absolutem Höhepunkt, auf der Osterinsel. Diese stummen Götzen bestehen aus Stein, dem gleichen Material, das die präkolumbischen Stämme Mittel- und Südamerikas für ihre monumentalen Figuren benutzten, und sie zeigen oft auffallende Ähnlichkeit mit ihnen. Aber das ist wieder ein neues Gebiet und eine andere Geschichte.

Wenn Thor Heyerdahl die Fachwelt und seine Kritiker auch nicht restlos überzeugen konnte, so hat er doch nachgewiesen, daß der Ozean kein Hindernis für häufige Kontakte und kulturellen Austausch zwischen verschiedenen Völkern bildet. Er hat auf geheimnisvolle Übereinstimmungen auf zahlreichen einsamen Landflecken inmitten der riesigen See aufmerksam gemacht und eine uralte Erfahrung bestätigt: Ob das Atlantis der Griechen, das sturmumtoste Thule am Nordrand der Welt, ob die »Inseln der Seligen«, Marquesas oder Osterinsel — die Mythen der Menschheit sind schon immer an *Inseln* vor Anker gegangen, dort, wo noch heute unsere Träume landen.

Sie brauchten keine »Weißen Götter«

»Die erste Miß Amerika«

Wir haben uns einiges vorgenommen, das Kamerateam und ich. Wir wollen mit unserem Film beweisen, daß indianische Kultur mehr als 5000 Jahre alt ist und sich selbständig entwikkelt hat. Das ist in knappen 45 Minuten Sendezeit gar nicht so einfach. Man schaue nur, wie dick die Bücher sind, die davon erzählen, daß die Zivilisation in Alt-Amerika entweder mit »Götter-Astronauten« vom Himmel gefallen oder mit legendären Booten von Übersee gekommen ist.

Unsere Expedition beginnt mit Hindernissen. Hoch über dem Atlantik, auf dem Flug von Frankfurt nach Ekuador, verliert unsere DC 10 ihre Ladeklappe und muß umkehren. Unser Trost: Sie hätte mehr verlieren können. Einen Tag später geht die nächste Maschine nach Südamerika, und dort setzen wir dann in zehn aufregenden Wochen das Mosaik zusammen, das nach Meinung angesehener Archäologen heute ein neues Bild von Alt-Amerika zeigt.

Die ersten »Mosaiksteine« sind in dem winzigen Ort Valdivia an der Pazifikküste Ekuadors gefunden worden. Das wichtigste davon ist kaum größer als ein Daumen. Es wurde während der fünfziger Jahre von Emilio Estrada entdeckt und hatte schnell seinen Namen weg: »Venus von Valdivia«. Die »Venus« hat eine hübsche Figur, trägt eine wohlgescheitelte Haarmähne und ist aus feinem Ton. Unter den Archäologen ist Alter sehr gefragt und in dieser Hinsicht kommen sie bei der Dame voll auf ihre Kosten: Sie ist die bisher älteste Keramikfigur Amerikas! Noch ehe wir nach Südamerika geflogen sind, haben wir uns davon überzeugt; denn gerade ihr Alter macht die »Venus von Valdivia« zur Schlüsselfigur bei der Suche nach dem Ursprung indianischer Zivilisation. Deshalb hat das Abenteuer unserer Reise in die Vergangenheit eigentlich bereits im Labor des Fritz-Rathgen-Instituts in Berlin begonnen.

Ein solches Abenteuer ist heute mit Hilfe einer Atomuhr und eines sachkundigen »Reiseleiters« möglich. In ihrem Institut verfügen die Berliner Museen über das kostspielige Gerät und in Joseph Riederer über den Fachmann. Mit der kleinen Valdivia-Figur, die ich bei einem vorbereitenden Besuch in Ekuador aus einer wissenschaftlichen Sammlung ausleihen durfte, haben wir das Labor besucht. Es ist in wenigen Zimmern eines alten Etagenhauses in der Potsdamer Straße untergebracht, und im bescheidensten Raum steht ein Gerät, dem man auf den ersten Blick seine Bedeutung nicht ansieht. Es repräsentiert das komplizierte Verfahren, das man Thermolumineszenz-Analyse nennt. Der Zungenbrecher sagt eigentlich genauso wenig über das Vorgehen aus wie der Begriff Atomuhr. Was geschieht?

Zunächst bohrt Joseph Riederer ein paar Milligramm vom Keramikleib der »Venus« direkt auf eine Scheibe, die nur so groß wie ein Zündplättchen ist.

»Diese winzigen Keramikstäubchen«, erläutert der Wissenschaftler, »genügen schon für die Messung des Alters.« Die Messung gilt dem Umfang des Schadens, den das Einwirken einer radioaktiven Bodenstrahlung auf die Keramik vom Augenblick des Brandes bis in unsere Zeit angerichtet hat. Man muß wissen, daß sich Spuren radioaktiven Materials in jeder Tonmenge befinden. Sie verändern die Struktur der Kristalle, nachdem sich sogenannte Alphateilchen an ihren Unregelmäßigkeiten »gefangen« haben.

Ekuador — ein Land archäologischer Verheißung! Hier hat unsere Filmexpedition die Entdeckung und die Fortschritte der ältesten Zivilisation Amerikas dokumentiert. Ein neues Kapitel der Archäologie-Geschichte ist mit den Ortsnamen Valdivia, Machalilla und Chorrera verbunden, weil dort die ersten Figuren und Gefäße gefunden worden sind, die für die gleichnamigen indianischen Kulturen in Ekuador charakteristisch sind. ▷

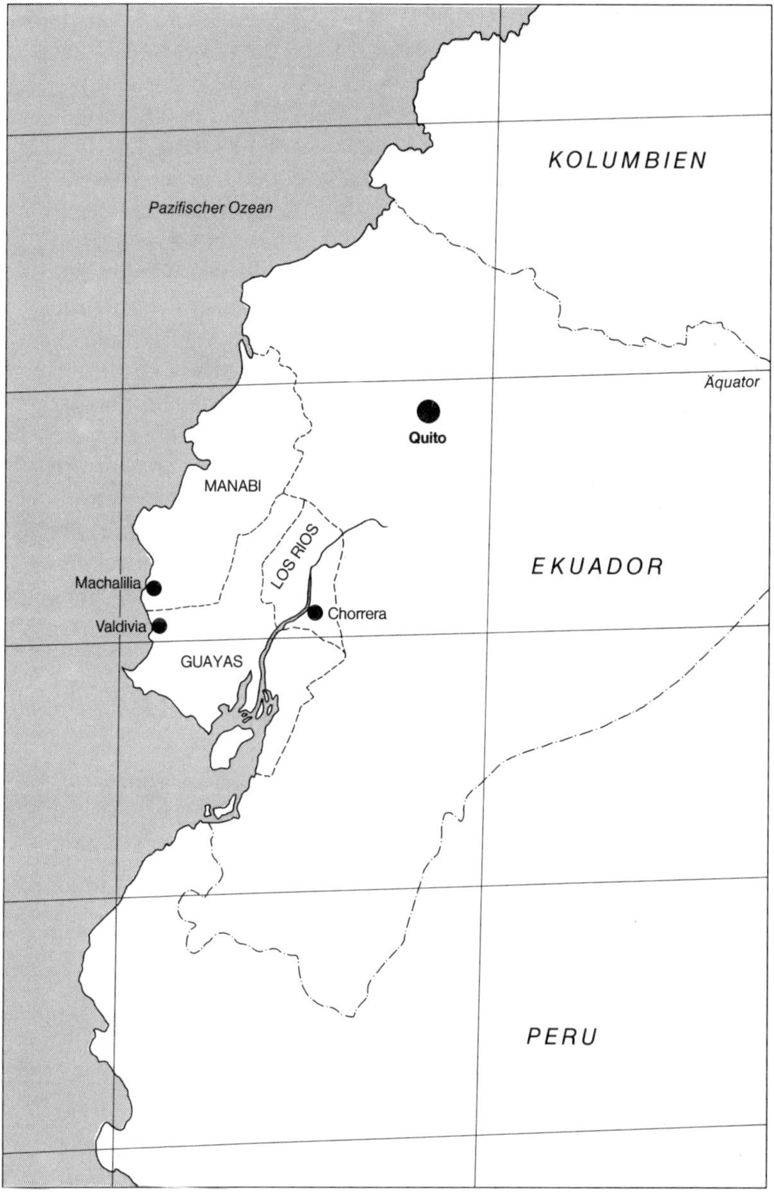
KOLUMBIEN
Pazifischer Ozean
Äquator
Quito
MANABI
LOS RIOS
EKUADOR
Machalilia
Chorrera
Valdivia
GUAYAS
PERU

Riederer nimmt nun das Probenblättchen mit der Pinzette auf und legt es auf die Heizplatte des Meßgerätes. Er setzt einen Zylinder darauf, pumpt die Luft aus dem Hohlraum und schaltet die Heizung ein. In wenigen Sekunden ist die Temperatur von 500 Grad Celsius erreicht. Mehrmaliges heftiges Aufglühen zeigt die Befreiung der Alphateilchen an. Das Leuchten stammt von der Energie, die dabei abgegeben wird. Sie setzt einen Schreiber in Bewegung, der auf Millimeterpapier eine Kurve zeichnet, deren Bogen von der Dosis der in den Jahrhunderten angesammelten radioaktiven Menge bestimmt wird. Je mehr Zeit vergangen ist, desto größer ist die Lichtmenge und desto länger folglich die Kurve des Schreibers. Andere Faktoren, die der Fachmann zuvor ermitteln und berücksichtigen muß, sind die Strahlungsstärke, der die Keramik in einer bestimmten Zeit ausgesetzt war, und die Anzahl der Störungen in ihrer Kristallstruktur. Für unsere Messung hat Joseph Riederer das Blatt Millimeterpapier anschaulicher gemacht und Meßlinien darauf eingezeichnet, die die Kurve schneiden soll. Mit Verblüffung sehen wir dann, wie der Schreiber die Markierungen »minus 500 Jahre«, »minus 1000 Jahre«, »minus 1500 Jahre« hinter sich läßt und erst bei »minus 2000 Jahre« stehenbleibt. Das Alter der kleinen Venus beträgt also fast 4000 Jahre. Doch die Zivilisation, die sie geschaffen hat, ist noch älter.

Szenenwechsel. Das Land Ekuador, in dem wir ein paar Tage nach der eindrucksvllen Demonstration im Labor die Spur der ältesten Indianer-Zivilisation aufnehmen, ist mit 283 561 Quadratkilometern 34 960 Quadratkilometer größer als die Bundesrepublik Deutschland. Seine Hauptstadt Quito, in einem äquatornahen Hochtal der Zentralanden zwischen den Vulkanen Pichincha und Cotopaxi gelegen, berührt mit ihren Dächern die Wolken. Vulkanische Eisgipfel, Amazonas-Regenwald und eine dürre Meeresküste formen in Ekuador eine Welt der Kontraste. Wo sonst auf der Erde sind so verschiedene Klimalandschaften so eng zusammengerückt? Das Land am Äquator hat große Naturforscher wie La Condamine, von Humboldt und Bonpland angezogen. Doch als ein Schauplatz für archäologische Forschung blieb der kleine

Anden-Staat im Nordwesten Südamerikas bis in unsere Zeit im Schatten von Mexiko und Peru, wo die versunkenen Reiche der Maya, der Azteken und der Inka das ganze Interesse auf sich gezogen haben.

Weil man heute in Ekuador eine so weite Reise in die Vergangenheit unternehmen kann, erwacht das Interesse der Archäologen an seinen verschollenen Kulturen mehr und mehr. Verschollene Kulturen? Gewiß, denn jene Zivilisation, die vor über 5000 Jahren die »erste Miß Amerika« modelliert hat, wie ein Ausgräber scherzhaft die kleine Valdivia-Figur nannte, stand nur ganz am Anfang der Entwicklung. Nach ihr erblühten andere Kulturen und gelangten zu großem Einfluß auf die Nachbarvölker. Ihr Ende durch Kriege und Seuchen ist eine der großen Tragödien der Menschheit.

Zu den wunderbaren Leistungen der Alt-Ekuadorianer gehört zum Beispiel eine Goldmaske in der Größe eines Gesichts mit verblüffend lebensechten Zügen. Sie ist in einem Fluß gefunden worden und stammt aus der Zeit um 500 vor Christus. Wir bewundern sie am Tag nach unserer Ankunft in Quito im Museum der Banco Central. Den Ekuadorianern bedeutet sie ungefähr so viel wie den Ägyptern die Goldmaske des Pharaos Tutanch-amun. Nur erscheint uns die indianische Maske noch rätselhafter als das Werk der ägyptischen Goldschmiede. Die Augen in dieser Maske sind nämlich aus Platin: Es ist das erste Platin, das je von Menschenhand bearbeitet worden ist.

Museumsdirektor Hernán Crespo Toral stellt für uns einen verborgenen Ventilator an, der die Augen der Maske anfächelt, so daß sie sich bewegen und mit ihrem bleichen matten Glanz unheimlich zu funkeln beginnen. Das Schauspiel lenkt unsere Aufmerksamkeit auf die Frage: Wie ist es den alten Indianern schon 2500 Jahre vor den Europäern gelungen, Gold mit Platin zu verbinden? Das helle Metall schmilzt erst bei 1775 Grad Celsius. Einige Antworten auf diese Frage gibt es schon. Wir werden sie später beim Besuch einer Werkstatt erfahren, die die alten Techniken indianischer Metallarbeit wiederbelebt hat.

Die Keramik und die Goldschätze im Museum machen uns

nur noch mehr gespannt auf die Begegnung mit den Landschaften und Grabungsstätten, wo all das ans Licht gebracht worden ist. Die wichtigsten Schauplätze liegen an der Küste Ekuadors. Bevor unsere Reise zur Küste erfolgen kann, müssen wir in Quito noch einige Behördenhürden nehmen.

Quito, Residenz ekuadorianischer Fürsten, Sitz des Inka-Gottkaisers Atahualpa, Ausgangspunkt des amazonischen Entdeckungsabenteuers von Francisco de Orellana und Hauptstadt der Republik Ekuador, hat sich seit meinem letzten längeren Aufenthalt im Jahre 1975 verändert. Der alte Kern der Stadt, in dem die meisten Regierungsstellen zu finden sind, hat eine frische Schale erhalten. Er hat den typischen Charakter so mancher von den Spaniern übernommenen oder gegründeten Städte Südamerikas. Victor W. von Hagen, einer der großen Kenner der Neuen Welt, hat diesen Stadtcharakter anschaulich geschildert; was für seine Beschreibung der Hafenstadt Cartagena in Kolumbien gilt, trifft auch für Quito zu:

»Stein- und Ziegelphalanxen führten meist auf freie Plazas hinaus, die sich mit ihren grünen Anlagen inmitten der niederen ... Häuser wie Oasen ausnahmen.« Und jetzt kommt das Verbindliche: »Um die größten dieser Plazas gruppierten sich die Wahrzeichen des Weltreiches: die Kathedrale, das Cabildo (Bürgermeisteramt), die Kasernen der Armee und das Tribunal de la Fé, der Sitz der Inquisition. Die solide, strenge und aufs Praktische bedachte Architektur war genau durch die Indiengesetze vorgeschrieben wie die städtischen Einrichtungen. Diese Gesetze bestimmten mit unglaublicher Genauigkeit die Formen, die bei der Gründung einer Stadt eingehalten werden mußten. In den britischen Kolonien gediehen die Städte den Bedürfnissen aller Landeseinwohner zu Nutz und Frommen, in den spanischen Kolonien mußte die Bevölkerung des Landes den Bedürfnissen der Städte dienen.«

Auch Quitos Herz ist die zentrale Plaza. Dieses Geviert mit der baumbeschatteten Oase in der Mitte ist vom Präsidentenpalast, der Kathedrale und der Stadtverwaltung gesäumt. Diese Ordnung stammt noch aus der Zeit Philipps II., der San Francisco de Quito 1563 in den Rang einer Audiencia erhob.

In Quito heißt die Plaza La Independencia. Die Straßen, die zu ihr hinführen, sind in dieser 2850 Meter hoch gelegenen Stadt indessen nicht so breit wie in dem von Pizarro neugegründeten Lima in Peru, sondern folgen den alten, von den Indianern erbauten Häuserzeilen, deren Verlauf bis heute durch das typische Inka-Mauerwerk erkennbar ist – ohne Mörtel aus kunstvoll bearbeiteten Natursteinen so gesetzt, daß nicht einmal eine Rasierklinge in die Fugen passen will.

Die Bürgerhäuser der Altstadt glänzen nicht durch Fassadenkunst, sondern entfalten ihre Reize nach innen. Wohlstand in Quito hat sich stets hinter schweren Türen verborgen gehalten. Doch heute dürfen wir manche der kühlen Innenhöfe mit ihren Galeriegängen, Springbrunnen und Oasen besichtigen, weil man sie für Besucher geöffnet hat.

Scheinwerfer, die wirkungsvoll auf die Dächer montiert worden sind, setzen am Abend alle baulichen Reize in Szene. Bis zum späten Abend dauert es auch, bevor ich alle meine Gänge erledigt habe. Im Verteidigungsministerium habe ich sogar Colonels von drei Waffengattungen die Hände geschüttelt und die Erlaubnis für die geplanten Überflüge draußen in der Provinz erhalten. Nur über die Forderung von 850 Dollar pro Hubschrauberstunde haben wir uns nicht einigen können. Ich verdächtige die Herren insgeheim, sie wollten ihren Verteidigungshaushalt auf ZDF-Kosten sanieren.

Von früheren Expeditionen in Ekuador her kenne ich einen sehr tüchtigen deutschen Piloten, der bei der privaten Fluggesellschaft »Atessa« eine alte »Noratlas« fliegt, die es für unsere Zwecke vielleicht auch tun würde. Ihn gewinne ich zu annehmbaren Bedingungen für die notwendigen Luftaufnahmen.

An unserem zweiten Tag in Quito suche ich den Engländer Presley Norton. Unter den Archäologen spielt er eine besondere Rolle für unser Thema, denn er hat durch jahrelanges Graben, Sammeln, Kaufen und gewissenhaftes Dokumentieren einen Hauptbeitrag zu den Erkenntnissen über die Bedeutung Ekuadors für das alte Amerika geleistet. Während nämlich die Mehrzahl der Museen und privaten Sammler unter den zufälligen Funden der Schatzgräber vor allem erworben haben, was man als »Präkolumbische Kunst« vorzeigen kann, hat Presley Norton auch auf wenig Spektakuläres geachtet, auf Mahlsteine für Mais, auf Werkzeuge, auf Jagd- und Fanggerät — kurz, auf all die materiellen Grundlagen, die als Voraussetzung für eine kulturelle Entwicklung gelten. Und Norton ist als Ausgräber den Dingen auf den Grund gegangen. Das Ergebnis solcher Bemühungen ist die bisher wissenschaftlich am besten dokumentierte Sammlung der frühen Kulturen Ekuadors. Sie hat dann schon Anfang der siebziger Jahre die hochangesehenen amerikanischen Archäologen Donald Collier und Donald W. Lathrap in jene schöpferische Aufregung versetzt, die notwendig ist, um Anstöße zu neuen Grabungskampagnen, Datierungstests und Stilanalysen zu geben.

Die Hoffnungen, die mit all diesen Arbeiten verbunden waren, haben sich erfüllt: Die älteste Stadt Amerikas ist gefunden worden, das früheste Boot, der älteste Tempel; uralte Zeugnisse des Maisanbaus hat man entdeckt und die frühesten Keramikfiguren. Der Traum von einem wissenschaftlichen Meilenstein ist Wirklichkeit geworden. Wie gesagt, Presley Norton ist einer der Männer, mit denen alles angefangen hat.

Er ist aber auch ein Mann, der kaum Briefe beantwortet und schwer erreichbar ist, weil er immer wieder »im Busch« untertaucht. Von gemeinsamen Freunden in Quito erfahre ich, daß Presley an der Küste sei, wo er eine Grabung mit internationaler Beteiligung betreue. Das trifft sich gut.

Das »Körnchen Wahrheit«

Drei Tage später sind wir von der Hafenstadt Guayaquil, die heute ein Handelszentrum ist, unterwegs zur Halbinsel Santa Elena, in alter Zeit ebenfalls der Mittelpunkt von Handel und Wandel — Presley Norton begleitet uns. Wuchtig wie Orson Welles sitzt er im Fond unseres gemieteten Busses und unterhält die ganze Gesellschaft mit Anekdoten. Der glückliche Zufall hat es gewollt, daß er im Museum der »Banco del Pacifico« in Guayaquil auf einen jungen Kollegen aus England warten mußte. Jetzt fahren beide mit uns zur Küste.

Nur etwa 150 Kilometer beträgt die Entfernung zwischen Guayaquil und Salinas an der Spitze der Halbinsel Santa Elena. Doch das Klima weist ganz ungewöhnliche Unterschiede auf. Im Golf von Guayaquil ist es feuchtheiß. Die Landschaft im Mündungsgebiet der großen Flüsse Babahoyo, Daule und Guayas ist jahreszeitlich bedingt überschwemmt und von Hyazinthen-Teppichen bedeckt, den charakteristischen Pflanzen der Flußniederungen.

Die Landzunge aber ist — wie ein großer Teil der Küste Südwest-Ekuadors — versteppt. Trotz der verblüffenden Grabungsergebnisse fällt es angesichts der dürren Landschaft schwer, sich hier blühende Gemeinschaften in ferner Vergangenheit vorzustellen. Nur vereinzelt stehen in dieser Trockensteppe noch kleine Haine mit wilden Palo-Santo- und Baumwollbäumen. Säulenkakteen, Agaven und nackte Sandhügel beherrschen die Szene. Nur ab Februar, wenn es regnet, überziehen Windengewächse die Hügel mit einem rosafarbenen, undurchdringlichen Geflecht. Dann treiben auch die jetzt wie tot wirkenden Bäume neue Blätter; während der Trockenzeit haben sie ihr Laub wie Ballast abgeworfen.

Der ortskundige Presley Norton, dem ich meine Zweifel darüber mitteile, ob dieses Land vor Jahrtausenden gastlicher gewesen sei als heute, vermutet, ganz Südwest-Ekuador habe früher dem fruchtbareren Norden geglichen: »Am Meer, wo die heute so winzigen Flüsse Rio Hondu, Grande oder Valdivia einmünden, war das Gebiet von ausgedehnten Mangrovenwäldern bedeckt.«

»Aber was«, fragt der ökologisch immer interessierte Kameramann Klaus Noack, »hat die Landschaft denn so verändert?«

»Dem zunehmenden Bedarf neuer Siedler, die Bauholz und Holzkohle brauchten, sind die Wälder zum Opfer gefallen. Noch zu Beginn dieses Jahrhunderts bedeckten große Buschwälder das Land an der Küste. Wir können annehmen, daß vor 5000 Jahren gute Voraussetzungen für die Genesis der ersten amerikanischen Zivilisation bestanden haben. Wäre das Land so trocken gewesen wie zum Beispiel an der Küste von Peru, hätten wir hier wie dort Textilien finden müssen. Sie sind fast alle im feuchten Boden vergangen.«

Wir bleiben nur eine Nacht in dem feudalen Badeort Salinas, dessen Promenade vor der Hochhauskette entlang der Bucht die Einheimischen zur Zeit für sich haben. Ein paar Franzosen, die sich täglich an den Schwertfischen vergreifen, sind mit uns die einzigen Gäste hier. Wir treffen einen der »Fischjäger« am Strand. Er posiert unter einer Waage, an deren Fleischerhaken kopfunter »sein« Fisch hängt, ein herrlich gezeichneter, blauer Marlin von 300 Pfund Gewicht. Der »Sportfischer« läßt sich von seinen Kameraden feiern, die den Nachweis seiner Großtat mit der Kamera festhalten.

Ich werde es Ernest Hemingway nicht verzeihen, daß er durch seine aufregenden Geschichten über die Jagd auf den Riesenfisch Scharen renommiersüchtiger und ehrgeiziger »Sportfischer« an die Küsten gelockt hat, wo sie auf Kosten der Schwertfische Profit gewinnen wollen. Der Profit durch die Touristen wäre den Berufsfischern schon zu gönnen, aber leider korrigieren sie das Fangglück der unerfahrenen und muskelschwachen Städter, indem sie ihnen beim harten Drill buchstäblich unter die Arme greifen.

Die Straße nach Valdivia ist gut ausgebaut. Sie folgt dem offenen Bogen einer weiten Meeresbucht. Gegen acht Uhr früh haben wir schon etwa zwei Drittel der 75 Kilometer langen Strecke nach Valdivia zurückgelegt und kommen noch zur rechten Zeit, um zu sehen, wie bei San Pedro die Ernte der »Meeresfrüchte« verarbeitet wird. Sie fällt üppig aus; denn der Humboldt-Strom führt aus der Antarktis reichlich Plankton heran. Plankton bildet den Anfang einer langen Nahrungskette, an deren Ende der Mensch seinen Nutzen hat. Eine Stunde später hätten wir nur noch den Fischgestank über einer langen Reihe leerer Tische geschnuppert, auf denen jetzt Tausende von Makrelen ausgenommen und auf die Lastwagen geschaufelt werden. Die Autos rasen zur nahen Fischfabrik, ehe die Sonne höher steht.

Die meisten Fischerfamilien stammen aus dem Ort San Pedro, der mit Valdivia eng benachbart ist. Presley kennt viele

Das erste Ziel unserer Expedition ist der kleine Fischerort Valdivia an der Küste Ekuadors. Hier haben Schatzgräber und Wissenschaftler die bisher älteste Zivilisation Amerikas entdeckt.

Familien in beiden Orten von seinen früheren Grabungsarbeiten in der Umgebung, und schon damals ist ihm eine merkwürdige Verhaltensweise aufgefallen: »Es gab«, erzählt er, »kaum Heiraten zwischen den Töchtern und Söhnen von San Pedro einerseits und Valdivia andererseits, obwohl die Orte ineinander übergehen. Die Leute von San Pedro sind hauptsächlich Fischer, und die Leute von Valdivia Pflanzer. Einer scheint auf den Beruf des anderen hinabzusehen, obwohl doch einer die Ware des anderen braucht. Die Trennung gilt schon, solange die Einwohner denken können.«

In vorgeschichtlicher Zeit freilich kann sie kaum eine Rolle gespielt haben; denn die ersten Ackerbau-Gesellschaften ernteten sicher noch so wenig Mais, daß die Bauern auch Fischer bleiben mußten. Sie dürften sogar Überschuß an Fisch und Muscheln in Dörfer des Binnenlandes gebracht haben, um ihn gegen Ackerbauprodukte einzutauschen: »Im gesamten Gebiet der Küstendörfer sind die Schichten voll von den Schalen der Muscheln, die zwischen den Stelzwurzeln der Bäume in den Mangrovensümpfen gesammelt worden sind; Barsche und Welse hat man mit einem Haken gefangen, der kunstvoll aus der Schale der Perlmuschel herausgearbeitet wurde. Auch Senksteine für Netze haben wir ausgegraben«, erzählt Presley Norton.

Bei meinem ersten Besuch vor einigen Jahren habe ich an der Küste den Mann angetroffen, der zu unseren Kenntnissen über die Entstehung der bisher ältesten indianischen Zivilisation einen aufregenden, aber auch etwas umstrittenen Beitrag geleistet hat. Das war der inzwischen verstorbene Deutsche Richard Zeller. Er zeigte mir das Foto eines Tongefäßes in der Gestalt eines etwas zu kurz geratenen Kanus. Die Keramik hatte er den amerikanischen Archäologen Collier und Lathrap zur Untersuchung überlassen.

Ich spreche Presley Norton, der die Bootsdarstellung gut kennt, jetzt auf das Ergebnis der Analyse an. Zellers Boot, weiß er, sei immer noch das einzige Zeugnis für die indianische Küstenseefahrt vor über 4000 Jahren. Er könne nicht sagen, wie Richard Zeller, der Sammler und Freizeit-Ausgräber, an diese Valdivia-Keramik gekommen sei: »Das Stück besteht aber aus zerbrochenen Teilen, die vielleicht nicht ganz sachgemäß restauriert worden sind.«

Die Kritik bemängelt, daß ein seetüchtiges Boot nicht so kurz sein dürfe. »Andererseits«, gibt Norton zu bedenken, »Wissen wir nicht, wie weit das Gefäß die Form eines Bootes stilisiert wiedergibt. Unumstritten ist aber, daß die Keramik zur Valdivia-Kultur gehört.«

Wir erreichen den Ort San Pedro, über den kaum mehr zu sagen ist, als daß die erfolgreicheren Einwohner hier halbfertige Häuser aus Ziegelsteinen besitzen, die sie mit der Zeit Lage um Lage erhöhen. Die Mehrzahl der Bewohner aber baut ihr Heim mit luftgetrockneten Lehmziegeln oder lehmverschmiertem Strohgeflecht. In der Nähe des Pazifik-Ufers ruhen die Häuser auf hohem Pfahlwerk. Unter dem Haus werden Hausrat, Fanggerät und allerlei Sperriges gelagert. Daneben wirft man dann Abfälle und Unrat aus Küche und Toilette.

Unter einem der Häuser am Ortsausgang in Richtung Valdivia finden wir ein Boot, das Richard Zellers Keramikschiffchen zumindest ähnlich sieht. Wie ein Fossil wirkt es angesichts der modernen dieselbetriebenen Fangflotte, die draußen vor der Brandung auf den Wellen schaukelt. Ähnlich wie beim Holk des europäischen Mittelalters wurde auch für dieses etwa acht Meter lange Fangboot ein stattlicher Baumstamm ausgehöhlt. Dieser Einbaum wäre aber schnell eine Beute der Wellen geworden, hätte der Schiffsbauer nicht mit zwei Plankengängen mehr Freibord geschaffen. Auch diese Eigenschaft macht das Boot mit dem Holk vergleichbar. Es beweist, daß unabhängig voneinander dieselbe Lösung für die Überwindung der Brandung und der hohen Meereswellen ersonnen worden sind. Die Bautradition dieses alten Bootes reicht weit in die vorspanische Zeit zurück, vielleicht sogar in die frühen Tage von Valdivia: »Man müßte es für das Museum retten, dessen Treuhänder Sie doch sind«, schlage ich Presley Norton vor. »Sein Besitzer kennt den Wert«, erwidert der, »und erhebt viel zu hohe Forderungen.«

Valdivia. Sobald wir aus der Kurve kommen, blicken wir auf die Dächer des winzigen Städtchens. Mein Herz schlägt höher, denn es feiert Wiedersehen. Anders dagegen die Mitglieder des Teams. Sie sind enttäuscht. In diesem Ort soll jene Dame zu Hause sein, deren Alter wir in Berlin bestimmt haben? Ich habe zwar alle darauf vorbereitet, daß uns keine schimmernden Tempel, keine gewaltigen Götterstatuen erwarten. Aber ein derart verschlafenes Nest haben sie sich wohl doch nicht vorgestellt. Schon der Name wirkt paradox. Der friedliche Ort trägt den stolzen Namen des Conquistadors Pedro de Valdivia, der einst mit Franzisco Pizarro das Inka-Reich eroberte, dessen Bruders Revolution gegen den spanischen König niederschlagen half und als späterer »Gobernador« von Chile von den Araukanern 1553 in die Falle gelockt, zu Tode gemartert und verspeist worden ist. Dieser Ort hier wirkt, als habe Krieg ihn nie erreicht. Sogar ein Mitglied der Bomberbesatzung, die die Atombombe auf Hiroshima auslöste, hat sich hier vor der Welt verkrochen und den Einwohnern von Valdivia bis zu seinem Tode Gutes getan. Das Nest mit seinen wenigen tausend Seelen läßt kaum ahnen, daß es einen besonderen Rang in der Geschichte der menschlichen Zivilisation einnimmt.

Während wir auf einem Hügel über dem Dorf die Kamera aufbauen, um das Panorama zu filmen, umlagern uns Kinder, die Figürchen und Schalen verkaufen wollen. Die meisten Tonarbeiten sind gefälscht. Unsere sachkundigen Begleiter müssen uns vor dem Kauf nicht warnen. Ich weiß, daß der Boden hier von Schatzgräbern ständig umwühlt wird, seit der Ort zu Ruhm gekommen ist, und außer Forschern nun auch Touristen anreisen. Die Ergebnisse der Schatzsuche können den so plötzlich entstandenen »Bedarf« an Altertümern natürlich kaum mehr decken; und so haben sich viele »Erben« der alten Kultur auf die Produktion der »Venus von Valdivia« umgestellt, sind längst fähig, den kleinen Körper und den Kopf mit der typischen Haarmähne in allerlei Varianten aus der Hand zu formen und mit rotem Tonschlicker zu bemalen. Von ihrem Verkaufserfolg haben wir uns im fernen Berlin überzeugen können. Als wir dort unsere Figur zur Feststellung des Alters ins Rathgen-Institut brachten, zeigte man uns eine ganze Pappschachtel voll gefälschter Figuren.

Viele Menschen hier sind auf das Zubrot aus solchen Verkäufen ihrer Keramikwerkstatt bitter angewiesen. Daß die meisten Angehörigen einer Familie in einem einzigen Raum schlafen, halten unsere Begleiter nicht für ein Zeichen der Not; denn — sagen sie — so wohne man ja seit ewigen Zeiten. Daß aber dürftiger Hausrat in Pappkartons und Holzkisten ruht, daß der Kleiderschrank aus Blech ein seltener Luxus ist und nicht einmal jedermann sein eigenes Bett hat, können sie mir kaum mit dem Hinweis auf alte Gewohnheiten erklären.

Valdivias Einwohner — vielleicht 3000 Seelen — gelten als die Nachfahren alter Indianer-Zivilisationen, von denen einstmals der Fortschritt ausgegangen ist. Jetzt hat der Fortschritt den Ort in Gestalt von Strom- und Wasserleitungen gerade wieder erreicht. Familiennamen wie Caiche, Miraba oder Orrala nehmen kundige Ekuadorianer als Hinweis darauf, daß weder die Inka noch die Spanier die bodenständigen Menschen an der Küste verdrängt haben; die Namen stammen weder aus dem im Inka-Reich verbreiteten Ketschua noch aus der Chibcha- oder der spanischen Sprache.

Die halbdürre Umgebung und die Agonie des Dorfes zeigen uns, mit wieviel Engagement die Ausgräber Norton, Estrada, Evans, Meggers und andere hier gegraben haben. Da lodert nicht das Feuer einer Vision von versunkenen Städten und Tempeln wie in Ägypten oder Griechenland. Kein Gold und keine Statuen gab es hier aus der heißen Erde zu holen. Um so mehr überrascht das archäologische Ergebnis!

Unter den Archäologen, die maßgeblich an dem Bild von Alt-Amerika mitgewirkt haben, hat Carlos Zevallos Menéndez für eine besonders gewagte These gestritten und gelitten. Menéndez hatte seinen Verdacht, die Valdivianer könnten die ersten Bauern Südamerikas gewesen sein, vielleicht zu früh veröffentlicht. Als im Jahre 1971 sein Artikel »Der Ackerbau in der Frühzeit Ekuadors (Valdivia-Kultur)« erschien, ignorierten ihn die Fachleute, und einige Wissenschaftler fielen über Menéndez her. Woher, fragte man, nahm der Mann die Gewißheit?

Hinweise auf einen uralten Ackerbau hatte es bis dahin lediglich in Gestalt einer Handmühle gegeben, die aus einer flachen, konkav gewölbten Steinplatte als Unterlage *(Metate)* und Handsteinen *(Manos)* besteht, mit deren Hilfe Körner zerstoßen wurden. Solche Mahlsteine hatte auch Menéndez immer wieder bei den kleinen Ortschaften Azucar und San Pablo ausgegraben. Zunächst glaubten einige Archäologen – darunter die renommierte Amerikanistin Betty J. Meggers –, daß Wildsamen damit zerstoßen worden sei. Man traute den alten Valdivianern auch den Anbau solcher Nahrungspflanzen wie Limabohnen, Kürbis und Pfeffer zu. Nur an einen regelrechten Ackerbau wollte niemand so recht glauben, auch dann nicht, als unser Freund Presley Norton auf Spuren hinwies, die er 1965 bei Loma Alta am Rio Valdivia gefunden hatte.

An diesem kleinen Fluß, 15 Kilometer von der Küste entfernt, dominierten nicht mehr Muscheln und Fische im Fundgut, sondern die Knochen des Virginia-Hirsches, der seit jeher von Pflanzungen angelockt wird. Hirschbraten haben die Indianer von Loma Alta vor über 4000 Jahren also reichlich gegessen. Und Mais? Außer den vielen Handmühlenfunden auch hier ist Presley Norton, wie er uns in Valdivia erzählt, noch etwas aufgefallen: »Der Boden unterhalb der Anhöhe, auf der Loma Alta liegt, ist in alter Zeit sehr fruchtbar gewesen. Wenn man in der Talsohle gräbt, stößt man auf bestes, vom Fluß angeschwemmtes Land, das ohne zusätzliche Bewässerung bebaut werden konnte.«

Auch an anderen Stellen der heute so schmalen Wasserläufe hat man günstigen Boden aufgedeckt. Aber eben nicht mehr – bis Carlos Zevallos Menéndez fündig wird. Auf einer Krugscherbe, die er in San Pablo ausgräbt, entdeckt er Ziereihen, die auch ein kühles Gemüt in Aufregung versetzen können: Ein Doppelband aus regelmäßigen kleinen Kerben lief da zwischen Bauch und Rand um den Hals des Krugfragments! Solche kleinen Buchten unterteilen die Scherbe auch der Länge nach. Ein derbes Zweig- oder Blattmuster vervollständigt flächendeckend die Dekoration des Fundes, der nach Charakter, Schichthorizont und Beifunden zur Valdivia-Kultur gehört. Später erbringt die Datierung ein Alter von gut 4300 Jahren.

»Kaum ein Mensch glaubte diesem Herrn Menéndez, als er 1971 in einem Artikel behauptete, die Zierreihen auf seiner Scherbe stammten von eingedrückten Maiskörnern«, berichtet uns Presley Norton. »Aber er hat sich nicht entmutigen lassen. Seine Arbeit war als Langzeitprojekt angelegt, und Menéndez glaubte, daß er bald auf neue Beweise stoßen würde. Und dann entdeckte er, eingebrannt in die Fläche eines Valdivia-Tellers, ein halbverbranntes Korn. Eine Sternstunde der Archäologie! Man könnte den unscheinbaren Fund das »Körnchen Wahrheit« nennen, weil es die These des Herrn Menéndez bestätigte. Für ihn stand nun fest, daß in Ekuador noch vor den ähnlich entwickelten Gemeinschaften in Peru und Mexiko Ackerbaugesellschaften gelebt haben.

Mit dem Maisbau in der Valdivia-Kultur ist vermutlich auch ein Fruchtbarkeitskult verbunden gewesen, in dem unsere »Venus« eine Rolle gespielt hat. Vielleicht hat man die so zahlreichen kleinen Keramiken damals in den Felsboden gesteckt?

Die alte These, Mexiko und Peru seien die ersten Zentren eines ergiebigen Ackerbaus gewesen, ist mit den Funden des Ekuadorianers zusammengebrochen. Eher sind die ertragreichen Maissorten der Inka-Zeit aus dem frühen Mais entwickelt worden, den man gut 2300 Jahre vor Christus schon an der Küste Ekuadors geerntet hat. Pflanzenfachleute der Universität von Illinois, die sich mit dem Maisfund von Menéndez und den Zierreihen in den Scherben beschäftigt haben, halten es für sehr gut möglich, daß in Ekuador der Ur-Mais kultiviert worden ist, aus dem auch die berühmte altmexikanische Maisrasse *Harinoso de Ocho* hervorging. Haben etwa die ersten Ekuadorianer den Peruanern und Mexikanern den Mais gebracht?

Wenn die Archäologen dem Nationalstolz der heutigen Ekuadorianer mit einem entschiedenen Ja dienen könnten, wären manche Leute im Andenstaat sicher froh. Noch diskutiert man allerdings heftig die Frage, ob sich die beiden großen Zentren altamerikanischer Kultur unabhängig voneinander entwickelt oder miteinander in Verbindung gestanden hätten. Doch nach den jüngsten Forschungen hat in Mexiko nicht, wie lange angenommen worden ist, die Domestikation der Maispflanze an sich begonnen. Die endgültige Qualität scheint man dort nicht erreicht zu haben. Sie scheint ein Geschenk aus Südamerika gewesen zu sein — vielleicht gar aus Ekuador.

Auf welche Weise die Vorformen der Valdivia-Maisfrucht, die bereits eine weitentwickelte Sorte gewesen ist, die Küste Ekuadors erreicht haben, ist noch nicht erforscht. Vermutlich haben kleine bewegliche Familiengruppen in Mexiko primitiven oder wilden Mais — er heißt »Teosinte« und wird heute noch im mexikanischen Bundesstaat Guerrero geerntet — von Verband zu Verband gehandelt, bis er über den Isthmus von Panama und dann über das heutige Kolumbien auch nach Ekuador und Peru gelangt ist. In Ekuador ist er dann weiterentwickelt worden und hat als Handelsware wiederum Mexiko erreicht. Ehe man diesen Weg skizziert hat, mußte sich Carlos Zevallos Menéndez noch manchen Spott gefallen lassen. Einige Wissenschaftler vermuten gar einen Scherz, als er erstmals seinen Teller mit dem verkohlten Korn darauf zeigte. Kollegen, die seinen Fund nie persönlich gesehen hatten, unterstellten Menéndez sogar Geltungsdrang und Irreführung. Doch nach gewissenhafter Analyse stellte sich der renommierte Archäologe Donald W. Lathrap an die Seite des Ekuadorianers: »Die stattliche Größe und die fortgeschrittenen Eigenschaften dieses so gut erhaltenen Maiskorns in der Valdivia-Keramik haben einige Experten veranlaßt, dessen Echtheit anzuzweifeln. Aber es gibt keinen vernünftigen Grund, den Befund ... in Frage zu stellen.« Besucher können das älteste Zeugnis indianischen Maisbaus in Ekuador heute im Museum der »Banco del Pacifico« in Guayaquil betrachten. Sie sollten dabei an Carlos Zevallos Menéndez denken.

Lathrap hatte im Jahre 1974 selbst bei einer Grabungskampagne eine Scherbe gefunden, die mit Mais-Buchten verziert war: Der Ort, wo vor über 4000 Jahren ebenfalls ein Töpfer Maiskörner vor dem Brand in den weichen Ton gedrückt hat, heißt heute Real Alto. Dort bahnte sich eine zweite Sensation an.

Eine Indianerstadt, zeitgleich mit Babylon

Real Alto liegt 60 Kilometer von Valdivia entfernt an der Küste nahe dem Nest Chanduy. Presley Norton erzählt uns auf der Fahrt dorthin, er habe als erster herausgefunden, daß dies eine Stätte archäologischer Verheißung sei, und den jungen Archäologen Jorge Marcos auf die Valdivia-Scherben aufmerksam gemacht, die am Fuß eines Hügels durch Erosion zutage getreten waren. Doch Presley Norton hat nicht geahnt, was sich wirklich unter dem Sand verbarg.

Jetzt, im Jahre 1981, da wir mit ihm das Grabungsfeld von Real Alto besuchen, würden wir hier kaum eine Sensation vermuten. Zu bescheiden wirkt das Bild der zugewehten Löcher, Anschnitte und Gräben. Und doch! Als Jorge Marcos hier 1974 zu graben begann, stieß er mit seinem Team auf Pfostenlöcher und Reste von Hausgrundrissen, und im Verlauf der Grabung wurde zur Gewißheit: Genau an dieser Stelle stand vor über 5000 Jahren eine Stadt. Es war — zeitgleich mit Babylon im Alten Orient — die älteste Stadt Amerikas! Und nicht nur das. In Real Alto hat nicht etwa jede Familiengruppe ihr stattliches Haus dorthin gesetzt, wo gerade Platz war. Sie hat im Rahmen eines übergeordneten Siedlungsplanes gebaut. Wie das geschehen ist, das zeigt uns nach unserer Rückkehr nach Guayaquil ein Mitarbeiter von Jorge Marcos.

Der Archäologe hat im Jahre 1980 das Ergebnis der mehrjährigen Grabung durch ein großangelegtes Modell anschaulich gemacht, das wir erstmals filmen dürfen. Es zeigt Real Alto als eine ellipsenförmige Siedlung, deren südliche Hälfte nur mit Hilfe der vorhandenen Koordinaten nachempfunden werden kann, weil sie durch Erosion verlorengegangen ist. Was das Modell nach den Grabungen aber klar vor Augen führen kann, ist das Zentrum. Es ist eine große Plaza mit zwei öffentlichen Bauten, die auf gestuften Hügeln einander gegenüberstehen.

Auf dem einen Hügel haben die Archäologen unter einer Türschwelle ein Grab mit dem über 5000 Jahre alten Skelett einer Frau freigelegt. Das Grab war mit Steinen eingefaßt und der Boden bedeckt mit Handmühlen. Unmittelbar neben der

Frau ruhten die sterblichen Überreste eines Mannes. Die Beine hatten die Bestatter am Knie zertrennt. Kopf, Bein- und Armknochen waren übereinandergeschichtet worden, und darauf hatte man — in Balance gehalten — den Brustkorb des Toten gelegt. Zuoberst schließlich ruhten Becken- und Schenkelknochen. Sieben Messer waren um das Skelett herum angeordnet worden.

War der Tote das Opfer eines Rituals? Vermutlich; denn ein Stück entfernt wurden in einem Massengrab noch weitere sieben Männer gefunden. Etwa die folgende Zeremonie wäre denkbar: Die Priester von Real Alto haben jene Männer mit den Ritualmessern getötet und an der Seite der »Maisgöttin« beerdigt, deren Gunst sie durch das Opfer erflehten. Mit jeder neuen Zeremonie, die auf dem Hügel vor den Augen des Volkes durchgeführt wurde, entfernte man das frühere Opfer von der Seite der »Maisgöttin« und bettete es in das Massengrab um.

Jener Tempel der Toten war nicht nur Opferstätte, sondern wohl auch Grabstätte der Privilegierten, der Häuptlinge und Priester, die auf Gerüsten oder in Bündeln im Boden des Tempels bestattet worden waren. Zu beiden Seiten des Tempels erhoben sich halbkreisförmige Hügel, und unmittelbar vor dem zwei Meter breiten Eingang des Tempels befand sich eine Plattform. Nach der Datierung des Fundes gab es keinen Zweifel mehr: Hier bei Real Alto in Ekuador hatten die Archäologen nicht nur die bisher älteste Stadt, sondern auch das älteste religiöse Zentrum Amerikas gefunden.

Vom Tempel der Toten blickt man hinüber zum »Fiesta«-Haus. So nennt es Jorge Marcos, weil er in dem gelben Lehm, mit dem der Boden dieses großen Hauses bedeckt war, eine Fülle zerbrochener Trinkgefäße »und viele Delikatessenreste« gefunden hat. Der »Fiesta«-Hügel war kleiner als der des gegenüberliegenden Tempels. Die alten Valdivianer hatten Treppen hineingestuft, die zum Eingang des Hauses führten.

Wie sich aus der zunächst verwirrenden Anzahl der Pfostenlöcher ergeben hat, muß dieses Haus wohl bis zu achtmal größer und schöner wiederaufgebaut worden sein. Auch die Hügel, auf denen dieser Bau und der Tempel standen, waren mehrmals neu aufgeworfen worden. Der Tempel der Toten lag am westlichen Rand der Plaza, das »Fiesta«-Haus stand gegenüber, während sich linkerhand davon — ebenfalls überhöht — ein kreisrunder Bau erhob, dessen Bedeutung ungewiß ist.

Wie haben nun die Häuser von Real Alto ausgesehen? Da ist Erstaunliches zu berichten. Das erste Haus, das Archäologie-Studenten aus Urbana unter Anleitung von Jorge Marcos 1974 ausgegraben haben, hat eine Grundfläche von über 82 Quadratmetern. Nach den Pfostenlöchern zu urteilen, haben dicke Hartholzstämme den Bau eingefriedet und eine Art Palisade um die innen ovalförmige Wand gebildet. Das massive Dach war vermutlich mit sogenannten Paja-Blättern wetterfest gemacht worden. Ähnliche Häuser werden heute noch von einigen wenigen Achuara-Gruppen am Montaña-Rand des Amazonas-Urwaldes gebaut. Auch zu den großen Maloka-Häusern der Tukuna am Putumayo-Fluß werden von den Ausgräbern Parallelen gesehen. In dieser archaischen Indianergesellschaft, die sich unter dem Einfluß der Zivilisation allerdings schnell wandelt, haben bis zu dreißig Menschen im »Gang« zwischen Außen- und Innenpfosten ihre Hängematten aufgehängt; der rechteckige Innenraum dient gemeinsamen kultischen Zwecken.

Auf dem Plan des Jorge Marcos kann ich 55 Wohnhäuser zählen, die in guter Ordnung das Zeremonial-Zentrum säumen. Vermutlich aber sind es doppelt so viele gewesen. Inzwischen ist auch in der Hälfte der ellipsenförmigen Siedlung, die die Erosion zerstört hat, noch ein Rundhaus wie auf der Plaza der intakten Hälfte gefunden worden.

Angesichts der vielen Häuser, die mit Hartholz-Pfosten errichtet worden sind, läßt sich auf einen guten Waldbestand in der Umgebung schließen. Die Felder reichten unmittelbar bis an das Dorf und zogen sich entlang den Ufern des Grünen Flusses hin. Vermutlich haben auch hier jene Valdivia-Figürchen zwischen den Maispflanzen gesteckt.

Warum nun diese epische Schilderung einer doch ziemlich schlichten Ortschaft von damals vielleicht 3000 Seelen? Weil man den uralten Bebauungsplan kennen muß, um die kühne

Botschaft verstehen zu können, die die Entdecker von Real Alto verkünden: Diese bisher älteste Stadt Amerikas war baulicher Ausdruck der Weltvorstellung ihrer Bewohner. Die Leute von Real Alto bildeten eine entwickelte Gesellschaft, die eine auf Religion, Politik und Kriegsführung spezialisierte Elite von der täglichen Nahrungsproduktion freistellte. Sie schufen ein aufwendiges religiöses Zentrum, das von ihrer Priesterschaft verwaltet wurde. Diese Oberschicht »regierte« auch das Volk, das draußen im Lande die Felder bestellte. Wie das geschehen sein könnte und die Weltvorstellung einer frühen Indianer-Zivilisation ausgesehen haben könnte, werden wir ein paar Wochen später in Peru, in der berühmten Tempelstadt von Chavín de Huantar, erfahren, die über 3000 Meter hoch in den Anden liegt.

Auf dem Weg dorthin haben uns die Archäologen Marcos und Lathrap gebracht. Sie behaupten nämlich, die ältesten Tempelstädte Amerikas seien nicht isoliert voneinander entstanden: Ob wir die Maya, die Olmeken, die Azteken oder das Volk der Chavín de Huantar nähmen, überall hätten die alten Kulturen der Neuen Welt verschwenderisch ausgestattete und versorgte Zentren als unabdingbar für ihr Wohl in Gegenwart und Zukunft gehalten. Die Olmeken-Stadt Bajiol, dann auch Tikal sowie andere Mayastädte in Guatemala und Chavín de Huantar in Peru hätten eines gemeinsam: Die Plaza sei darin der geheiligte Bezirk, an dessen Saum man die Tempel fände.

Alle diese Zeremonial-Zentren nun sind jünger als Real Alto. Bajiol entstand 1350 vor Christus, Tikal um 200 vor Christus. Real Alto aber ist vor über 5000 Jahren begonnen worden. Vielleicht kam aus Ekuador die Bau-Idee, die in anderen altamerikanischen Zentren der Zivilisation zündete: Bauen um einen geheiligten Bezirk als Ausdruck der Weltauffassung. Donald W. Lathrap wirft also zu Recht die Frage auf: »Entstand die Idee der zeremoniellen Mitte nur einmal in der Neuen Welt, oder wurde sie unabhängig in den beiden weit voneinander entfernten Gebieten ersonnen, die endlich Hochzivilisationen hervorbrachten?«

Seine Antwort heißt: »Eine einzige Weltvorstellung, die früh in den Amazonas-Niederungen des nördlichen Südame-

»Die erste Miß Amerika« nannte ein Ausgräber scherzhaft dieses Figürchen. Es ist kaum größer als ein Daumen, aber für die Altertumsforschung eine riesige Überraschung: Die Keramik mit dem wohlklingenden Namen »Venus von Valdivia« ist etwa 5000 Jahre alt.

In der 7200 Kilometer langen Kette der Anden haben sich einige der fortschrittlichsten Zivilisationen der Welt ausgebreitet. Und dies trotz der unruhigen Vulkane — unser Bild zeigt den Sangay in Ekuador — und eisiger Barrieren. Die Ausgeschlossenheit der heutigen Indianer vom Fortschritt und der Betriebsamkeit in den Städten Südamerikas läßt uns kaum ahnen, daß ihre Vorväter religiöse Zentren und große Reiche gründeten, die Millionen von Menschen weit besser ernährten, als dies manche Staaten heute vermögen.

Quito, die Hauptstadt Ekuadors, liegt 2850 Meter hoch in einem Kranz von Vulkanen. Die spanischen Eroberer, weiß die Geschichte, hätten die Stadt im Jahr 1534 gegründet. In Wahrheit ist Quito lange Zeit vor den Spaniern und den Inka eine Indianerstadt gewesen, in der man die längst verschollene Purunguay-Sprache gesprochen hat.

Die Floßbau-Tradition reicht in Ekuador weit in die Vorgeschichte zurück. Eine kleine Flotte von Segelflößen liegt noch am Strand der Stadt Playas. Sie sind mit einem hölzernen Kielschwert ausgestattet.

Die älteste Mühle Amerikas. Mit Hilfe dieser beiden Steine wurde Mais, das Korn der Indianer, zu Mehl zerstoßen.

Die Zierbänder auf dieser Krugscherbe verraten uns etwas über die Gestalt der ersten Maiskörner der Früh-Ekuadorianer. Die Dekoration wurde geschaffen, indem man Körner in den weichen Ton drückte.

rika entstanden war, lag der späteren Entwicklung religiöser Systeme zugrunde.« Wer diesem Gedanken nachgehen möchte, findet in Real Alto nicht genügend Anhaltspunkte. Wir müssen in die uralte Tempelstadt Chavín de Huantar fahren.

Die Macht der alten Götter

Chavín de Huantar war keine eigentliche Stadt, sondern hoch im Gebirge das religiöse Zentrum der ersten, weit über das heutige Staatsgebiet von Peru verbreiteten indianischen Kultur.

Man fragt sich, woher die Menschen gekommen sind, die eine so gewaltige Tempelanlage wie die, die wir besuchen wollen, errichtet haben. Einige bedeutende Archäologen vermuten, ihre Erbauer hätten die Amazonas-Niederungen verlassen und die Andenhänge erklommen, wo die Herausforderungen einer fremden Natur sie zu ihren Leistungen beflügelt hätten. Das Rätsel besteht weiter.

Was man noch bis 1981 als ziemlich einleuchtend betrachtete, war die Hypothese, daß Chavín de Huantar bereits vor allen anderen Zentren der Chavín-Kultur existiert hätte. Das aus Amazonien stammende Chavínvolk, meinte man, hätte in den Anden schon 1500 vor Christus den ersten kleinen Tempel geschaffen und diesen — so wie das auch in Real Alto geschehen ist — im Laufe der Jahrhunderte durch einen neuen ersetzt, der größer war und die wichtigsten Elemente des frühen Tempels bewahrte.

Die Entdecker von Chavín waren von der baulichen Reife der Anlagen verblüfft. Das Zentrum ist nicht erst in unserem Jahrhundert gefunden worden. Die Spanier haben es im 16. Jahrhundert beschrieben. Im 19. Jahrhundert drang der Italiener Antonio Raimondi erstmals in die verschlammten Tempelgänge vor. Der deutsche Arzt Ernst Middendorf beschrieb dann in seinen Büchern, die zwischen 1893 und 1895 erschienen, als erster die auffälligen Zusammenhänge zwischen den Chavín-Schöpfungen an der Küste und denen im Hochland.

Im Jahre 1919 unternahm der Peruaner Julio C. Tello erste Forschungen in Chavín. Er bestätigte Middendorf, ohne ihn gelesen zu haben. Durch einen gewaltigen Bergrutsch versank 1945 ein Großteil der Tempelanlagen zusammen mit dem nahen Ort in einer Flut aus Schlamm und Steinen. Erst zehn Jahre später begannen die Aufräumungsarbeiten. Mit an die Arbeit machte sich ein junger deutschstämmiger Peruaner mit Namen Federico Kauffmann-Doig. Die Freilegungsarbeiten dauerten bis 1964. In diesen Jahren wurden 500 Reliefplatten und Steinskulpturen gefunden.

Im Jahre 1969 legte die Universität von San Marco in Lima eine neue Grabung an. Während dieser Kampagne wurde 1972 eine kleine Plaza entdeckt, deren Umfassung schöne Steinreliefs schmückten.

Was nun das Alter und den Rang von Chavín de Huantar betrifft, gilt seit einer Untersuchung des amerikanischen Archäologen Richard L. Burger nichts mehr von dem, was der Wissenschaft und den Peruanern bis 1981 gut und teuer gewesen ist. Alle meinten bisher, das religiöse Zentrum sei gegen Ende des zweiten Jahrtausends vor Christus entstanden. Federico Kauffmann-Doig behauptete noch 1981 nach neuesten, von der Volkswagen-Stiftung finanzierten Grabungen, die ältesten Relikte stammten aus der Zeit um 1500 vor Christus, der älteste Tempelbau der Anlage sei etwa 2200 bis 2300 Jahre alt. Die neolithische Revolution, so schloß man daraus, habe in den Kordilleren 5000 vor Christus begonnen, und in den folgenden Jahrtausenden seien mit den Anfängen schüchternen Ackerbaus und erster Tierzucht jene Schwellen gelegt worden, über die dann das Chavín-Volk geschritten ist und seine Hochkultur gegründet hat. Der Tempel in den Anden, meinte man, sei das älteste Zentrum dieser Kultur gewesen, und von dort hätten die anderen Zentren an der Küste ihre Impulse erhalten. Doch all das scheint nun nach den Radiokarbon-Datierungen des Fundguts, das Richard L. Burger ausgegraben hat, nicht mehr so.

Das Bauereignis des ältesten Tempels verschiebt sich danach um mindestens 650 Jahre, und unser altindianisches Wallfahrtszentrum in den Bergen steht, anstatt am Anfang der

Entwicklung, plötzlich eher an deren Ende. Die früheste Phase von Chavín de Huantar hat also nicht um 1500 vor Christus begonnen, sondern erst 850 vor Christus und bis 460 vor Christus gedauert. Erst mit dem Neubau eines großen Tempels im fünften oder vierten Jahrhundert vor Christus ist der mächtige Impuls verbunden, der die Ausdehnung der Kultur und des religiösen Einflusses von Chavín de Huantar über das heutige Peru zur Folge hat. Dieser Einfluß dauerte von 390 bis etwa 200 vor Christus. Danach versiegt die geistige Quelle von Chavín de Huantar. Barbaren bauen ihre primitiven Hütten im Tempelbezirk.

Nach allem, was wir nun wissen, hat es sich also genau umgekehrt verhalten: Nicht die Tempelanlagen in den Hochanden wurden zuerst gebaut, sondern die Heiligtümer Caballo Muerto, Haldas und Garagay an der Küste. Sie hatten ihre Blütezeit etwa 1200 und 900 vor Christus und konkurrierten dann mit dem neuen Tempel in den Anden, der bestimmte architektonische Besonderheiten und die Organisation der Anlage von den Küstentempeln übernahm. Mit dem wachsenden Bedeutungsverlust der Küstenheiligtümer aber kam der eigentliche Aufstieg der Götter und Priester von Chavín. Das war ungefähr im fünften und vierten Jahrhundert vor Christus. Der große Einfluß des Anden-Tempels muß mit einer Erneuerung der Religion und der Weltauffassung verbunden gewesen sein, deren Ursprung im amazonischen Tiefland vermutet wird. Um diese Zeit dehnte sich die Stadt beim Tempel 1,2 Kilometer entlang den Ufern des Rio Mosna und schloß auch beide Uferseiten des Rio Huachecza ein. Soviel zur Entdeckungsgeschichte eines Zeremonial-Zentrums, das wesentliche Gemeinsamkeiten mit Real Alto in Ekuador hat. Für Leser mit Humor sei noch auf eine Fußnote hingewiesen. Da ist ein Autor, der Chavín de Huantar als Kopie des Salomon-Tempels zu Jerusalem betrachtet und den Indianern namens »aller Fachleute« schlicht technisches »Know-how« zum Bau einer solchen Anlage abspricht. Dafür tut er die Weltvorstellungsthesen derselben Fachleute als »abgeschlossene Nummer« ab, entdeckt gar das »Schema eines Motorblocks mit Einspritzdüsen und vielen Zuleitungen«, wo jene Jaguargötter und dämonische Mischwesen aus den Steinbildern herauslesen. Die Tempel von Chavín, sagt jener Autor, dessen Namen der Leser unschwer erraten dürfte, sei ohne Vorbild auf dem amerikanischen Kontinent.

Drei Wochen nach dem Besuch in Real Alto sind wir auf dem Weg nach Chavín. Wir haben uns in Lima einen geländegängigen Kleinbus gemietet. Auf eine vierzehnstündige Reise — Überraschungen eingeschlossen — sind wir gefaßt. Als Begleiter habe ich Federico Kauffmann-Doig gewinnen können, der in Chavín manches Grabungsprojekt geleitet hat.

Die ersten 200 Kilometer nach Norden bis Pativilca sind gut asphaltiert; dennoch heißt es Vorsicht. Nach etwa 50 Kilometern nämlich rückt die Straße ans Meer heran und windet sich unter steilen Hängen entlang, deren Gestein mit gelbem Sand beschichtet ist. Immer wieder kommt es vor, daß ein Auto in eine Sanddüne hineinsaust, die der Wind auf die Straße geweht hat. Auch der Humboldt-Strom sorgt hier für Schwierigkeiten. Unter dem Einfluß der kalten, aus der Antarktis kommenden Oberflächenströmung kühlt die tropisch-warme Luft ab, und es bilden sich dichte Nebelfelder, die dem Fahrer plötzlich die Sicht nehmen.

Wir erreichen Pativilca. Aus der Ferne sehen wir die mächtige, vermutlich inkaische Festung Paramonga. Doch ehe wir sie erreichen, biegen wir ab ins Tal des Pativilca-Flusses, das von ausgedehnten Zuckerrohrfeldern geprägt ist. Parallel zur Straße kommt hier ein Inka-Pfad aus den Kordilleren, dem im Jahre 1532 die Conquistadoren auf dem Weg zum inkaischen Küstenheiligtum Pachacamac folgten, um dort den Löwenanteil des Goldes zu holen, mit dem der in Cajamarca gefangengehaltene Inka Atahualpa seine Freiheit erkaufen wollte.

Erst 30 Kilometer von der Küste entfernt verliert sich der Nebel. Die Straße im Taleinschnitt steigt jetzt steiler an. Immer schmaler werden die Streifen bewässerbaren Bodens im Flußtal, wo die Bauern zwischen haushohen Felsen auf Schwemmland Bananen, Gemüse und Mais anbauen. Winzige Ortschaften, die vom Lauf der Zeit unberührt scheinen, liegen am Weg. Sie heißen Chancayan, Paquia und Cajacay. Bald wird der Fluß schmal und fließt so weit unter uns, daß wir ihn in der Tiefe seiner Schlucht kaum noch wahrnehmen können. Dafür ziehen gewaltige Auskolkungen und senkrechte, dichtstehende Steinsäulen unseren Blick an, die wie die Stämme versteinerter Riesenbäume wirken.

Nach sechs Stunden Fahrt überwindet der Wagen mühsam den Paß Conococha. Er liegt fast 4080 Meter hoch. Eine grüne Lagune liegt hier oben. Der Blick reicht weit über eine offene Wiesenlandschaft und fängt sich an den Schneebergen der Cordillera Raura. Grünes und rotes Gestein am Weg läßt auf Kupfer- und Eisenvorkommen schließen. Viele Steine sind von Algen überzogen.

Hinter dem Ort Catac wird die Piste abenteuerlich. Zeitweilig glaubt man im Geröllbett des Catac-Flusses selbst zu fahren. Vom Wasser rundgeformte Steine haben indianische Bergbauern hier oben zu Einfassungen für ihre Gehöfte und zu Wänden der grasgedeckten Häuser aufgeschichtet. Wir fahren jetzt so nahe an der Schneegrenze entlang, daß wir zu ihr hinlaufen könnten. Die Bergwelt gehört zum Nationalpark Huascaran.

Nahe der Eisgrenze können wir den ersten Akt eines erdgeschichtlichen Dramas verfolgen: Wir sehen, wie der Berg durch Eisabsprengungen in zyklopengroße Felsen zerlegt worden ist. Rasante Bergbäche unterspülen die Felsen und bringen sie auf den Weg ins Tal, wo kraftvollere Wasser das weichere Gestein zu feineren »Korngrößen« verarbeiten. Die Anfänge jenes Prozesses, der einem Gebirge auf Tausende von Jahren gesehen den Stolz seiner Höhen raubt und unten im Tiefland die Flußtäler reich macht an Mineralien und Sedimenten, sind hier zu beobachten.

Die Wasserscheide überqueren wir durch den Kahnisch-Tunnel in 4510 Meter Höhe. Jenseits davon winden sich die Schleifen der unbefestigten Piste nach Chavín hinab. In 4000 Meter Höhe sehen wir die ersten Bäume.

Hier oben fährt ein schneidender Wind durch das derbe Ichu-Gras. Nur in den Winkeln, die der Wind nicht erreicht, lockt die kraftvolle Sonne Kakteen und Polsterpflanzen sowie die schüchternen Verwandten unseres Enzians aus dem Boden hervor.

In diesen entlegenen Höhengebieten, fern den neuen Zentren der Zivilisation, hat altindianische Mythologie bis in unsere Tage überlebt. Schon hinter dem Conococha-Paß sind uns kleine Türme aus Stein ins Auge gefallen, die man nahe der Paßstraße aufgeschichtet hat. Der Archäologe Federico Kauffmann-Doig weiß, daß darin den Paßgöttern Cocablätter und Kugeln aus Quinoa-Asche — *Acullicu* genannt — geopfert worden sind. *Apachetas* nennt man die kleinen Opferstätten. Anderswo in diesen Bergen findet man kleine, mit Steinen zugedeckte Höhlen, in denen die Indianer Schnaps, Zigaretten und Meerschweinchen geopfert haben, um die Bergmächte günstig zu stimmen. Über solche Opfer berichten auch die spanischen Chronisten aus der Zeit, da in Peru die Inka-Sonne unterging.

Die Bedrohlichkeit der Szenerie empfinden auch wir »aufgeklärten« Menschen, die das Unterbewußte zugunsten der Wahrnehmungen des Verstandes in engste Grenzen verwiesen haben, je weiter wir während der Dämmerung die in die Steilhänge geschnittene Bergstraße nach Chavín hinabkriechen. Vom überhängenden Fels knallt plötzlich der Schwall eines kleinen Wasserfalls auf unser Dach. Das Wasser macht die Fahrbahn rutschig, löst Geröll und Erde aus dem Berg und stellt so manche Todesfalle: »Vor sechs Monaten«, bemerkt Kauffmann-Doig oberhalb des Dorfes Masan, »ist hier ein Bus abgestürzt. Er landete 300 Meter tiefer auf der Straße. 23 Tote.«

Schon in 3600 Meter Höhe finden sich wieder die ersten Felder. Die aus Adobe — in der Sonne getrockneten Lehmziegeln — gebauten, gerade gedeckten Häuser haben sich seit Inka-Zeiten nicht geändert. Am Rande der Felder und Weiden sind sie manchmal so winzig, daß ich unseren Begleiter fragen muß, ob wirklich Indianer darin wohnen. »Das ist kein Scherz«, erklärt der Professor. »Die indianischen Hirten schlafen im Sitzen!«

Endlich, als wir auf dem Grund einer besonders tiefen Schlucht, die der Mosna-Fluß gegraben hat, die roten Dächer des Dorfes Masan im letzten Licht schimmern sehen, ist Chavín de Huantar nicht mehr fern. Bei Dunkelheit nähern wir uns eine halbe Stunde später der schwarzen Silhouette eines Bauwerks, das ganz nahe an die Straße heranreicht. Kauffmann-Doig bittet den Fahrer, einen Augenblick zu halten. Der scharfe Lichtstrahl seiner Taschenlampe schneidet die Fratze eines steingewordenen Dämonen — halb Jaguar, halb Mensch — aus der Mauerwand. Das ist eines der wenigen furchterregenden Götterbilder von Chavín, die an ihrem Platz geblieben sind. Das Licht verlöscht. Wir fahren über eine geländerlose, nicht eben vertrauenerweckende Brücke, unter der der Huachecza gurgelt, in das Nest Chavín de Huantar ein, das der ersten, über weite Gebiete des heutigen Peru verbreiteten Kultur den Namen gegeben hat.

Die Nacht ist kurz; denn Federico Kauffmann-Doig feiert Wiedersehen mit dem überaus trinkfesten Wirt unserer Anden-Herberge, und wir müssen mithalten. Es gibt puren Pisco, der in den Kopf und in die Beine geht. Unser daher sehr beschwerlicher erster Gang führt am nächsten Morgen hinauf auf den Hang hoch über dem Bett des Mosna. Als wir keuchend mit unserem Kamera-Gepäck ans Ziel gelangen, zeigt der Höhenmesser 3300 Meter an. Jetzt ahne ich, warum uns der Archäologe gleich so gequält hat. Wir überblicken von hier am besten die Strukturen der tief unter uns liegenden Tempelanlage. Ich habe keine Mühe, dasselbe Grundmuster wie das des Zeremonial-Zentrums von Real Alto in Ekuador auszumachen. Kauffmann-Doig zieht die Parallelen: »Die Menschen errichteten einen zentralen Tempel mit Seitengebäuden, die einen zentralen Platz einfaßten.« Noch aus der Entfernung von vielleicht sechshundert Metern Luftlinie können wir das Portal des zentralen Tempels mit den Treppenstufen gut sehen, die auf eine Plattform hinaufführen.

Erst nachdem wir in die Anlage hineingegangen sind, erweist sich, was ich aus der Vogelperspektive für ein Nebengebäude gehalten habe, als der kleinere Tempel einer älteren Epoche: »Er ist erst erweitert und später aufgegeben worden, als der großangelegte Neubau nebenan entstanden war«, erläutert Kauffmann-Doig. »Der neue Tempel bewahrte die Hauptelemente der früheren Anlage.«

Auch in diesem Punkt finden sich Parallelen zu Ekuador:

Hier wie dort wurde im Laufe der Zeit größer und eindrucksvoller gebaut.

Der älteste Tempel in Chavín läßt schon eine ausgereifte Baukunst erkennen. Es fügen sich zum Beispiel glatte Steinplatten zur Umrandung eines vertieften Platzes. Im Halbkreis finden wir ein Fries aus fünf Reliefs. In jede einzelne der fünf Platten haben die Steinmetze von Chavín ein mythisches Wesen geschnitten. Die wie poliert wirkenden Reliefs und jener Kopf an der Außenmauer, der uns in der Nacht unserer Ankunft erschreckt hat, sind Reste des üppigen Tempelschmucks. Der Kopf steckt mit einem langen rechteckigen Steinschaft in einer entsprechenden Aussparung in der Mauer. Solche Häupter ragten einst an verschiedenen Stellen aus dem Mauerwerk des »Alten Tempels«. Die Schmuckreste lassen überhaupt nur ahnen, daß Plastiken und Reliefs früher einmal die ganze Anlage geziert haben, deren Mauerwerk mit bemaltem Stuck verkleidet war.

Während wir die Fantasie schon arg bemühen müssen, um das Zeremonial-Zentrum in seinem früheren Glanz sehen zu können, läßt sich die Großzügigkeit der Anlage leicht erkennen. Wir schreiten 116 mal 72 Meter ab: Das ist die Grundfläche, die der Haupttempel mit seinen Flügelgebäuden U-förmig einfaßt. Auch wenn die Zeit einen Teil der großen, rechteckigen Baukörper abgetragen hat, sind immer noch stattliche Mauern — bis zu zwölf Meter hoch — geblieben.

Was war das nun für eine Gesellschaft, die so monumental gebaut hat? Und welche Götter hat sie in Chavín verehrt? Damit wir den Menschen und den Göttern jener Zeit näher sein können, führt uns Federico Kauffmann-Doig zu einer Stelle oberhalb des kleinen Platzes mit den Reliefs. Wir bücken uns an der Seitenmauer des »Alten Tempels« durch einen schmalen Eingang und tasten uns am Lichtstrahl unserer Lampen immer tiefer hinein in ein Labyrinth von Gängen und Kammern. Plötzlich stehen wir vor zwei runden Steinköpfen mit dolchartigen Zähnen. An anderer Stelle lehnt ein Steinrelief gegen die Wand am Ende eines Ganges, darauf bleckt ein Dämon, auf dessen Kopf Schlangen züngeln, seine scharfen Jaguarzähne.

Wir sind froh, daß wir hier drinnen einen kundigen Führer haben; denn es gibt im Tempel verschiedene Labyrinthe, die miteinander verbunden sind. Einige weisen zwei oder drei Stockwerke im Innern des Baues auf. Die verschlungenen Gänge führen meist zu kleinen Räumen, die zwei bis drei Meter hoch sind. Die Mauern und Decken sind so grundsolide gefügt, daß wir keine Sekunde befürchten, Steine könnten auf uns herabstürzen. Vereinzelt entdecken wir auch Nischen, in denen vermutlich Idole gestanden haben.

Schließlich führt uns Kauffmann-Doig in die zentrale Kammer des Alten Tempels. Was wir dort sehen, macht uns stumm: Inmitten des schachtartigen Raumes ragt wie eine überdimensionale Lanzenspitze über zweieinhalb Meter hoch ein weißes Monument empor, in dessen Granitflächen die Künstlerhand ein äußerst verwickeltes Bildwerk geschlagen hat. Das Monument ist dreikantig und verjüngt sich nach oben. Niemand weiß, wie die Leute von Chavín diesen Obelisken, der bildhaft »Lanzon« genannt wird, in den Schacht gebracht haben. Er ist unverrückbar tief im Boden verankert.

Das zentrale Heiligtum des Tempels gibt unserem Begleiter, der die Metaphern der alten Steinmetze zu lesen versteht, Auskunft über die Götter des Chavín-Volkes: »Wir müssen versuchen«, sagt er, »das Bildwerk von unten nach oben zu lesen. Da sehen wir auf unserer Seite eine Hand, die in großen Krallen endet. Aber es ist doch die Hand eines Menschen. Auch der dazugehörende Arm hat eine menschliche Form. Weiter oben, wo er endet, können wir die Brust sehen. Darüber erkennen wir den dolchartigen Zahn, der aus einem Raubkatzenmaul ragt. Rechts davon sind Ohren mit einem Ringschmuck zu sehen, und darüber, auf der linken Seite, ist das Auge eingearbeitet. Auch die Nase ist erkennbar.«

Wir folgen dem Professor mit Mühe; denn die oberen Regionen des stilisierten Bildwerkes entziehen sich dem Blick. Zudem ist der Stein auf allen drei Seiten bearbeitet worden, und die geschilderten Motive wiederholen sich. Über dem Haupt der Gottheit verjüngt sich der Obelisk zur Spitze. Die Menschenköpfe, die dort in den Granit geschnitten worden sind, können wir kaum noch erkennen. Kauffmann-Doig vermutet, daß das Ende dieses merkwürdigen Bildwerkes die Opfer symbolisiert, die die Gottheit verlangt hat. »Das ganze Monument«, faßt er seine Beschreibung zusammen, »stellt eine Gottheit dar, die in ihrer Erscheinung halb Mensch, halb Katzenwesen ist.« Auch auf anderen Steinen erscheint das dämonische Mischwesen mit den Merkmalen des Jaguars oder des Berglöwen. Zu dieser Gottheit tritt, auf der Steinplatte in einem Gang abgebildet, eine Gestalt, die zu all den katzenhaften Eigenschaften noch das Gefieder eines mächtigen Greifvogels besitzt.

Nicht mehr in dieser Anlage, sondern im Nationalen Archäologischen Museum in Lima steht ein nach dem peruanischen Ausgräber Julio C. Tello benannter Obelisk. Darauf wollen verschiedene Wissenschaftler neben den geschilderten Motiven auch das stark abstrahierte Abbild eines Kaimans erkennen. Sie lesen die folgende Schöpfungsgeschichte aus der Ikonographie von Chavín de Huantar:

»Am Anfang war ein großer Kaiman. Er war die Quelle des Lebens ... Er war die Welt, die in einem endlosen Meer dahintrieb. Dann kam die Zeit, in der sich der Kaiman in eine Doppelgottheit verwandelte. Die eine beherrschte nun die unterirdische und die Wasserwelt, die andere den Himmel. Der Himmelskaiman stand in Verbindung mit der gewaltigen Harpyie. Der Jaguar endlich war der Mittler zwischen den Kaiman-Göttern und den Menschen. Er war mehr. In seinem Rachen waren auch die Nahrungspflanzen entstanden, die der Kaiman den Menschen schenkte.«

Ich habe diese Deutung, hinter der der Archäologe Donald W. Lathrap steht, vor fünf Jahren in einem Buch niedergeschrieben. Unser Begleiter im Labyrinth von Chavín de Huantar aber lebt im Konflikt damit. Er kann auf dem Tello-Obelisken keinen Kaiman entdecken, und er will auch die Auffassung eines anderen Archäologen, nach der der Gott des Chavín-Volkes ein »lächelnder Gott« gewesen sei, nicht anerkennen. Uns will das Lächeln jedenfalls eher einfrieren angesichts der vielen Dolchzähne und Krallen in Chavín.

Für den Peruaner Kauffmann-Doig sind Chavíns Götter furchtbare Götter gewesen. »Sie tragen furchterregende Fratzen, weil sie Furcht ausüben sollten. Durch Furcht regierten die Priester-Monarchen von Chavín das Volk der Bauern und organisierten die Massen. Nur so konnten überhaupt monumentale Bauwerke wie diese Tempelanlage geschaffen werden.«

»Hat man eine Vorstellung davon, was sich im Labyrinth der Gänge abgespielt hat?« frage ich.

»Ja. Die mysteriöse Priestergesellschaft hat vermutlich darin gelebt. Haben Sie gemerkt, wie gut die Belüftung im Labyrinth funktioniert? Man hat das sehr raffiniert gemacht. Ein ganzes System kleiner Schächte, die von der Oberfläche zu den Gängen führen, sorgte für Atemluft. Bei den Zeremonien haben die Priester durch diese Schächte wohl auch Befehle gebrüllt, die für die wallfahrenden Bauern magisch aus der Tiefe heraufdrangen. Die Leute, die oben standen, müssen einen Riesenschreck bekommen haben. Noch die Chronisten der spanischen Kolonialzeit erwähnen, daß hier ein Orakel existierte, dessen Voraussagen man draußen vernahm.«

»Waren die großen Standbilder wie der ›Lanzon‹ in der zentralen Kammer den Wallfahrern zugänglich?«

»Vermutlich nicht. Diese Labyrinthe sind wohl ausschließlich den Priestern vorbehalten gewesen.«

»Wurden bei den Zeremonien vor den Augen des Volkes Menschenopfer dargebracht?«

»Das ist nicht auszuschließen. Auf der Ikonographie jedenfalls sieht man abgeschnittene Menschenköpfe. Sie werden von einem fliegenden Dämon am Schopf in seinen Klauen gehalten.«

Von den Bauern, die heute im Schatten des Tempels ihre Felder bestellen, fürchten manche die alten Götter noch immer, obwohl diese Indianer kaum Nachfahren des Chavín-Volkes sein können. Von der heutigen Macht der alten Götter erzählt eine düstere Geschichte, die wir beim Gang durch das Dorf beim Tempel erfahren. Im Jahre 1945, berichtet uns Kauffmann-Doig, begrub der Berg über Chavín einen Teil der Tempel und des Dorfes zusammen mit einigen hundert Menschen unter Erd- und Gesteinsmassen. Nach einem großen Regen wälzten sich gewaltige Schlammfluten den Berg herab.

In der Schlucht des Huachecza-Flusses donnerten Felsen, groß wie zweistöckige Häuser, zu Tal. Der meterhohe Schlamm drang in die Gänge des Heiligtums und tötete angeblich mehrere Besucher aus Lima, die sich gerade darin aufhielten. Die Flut riß viele Funde mit in den Mosna-Fluß.

Um solche Ereignisse bilden sich in den Kordilleren Legenden und Mythen, kaum daß die Katastrophen vorüber sind. Weil die Leute aus Lima den »Lanzon« aus dem Tempel holen und in ein Museum der Hauptstadt bringen wollten, habe der Berg zugeschlagen, behaupten die Bewohner von Chavín. Wir fragten unseren Professor, der nach der Katastrophe an den Aufräumungsarbeiten teilgenommen hat, nach einem Kronzeugen: »Der alte Martin«, antwortete er, »ist dem Tod entgangen, obwohl er es gewesen ist, der die Leute aus Lima geholt hat. Er kann Ihnen aber nichts weiter erzählen. Er stottert seit der großen Schlammflut. Zur Strafe, heißt es, hätten die Götter ihm die Zunge gelähmt.«

Der Berg sei doch selbst ein Opfer der Regenfluten gewesen und nicht ein Verbündeter des »Lanzon«, mag der wachsame Leser einwenden. Darauf wird er eine ähnliche Erklärung bekommen wie ich: Bei den alten Indianern waren die Berge Bindeglieder zwischen Unterwelt, Erde und Himmel. Die Unterwelt wurde mit dem Ozean gleichgesetzt. Die Inka, die hier Jahrtausende nach den Priestern von Chavín regierten, hatten da sehr präzise Vorstellungen. Die Erde, sagten sie sich, ruht auf dem Meer. Das Wasser des Titicaca-Sees zum Beispiel stammt nach dem Inka-Glauben von den Wassern des Meeres unter der Erde. Die Seen auf vielen Bergen wurden demnach als Manifestation des Ozeans betrachtet. Auch die Wasserwege, also die Flüsse und Wasserfälle, sah man als Adern der Berge.

Von solchen Vorstellungen berichtet mir ein paar Tage später im Anden-Städtchen Pisac, nahe der alten Inka-Hauptstadt Cuzco, ein junger amerikanischer Anthropologe mit Namen Johan Reinhard, der wie wir einer Regenzeremonie der Bergbauern beiwohnte. Aus frühesten Zeiten hat sich auch in diesem Anden-Tal der Glaube erhalten, die Berggötter kontrollierten den Regen. Wir schauen zu, wie Kaziken in uralter

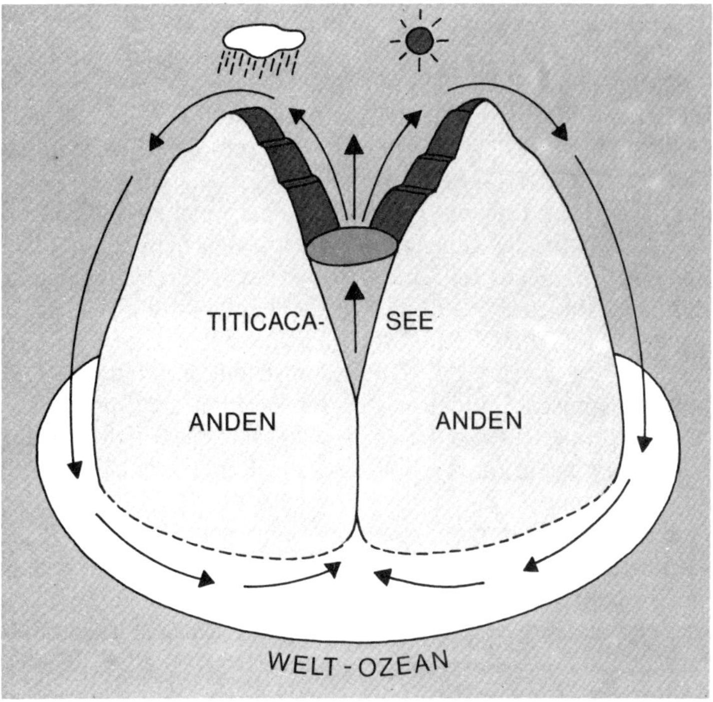

In Bolivien gelten die Bäche, die von den Gipfeln herabrauschen, bei vielen Indianern noch immer als die »Arme der Berge«. Diese Vorstellung erinnert an das Inka-Weltbild, nach dem die Erde auf dem Meer ruht und die Berge Bindeglied zwischen Unterwelt (Ozean), Erde und Himmel sind.

Tracht sich bei den Feldbau-Terrassen am Fuße der Berge aufstellen, große Meeresmuscheln wie Trompeten an die Lippen setzen und kraftvoll hineinblasen. Der nun weithin hörbare Klang dieser spiralähnlichen Strombusmuscheln soll den Regen auf die Felder herabrufen. Die Muscheln selbst werden als Töchter des Meeres angesehen, die mit dem ewigen Wasserkreislauf verbunden sind. Während man die Strombusmuscheln hier als Trompeten, *Pututos,* einsetzt, um die Aufmerksamkeit der Berggötter auf die Nöte der Menschen zu locken, opfert man den Göttern eine andere Muschelart, die Spondylusmuschel, auf kleinen Altären.

Daß solche Manifestationen sicher schon vorinkaischen Glaubens die heftige Christianisierung durch die katholischen Gottesmänner der Spanier und ihrer Nachfolger überlebt haben, ist eine der großen Überraschungen auf unserer Reise zum Ursprung indianischer Kultur. Aus welchen Tiefen der Zeit der mythische Rang und Klang der Muscheln kommt, haben wir uns auch im Tempel von Chavín vergegenwärtigen können: Auf einer Tafel, die in die Umfassung des kleinen Platzes beim Alten Tempel von Chavín eingelassen ist, hält eine Gottheit zwei große Meeresmuscheln in Händen. Die Strombusmuschel finden wir in der Rechten, die Spondylusmuschel in der Linken dieses Gottes. Man sagt, die Muscheln hätten in Chavín die Verbindung zum Beherrscher des Wassers gehalten.

In den Kultstätten der späteren Tiahuanaco-Kultur in Bolivien und schließlich auch der Inkas sind die Meeresmuscheln stets anzutreffen. Von einem Inka-Herrscher ist überliefert, daß er zwei Bergen, die durch Blitz- und Hagelschlag geholfen hatten, eine Rebellion niederzuschlagen, 40 seiner Diener und eine Anzahl Frauen opfern wollte. Die Berggötter aber hätten statt dessen ein Muschelopfer (!) verlangt. Viele Angehörige der Führungsschicht des Inka-Imperiums erhielten Muscheln, die als »Speise der Götter« galten, als Grabbeigaben.

Die mythische Bedeutung der Meeresmuscheln, die wir schon in der Tempelanlage von Chavín entdeckt haben, mag sich gewandelt haben. Doch hat sie sich über die Jahrtausende in den Anden erhalten, solange die Indianer ihre Felder und Terrassen bestellen.

Wir haben im Tempel von Chavín die Parallelen zum frühesten indianischen Tempel in Ekuador gesucht und gefunden. Entdeckt haben wir aber auch neben diesem Ursprung einer gemeinsamen Weltauffassung, daß manche Mythen bis zum heutigen Tag überlebt haben. Uns interessierte jedoch noch eine andere Frage. Diese Meeresmuscheln, die man in Chavín abgebildet hat und die wir in den Händen der Kaziken von Pisac gesehen haben, sind im kalten Ozean vor der Küste Perus gar nicht zu finden, sondern erst nördlich des Golfs von Guayaquil in Ekuador, wo das Wasser viel wärmer ist. Dort holen gute Taucher die seltenen großen Exemplare der Arten *Spondylus* und *Strombus* von den Felsriffen, die oft in mehr als 15 Metern Tiefe liegen. Waren sie also ein Handelsgut aus Ekuador? Sie waren es. Und sie sind es noch. Kehren wir nach Ekuador zurück!

Handelsfahrten nach Mexiko und Peru

Als die Abbilder der beiden Muschelarten in den Stein von Chavín gehauen wurden, waren auch die Menschen im heutigen Staatsgebiet von Ekuador längst von den Anfängen des Maisbaus und der Keramik zu großen handwerklichen Leistungen fortgeschritten.

Die Valdivia-Kultur repräsentiert die frühesten Errungenschaften ihrer Zivilisation. Auf Valdivia folgt ab etwa 1500 vor Christus die Machalilla-Kultur. Die lieblos hingekneteten kahlköpfigen Keramikgestalten, die man bei der Ortschaft Machalilla ausgegraben hat, wirken auf uns zunächst so enttäuschend, daß wir einen Rückfall in primitive Anfänge vermuten. Aber das Urteil kommt verfrüht; denn diese Kultur entwickelt eine Gefäßform, die in der Weiterentwicklung zu einem wahren »Hit« im alten Amerika werden soll: Sie formt Flaschen mit einem sogenannten Steigbügelausguß, die man später in Mittelamerika *und* Peru wiederfindet.

Der Weg dieser Gefäße läßt sich wirklich verfolgen. Im nördlichen Peru erscheinen sie vom achten Jahrhundert vor Christus an und bleiben bis tief in die spanische Kolonialzeit hinein Gebrauchsgut. Donald W. Lathrap hat ihren Erfolgsweg im Norden skizziert. »Der Steigbügelausguß erscheint auch in der Capacha-Kultur von Colima in West-Mexiko um 1450 vor Christus ... und bleibt eine westmexikanische Spezialität ... Von Mexiko verbreitet sich die Form in die Vereinigten Staaten — nach beiden Seiten, in den Südwesten und in den Südosten ...«

Nach den heute erreichbaren Datierungen liegt der Schluß nahe, der Ursprung der beiden Entwicklungen — jener in West-Mexiko und jener an der Nordküste Perus — sei in der Machalilla-Kultur Ekuadors zu finden. Lathrap, der dies vertritt, ist auch der Ansicht, daß die Leute von Machalilla nur weiterentwickelt hätten, was allem Anschein nach zuvor schon Keramik-Tradition im oberen Amazonasgebiet gewesen sei.

Das Erbe von Machalilla tritt um 1000 vor Christus die Chorrera-Kultur an. So hat man sie nach einer Hazienda am Rio Babahoyo benannt, wo viele ihrer schönen Schöpfungen ausgegraben worden sind.

Nicht nur vollendete Formen, auch herrlich zarte und neue Farben wie Creme, Rosa und schillernde Töne haben in der Chorrera-Keramik eine große Rolle gespielt. Und Klänge sind darin von Bedeutung gewesen!

Im Museum der »Banco Central« in Quito dürfen wir verschiedene, gut 2500 Jahre alte Flötenflaschen aus den Schauvitrinen nehmen und ihren Klang hören. Das darin eingebaute Instrument ist ein Luftklinger. Wir kippen eine mit Wasser gefüllte Flasche aus; das Wasser im Bauch der Flasche drückt die darüber befindliche Luft durch den engen Kanal mit der eingebauten Flöte und bringt sie so zum Klingen. Die Keramikschöpfer von Chorrera haben das Prinzip variiert, so daß man zwei oder drei verschiedene Töne hören kann. In manchen Figuren, die auf den Flaschen thronen, sind wie auf einer Blockflöte Löcher angebracht worden, die man mit den Fingern öffnen oder schließen kann, damit die Luftsäule kürzer oder länger wird. So können wir Triller oder gebrochene Dreiklänge spielen. Die Intervalle sind genau aufeinander abgestimmt.

Uns fasziniert die musikalische Übung um so mehr, als wir heute noch Töne vernehmen, die schon vor zweieinhalb Jahrtausenden die alten Indianer erfreut haben. Auf manchen Gefäßen ist aus Klängen und Figuren ein »Gesamtkunstwerk« geschaffen worden: Da ist zum Beispiel ein Gefäß, das den Körper eines kranken, von vielfältigen Leiden gezeichneten Mannes darstellt. Füllt man Wasser in das Gefäß und gießt es aus, vernimmt man einen klagenden Ton. Auf anderen Gefäßen thront ein Musiker, ein Vogel, ein Äffchen – und fast immer stimmen die Flötentöne dazu.

Daniel Stat von der Universität Los Angeles hat einmal mit einem »Orchester« von 73 Flötenflaschen eine nervtötende Musik mit einer Lautstärke von 96 Dezibel intoniert. Die Tatsache, daß die meisten Flötenflaschen als Beigaben in Gräbern gefunden worden sind, nehmen er und manche seiner Kollegen zum Beweis für ihren rituellen Gebrauch. Doch ist ihre praktische und unterhaltende Funktion im Alltag und bei den Festen des Chorrera-Volkes nicht auszuschließen.

Auch in anderen Gefäßformen zeigt sich vollendeter Kunstsinn. Da ist eine dünnwandige Schale, die einen Vampir zeigt, dessen weitgespannte Flughäute das Gefäß formen. Ein großes Vorratsgefäß erzählt das Drama eines tödlichen Kampfes zwischen Schlange und Greifvogel. So präzise sind die alten Indianer Ekuadors ans Werk gegangen, daß Zoologen heute noch bestimmen können, welche Tiere und Pflanzen ihre Welt damals belebt haben. Besonders eindrucksvoll wirkt in dieser Hinsicht ein großes kugeliges Gefäß, das im Museum der »Banco del Pacifico« in Guayaquil Mittelpunkt der Sammlung ist. Obenauf sitzt eine mächtige rote Krabbe. So lebensecht wirkt das Krustentier, daß der Betrachter keine Mühe hat, die Art zu bestimmen. »Cangrejo« nennen die Ekuadorianer sie heute; sie gilt bei ihnen als Delikatesse.

Dank der Chorrera-Keramik können wir ahnen, wie vor 2500 oder 3000 Jahren die Menschen in diesem Teil Alt-Amerikas ausgesehen haben. Neben den vielen Gefäßen sind in den küsten- und den meernahen Provinzen Ekuadors nämlich Hohlfiguren ausgegraben worden. Danach hielten es die Indianer damals anscheinend für attraktiv, sich den Schädel zu einem ausladenden Hinterhaupt zu deformieren und die Ohren mit dicken Spulen in den Läppchen zu schmücken. Die Verformung des Schädels erreichte man durch eine Holzpresse oder durch Bandagen, die den Kindern im ganz zarten Alter angelegt wurden, solange der Schädel noch formbar war.

Im Museum der »Banco Central« in Quito ist eine solche Schädelpresse nach Funden rekonstruiert worden. Sie besteht aus zwei Holzbrettchen, die eng an die Stirn und den Hinterkopf angelegt werden. Beide sind durch Schnüre miteinander verbunden, die durch einen Knebel immer straffer gezogen werden können. Die Wirkung der Prozedur haben wir nicht nur an verschiedenen Chorrera-Figuren mit ausladenden Hinterköpfen und »fliehender« Stirn betrachten können, sondern auch an zahlreichen Schädelfunden in den Museen Limas, die aus jüngeren Kulturen stammen. Offenbar hat sich das Schönheitsideal sogar über die Inka-Zeit hinaus bis in unsere Tage erhalten. Jedenfalls wird noch verschiedentlich von Schädeldeformierungen berichtet, die man bei alten Menschen in Ekuador gesehen hat. Meine bange Überlegung, ob ein solch rabiater Brauch nicht auch zu »Dachschäden« geführt haben könnte, wird von fast allen Gesprächspartnern mit einem fragenden Schulterzucken beantwortet.

Eine große Anzahl von Figuren fällt auch durch ungewöhnlich dicke Arme und Beine auf. Mit solchen Gliedern, scheint es, sind die Menschen kaum zu großen körperlichen Anstrengungen fähig gewesen. Ich vermute, daß sich nur eine Oberschicht solche Verformungen an Haupt und Gliedern hat leisten können.

Welche Krankheiten die Menschen in der Indianerwelt von gestern heimsuchen konnten, darüber gibt eine 22 Zentimeter hohe Chorrera-Keramik, die in der Ortschaft Calderón, in der Provinz Manabí, ausgegraben worden ist, dem Besucher des Museums der »Banco del Pacifico« in Guayaquil einwandfrei Auskunft. Der Mann, den sie darstellt, hat einen Buckel und einen Klumpfuß, einen verkrüppelten Arm und einen Bruch. Er hat nur ein Auge und besitzt deformierte Ohren. Seine Oberlippe ist entweder durch eine Hasenscharte gespalten oder durch eine schreckliche Hautkrankheit, die nach ihrem Entdecker Leishman Leishmaniose heißt. Die Haut ist gezeichnet von Syphilis und den Knoten der »Verruga peruviana«, einem tödlichen Fieber, das heute noch im peruanischen Hochland die Menschen heimsucht. Vermutlich hat ein Zauberer vor über 2500 Jahren diese Keramik mit all dem Leid beladen, das er von den Lebenden nehmen wollte.

Diese Art der vorgeschichtlichen Krankenheilung wird uns

heute noch nahegebracht durch die Praxis mancher Zauberer, die sich in entlegenen Andentälern oder im bergnahen Regenwald, fern der modernen medizinischen Versorgung, aber auch durchaus *neben* ihr, behauptet. Im Hochland zum Beispiel beladen die Zauberer Meerschweinchen mit den Krankheiten der Leute, die zu einer Heilungssitzung kommen. Der Brujo tötet das Tier unauffällig und behauptet, die Krankheit des Patienten habe es umgebracht. Er schneidet den Bauch des Meerschweinchens auf und liest aus den Organen die Todesursache heraus. In Peru sind Las Huarinyas und Guacho weithin bekannte Heilungszentren. Das Schamanentum des alten Ekuador ist in unmittelbarer Nähe der Hauptstadt, im Vorort Cumbaya, noch lebendig, wo ein Ketschua-Medizinmann auch unter den Weißen Patienten hat. Eine nahezu ungebrochene Tradition magischer Heilungsformen hat sich auch in den dichten Wäldern Amazoniens und am Westhang der Anden erhalten. Dort, nahe der Stadt Santo Domingo de los Colorados, behaupten sich in ihrer weitgehend traditionellen Lebensweise die Colorado-Indianer. Sie sprechen Chibcha — ein Beweis dafür, daß sie von den Inka nicht oder nicht lange genug beherrscht worden sind.

Ich kenne einige Colorado-Indianer von früheren Besuchen. Manche, wie der Zauberer José, unterhalten hinter dem Haupthaus am Rande ihrer kleinen Pflanzung eine Medizinhütte.

Als wir an einem Sonntagnachmittag nach einer Fahrt über die aufgeweichte Urwaldpiste auf dem Platz vor der Hütte Josés ankommen, treffen wir nur dessen Familie an. Der Hausherr wird erst am späten Nachmittag von einem Fußballspiel aus der Stadt zurückerwartet. Am Abend ruft ihn die Pflicht. Inzwischen dürfen wir den Sohn des Medizinmannes in den Urwaldgarten begleiten.

Der Sohn des Medizinmannes hackt einen langen, leicht verholzten Strang *Ayahuasca,* der »Liane des Todes« und besonders heiligen Pflanze, mit der Machete heraus und nimmt ihn mit zur Medizinhütte. Dort zerteilt er ihn in handliche Stücke, die er mit einem schweren Stein bearbeitet, bis sie ganz breit und faserig aussehen. Dann steckt der Zauberlehrling Glimmhölzer zusammen, setzt einen Topf voll Wasser darauf und legt die zerquetschten Lianenstränge hinein. Stundenlang werden sie nun kochen, bis der Sud alle Wirkstoffe angenommen hat. Das Gebräu wird dem Medizinmann helfen, sich in ein mächtiges Wesen zu verwandeln. Sein anderes Ich wird ihn befähigen, in den Körper eines Patienten zu schauen, als wäre dieser aus Glas. Er wird dann die Krankheit klar sehen und mit seinen übernatürlichen Helfern zusammen bekämpfen.

Der weiße Mann hat für alles eine nüchterne Erklärung, die allein die naturwissenschaftliche Seite sieht. Er hat längst herausgefunden, daß die Droge mit bestimmten Alkaloiden die Sehnerven beeinflußt und so all die bildreichen Träume hervorruft. Die Indianer wissen davon nichts. Sie haben einen ganz anderen Erfahrungsschatz.

Der Mann, der diesen Erfahrungsschatz verkörpert, kehrt etwa zwei Stunden vor Einbruch der Dunkelheit auf seine Lichtung zurück. Schon von fern leuchtet der brandrote helmartige Schopf, den José wie alle Colorado-Indianer mit der fetthaltigen Farbe aus der Frucht des Achiote-Strauches eingefärbt hat. Schnitt, Form und Farbe erinnern mich an den Kopfschmuck vieler Figuren der Chorrera-Zeit. Josés nackter Oberkörper ist weißhäutig. Um die Hüften hat der Schamane ein schwarzweiß gestreiftes Tuch gewickelt, das die Oberschenkel halb bedeckt. Seine krummen Beine stecken barfuß in halbschäftigen Gummistiefeln. Er hat einen Vorderlader geschultert, mit dem er — so scherzt er — nicht in das Fußballspiel eingreifen, sondern auf dem Heimweg ein Tier erlegen wollte.

Obwohl er mit uns scherzt, ist José nicht erfreut, Fremde ums Haus herum zu sehen, weil er fürchtet, sie könnten scheue Patienten vergrämen. Seine Erinnerung an mich ist blaß und gewinnt erst an Kontur, als ich unser Ansinnen, bei ihm eine Heilungszeremonie zu filmen, mit einem Angebot verbinde, das seinem Schamanenhonorar für mehrere Sitzungen entspricht. Er kann das Geld gebrauchen.

Spät am Abend kommt indessen nur eine kleine Patientin, deren Eltern wir bitten, bei der Behandlung dabei sein zu dür-

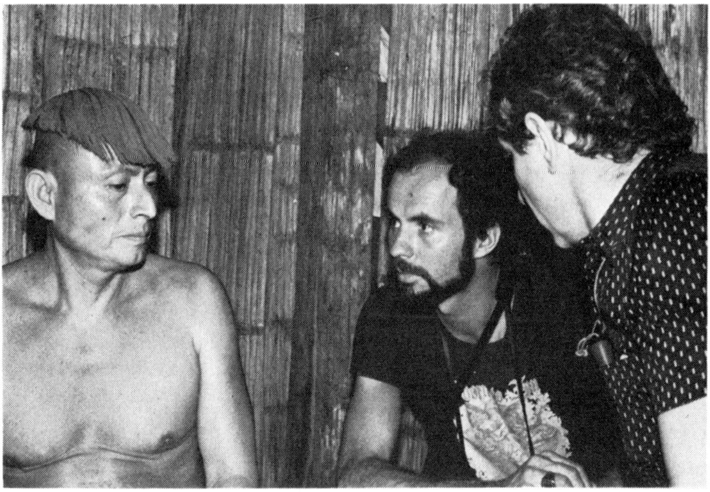

In der Hütte des Colorado-Medizinmannes José: Zu dem brandroten, helmartigen Haarschmuck findet sich eine auffällige Parallele in dieser Figur, die in der Chorrera-Kultur geschaffen worden ist. Mit Hilfe einer Farbsubstanz der Bixa orellana läßt sich ein »Helmschopf« formen. Ein paar Fruchtkapseln haben wir für Erich von Däniken mitgebracht, damit wir eines schönen Tages gemeinsam mit ihm einen hübschen Astronauten-Helm gestalten können.

fen. Was der Kleinen fehlt, erfahren wir nicht. Sie habe Schmerzen, heißt es.

Die Sitzung in der Hütte am Urwaldrand beginnt, sobald die Dämmerung herabgesunken ist. Schon vorher sind wir die rohgezimmerte Leiter hinauf in das auf Pfählen ruhende Haus geklettert. Es besteht aus einem schmalen Vor- und einem Behandlungsraum, der von einem »Instrumententisch« und von einer langen Sitzbank eingenommen wird.

José eröffnet die Krankenheilung, indem er sich zuerst mit einer Kerze bekreuzigt, die er für die Jungfrau Maria angesteckt hat: Christlich-katholisches in einer heidnischen Zeremonie! Dann bereitet der Schamane die Kranke vor. Er bläst magischen Rauch auf ihren Leib, wo er im Körper den Sitz der Krankheit vermutet. Dazu hat er sich eine »Lucky Strike« angezündet. Denselben psychologischen Zweck der Einstimmung erfüllt ein rauschendes Bündel aus Nesselblättern, mit dem der *Brujo* kreisend um den Kopf der Patientin und immer wieder den Körper und die Glieder hinab- und hinauffährt.

Auf Josés Altar entdecken wir inzwischen eine gute »Bekannte«. Das ist die Strombusmuschel. Welchen Zweck sie hier hat, erfahren wir nicht; denn er wird sie nicht in der Zeremonie verwenden. Inmitten von Zaubersteinen und Kerzen ruht die Schale mit dem Sud aus der heiligen Pflanze *Ayahuasca.* Zuerst nimmt José den Mund voll Zuckerrohrschnaps und sprüht dem Mädchen einen atemberaubenden Regen mitten ins Gesicht.

Schwarze runde Zaubersteine spielen nun im dramatischen Abschnitt der Sitzung eine Schlüsselrolle. Mit ihrer Hilfe will der Schamane die Krankheit aus dem Körper entfernen. Das geschieht, indem er pfeifend und eine kleine magische Melodie singend die bösen Geister in den Raum ruft. Sie sollen die Krankheit abholen, die sie dem Mädchen geschickt haben.

José treibt die Krankheit aus dem Körper in die Zaubersteine. Zwei Steine legt er dem Mädchen in die Hände. Die beiden anderen Steine nimmt er selbst und schlägt sie über dem Kopf der Patientin zusammen. Dann fährt er die Körperpartien vorn und hinten damit ab und schließlich über die

Schultern und die Arme auf die Hände zu, wo die beiden anderen Zaubersteine ruhen. Von hier sollen die bösen Geister die Krankheit fortbringen. Weit, weit fort. Endlich trinkt José *Ayahuasca* und gibt auch dem Mädchen davon. Mit Hilfe des Suds stärkt er sich für das Ringen mit den bösen Geistern und mobilisiert auch die Schutzgeister des Mädchens. Je mehr er von dem Sud trinkt, desto nachdrücklicher, fordernder fährt er mit den Zaubersteinen über den Leib des Kindes.

Am Ende der Zeremonie geleiten die Eltern die Patientin zu ihrem Lager, auf dem sie eine lange Reise antreten wird. Wir wissen nicht, was sie träumen wird. Wir wissen nur, daß der *Ayahuasca*-Trank dem Mädchen am Morgen mit Gewalt den Darm reinigen wird. Und wir hoffen, daß es sich danach besser fühlt.

In dieser Nacht in der Medizinhütte des Colorado-Indianers ist das alte Amerika lebendig. Auch deshalb ist es lebendig, weil die kostenaufwendige moderne Medizin arme Menschen kaum erreicht.

Heilige Pflanzen sind in der indianischen Zivilisation von Beginn an Wegweiser zu den Geistern und Göttern gewesen. *Wie* alt die Tradition ihres Gebrauchs und *wie* verbreitet sie gewesen ist, zeigt uns nach unserem Abschied vom Zauberer José in Guayaquil im Museum der »Banco del Pacifico« die charakteristische Ausbuchtung in der Wange mehrerer, wohl 4000 Jahre alter Valdivia-Figürchen. Man muß nicht einmal Archäologe oder Völkerkundler sein, um festzustellen: Wer ein solches Gesicht macht, wie es die Figuren zeigen, leidet nicht unter Zahnschmerzen, sondern hat eine Kugel aus Coca-Blättern im Mund.

Auf vielen Indianermärkten werden die getrockneten Blätter gehandelt, und die Gesichter der heutigen Ketschua-Indianer, die eine solche Kugel in der »Backentasche« haben, sehen genauso aus wie die Valdivia-Gesichter. Die Indianer schieben die trockenen, etwas bitter schmeckenden Blätter nacheinander in den Mund und schaben von Zeit zu Zeit mit den Zähnen ein wenig von der Asche aus verbrannten Quinoa-Stengeln ab. Die Asche der Chinarinde erschließt den Wirkstoff im Blättersaft besser und entzieht der Coca den bitteren Ge-

Die Tradition des Drogengebrauchs reicht mindestens zurück bis in die Valdivia-Zeit. Die Ausbuchtung in der Wange des Indianers im Hochland von Peru und in dem Valdivia-Kopf von Ekuador ist charakteristisch für den Genuß von Coca-Blattkugeln.

schmack. Kalk zerstoßener Muscheln, den man in kunstvoll gestalteten Töpfchen aufbewahrt, erfüllt einen ähnlichen Zweck. *Llipta* nennen die Indianer das Alkaloid in den Coca-Blättern. Es beflügelt nicht nur den Geist. Es macht den Körper auch weniger empfindlich gegen Hunger, Durst und Kälte.

Zur Inka-Zeit ist der Genuß der kokainhaltigen Blätter Sache der Priester gewesen. Doch die spanischen Eroberer nahmen den Inka-Priestern das Privileg und ließen die indianischen Feldarbeiter, die auf ihren Besitzungen schuften mußten, Coca-Blätter kauen, um sie möglichst bedürfnislos zu halten. Seither ist die Droge auf den Märkten des Hochlandes für jedermann erreichbar. Ob ihr Gebrauch lange vor den Inka, also in den früheren Zivilisationen Südamerikas, nur in den religiösen Dienst eingebunden gewesen ist, wissen wir nicht. Dagegen spricht eigentlich die hohe Zahl erhaltener Kalktöpfchen aus der Chorrera-Zeit.

Die Gefäße sind so hübsch und fantasievoll gestaltet wie die meisten der Keramiken damals: Als Vogel, Schildkröte, Schnecke, Pekari, Katze, gerollte Schlange oder gar menschlicher Fuß begegnen sie uns. Die meisten sind kaum größer als sieben Zentimeter. Die Droge Coca also ist schon in der Valdivia-Zeit bekannt. Wir können ihren Gebrauch auch in der Chorrera-Zeit nachweisen und finden sie schließlich in den vielen nachfolgenden Kulturen bis zur Inka-Zeit. Der Coca-Strauch und andere heilige Pflanzen gehören also zum gemeinsamen Bestand der indianischen Altvölker. Die Entdekkung der Droge Coca bei den frühesten Küsten-Kulturen Ekuadors legt aber auch noch eine andere Frage nahe: Halten wir uns vor Augen, daß der Coca-Strauch feuchtes und kühleres Klima benötigt, also in der bleischweren und heißen Luft des Guayas-Beckens ebenso wenig gedeihen kann wie in den trockenen Küstenprovinzen Ekuadors. Er ist eine Pflanze des Hochlandes, die zuerst in den östlichen Anden-Tälern kultiviert worden sein dürfte. Wie aber ist sie in die Hände der Leute an der Küste gekommen?

Einige alte Handelswege der Indianer lassen sich rekonstruieren. Victor W. Hagen hat sogar einen erforscht, auf dem während der ersten Hälfte des ersten Jahrtausends vor Chri-

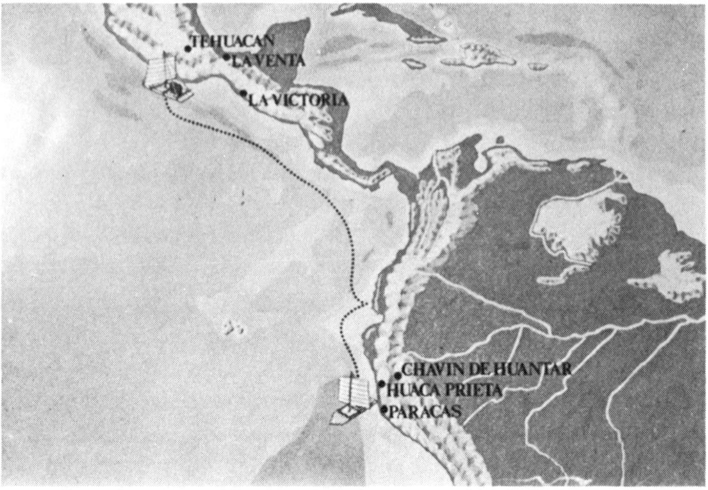

Auf ihren Handelsfahrten erreichten die »Phönizier Alt-Amerikas« die Küsten Perus und Mittelamerikas. Die Orte bezeichnen nur einige der Schauplätze, wo Archäologen den Einfluß der Chorrera-Kultur vermuten.

stus Schnupfdrogen aus Amazonien in die Anden gebracht worden sind. Er lief entlang dem Rio Piura nach Huancabamba und von dort nach Jaen in der Nähe des Rio Marañon. Daß auch entlang der pazifischen Meeresküste regelrechte Handelsfahrten unternommen worden sind, wird heute von einer Reihe angesehener Forscher verfochten. Nach Keramik-Schöpfungen der Chorrera-Zeit zu schließen, müssen Binsenboote während der Frühzeit Ekuadors schon hoch im Kurs gestanden haben. Ein Fund, der aus Charapotó in der Provinz Manabí stammt, stellt zum Beispiel einen Mann im Binsenboot dar. Typisch für diese Boote ist der stark hochgebogene Bug. Noch heute reiten Küstenbewohner mit dem »Seepferdchen« aus Binsenbündeln die Ozeanwellen ab: »Caballito del mar« nennen sie es. Doch für einen großen Törn erscheinen mir diese Boote nicht so recht geeignet.

Lange vor Ankunft der Europäer haben die Indianer schon

seetüchtige Reiseflöße aus Balsa-Stämmen gebaut. Die Bäume, die das federleichte Holz liefern, wachsen besonders gut im Guayas-Becken, nicht jedoch an der trockenen peruanischen Küste. Die Chorrera-Leute hatten also günstige Voraussetzungen für eine Rolle als »Phönizier Amerikas«, wie der Amerikaner Donald W. Lathrap sie genannt hat. Als Exportware könnte vor allem ihre Keramik gedient haben. Eine ihrer Routen scheint — immer in Sichtweite der Küste — hinauf bis nach Mittelamerika geführt zu haben, wo Parallelen zu ihrer typischen Keramik vor allem in West-Mexiko zu finden sind. Der Archäologe David Grove, der dort gegraben hat, vermutet eine regelrechte Kolonisierung der Küste durch die alten Ekuadorianer. Im Volk der Tarascaner, das sich noch zur Zeit der Spanier in Sitten und Sprache von allen Bewohnern des Landes deutlich unterschieden hat, glaubt er ihre Nachfahren zu erkennen.

In der Ocós-Kultur an der Südküste Guatemalas findet man ebenfalls eine Keramik, die außer den charakteristischen Formen noch die Spezialität der irisierenden Bemalung mit den Chorrera-Stücken teilt. Schließlich hat Richard McNeish im Tehuacan-Tal von Mexiko Hohlfiguren ausgegraben, die zeitgleich mit Chorrera-Figuren entstanden sind und in ihrer Gestalt an die ekuadorianischen Figuren erinnern.

Die Handelsroute in Richtung Süden erreichte vermutlich Küstenorte im heutigen Peru. Funde in Paracas, Huaca Priéta, Curayacu und Chavín erinnern an Chorrera-Keramik. Ein Arrangement im Museum der »Banco del Pacifico« macht die Parallelen deutlich: Da korrespondieren zum Beispiel die Eigenschaften einer Hohlfigur, die Frederic Engel bei Curayacu ausgegraben hat, durch den Gesichtsschnitt, die polierte Bemalung und die Kopfform auf verblüffende Weise mit Chorrera-Figuren.

Alle Schauplätze, die ich aufgezählt habe, weisen im Gegensatz zu Chorrera keine Funde auf, nach denen man auf eine vorausgegangene Entwicklung schließen könnte. Diese Tatsache bringt die Archäologen auf die Idee, erst Handelsware aus Alt-Ekuador hätte die Töpferei der Völker in Peru und West-Mexiko beeinflußt.

Auch in der Zeit, als unter dem kraftvollen Impuls der Religion und damit der Priesterschaft in Mittelamerika die Olmeken-Zivilisation aufblühte und in Peru die Chavín-Kultur bestand, ist dieser Handel wohl noch schwungvoll geblieben. Erst als die Chavín-Kultur das vielleicht erste staatsähnliche Gebilde Südamerikas ausformte, dürfte man die Meister aus Ekuador als Quellen der Inspiration nicht mehr länger benötigt haben. In Peru und Mittelamerika aber finden sich noch über lange Zeit thematische Parallelen, die auf regen Handel und Wandel schließen lassen, so daß Donald W. Lathrap mit Recht von »Mustern gemeinsamen kulturellen Inhalts« spricht.

Die hervorragende Rolle der Chorrera-Kultur endet etwa um 500 vor Christus. Doch die Rolle der alten Ekuadorianer als Handelsfahrer endet erst mit der Ankunft der Spanier.

Auf den Spuren der Könige von Salangone

Was der spanische Kapitän Bartolomé Ruiz bei dem Segler vermißt, der sich von der nördlichen Kimm her nähert, ist ein achtbarer Schiffskörper mit mächtigen Kastellen. In seinen Augen scheint da ein bescheidenes Haus gleichsam auf dem Wasser zu schweben. Bald wissen die Spanier ganz genau: Da nähert sich kein Schiff der erwarteten Pizarro-Flotte! Das schwimmende Haus vor ihnen ruht auf einem Floß. Francisco de Jerez, der schreibkundige, fleißige Chronist an Bord, notiert seine Eindrücke an einem Tag im Jahre 1526.

Nach seinen Beobachtungen muß das fremde Seefahrzeug ein Floß aus zusammengebundenen Stämmen sein. Es ist etwa 20 Meter lang, trägt einen Doppelmast und einen überdachten Decksaufbau, der von einem großen quadratischen Baumwollsegel beschattet wird, und kann etwa 30 Tonnen tragen. Als die Conquistadoren von ihrem hochbordigen Schiff aus das Floß entern, springt ein Teil der indianischen Besatzung ins Wasser. Ein paar Männer drängen sich um eine Frau, können sie aber vor den Conquistadoren nicht schützen. Der

Fang der Spanier ist beachtlich. Er nährt durch den Reichtum seiner Kleidung aus feinster Wolle, mit farbigen Motiven von Vögeln, Fischen und Pflanzen, nährt vor allem mit seinem Schmuck aus Gold, Silber und Smaragden die Fantasie der Spanier, die in dem neuen Land, das sie erobern wollen, sagenhafte Schätze vermuten. Zudem führt das Floß reiche Proben in Gestalt von Schellen und Zünglein aus Gold, Silber, silbergefaßten Obsidianspiegeln, schwarzer Tonware und Geweben mit. All das wird den Spaniern zur Beute.

Von den 20 Mann Besatzung nimmt Ruiz drei Indianer mit auf sein Schiff. Der Rest darf das Floß mit der beraubten »Prinzessin« nach Hause segeln. Ach wäre seine Ladung doch armseliger gewesen, die Sprache der Schätze weniger beredt! Was Pizarro von der Beute des Piratenstücks später zur soliden Stützung seiner Behauptungen über das Gold Perus nach Madrid schickt, sollte den Appetit des Königs auf größere Reichtümer steigern. Es öffnet dem »Generalkapitän« tatsächlich die Hand Karls V. für jenes wahnwitzige Unternehmen, das sechs Jahre darauf zur Eroberung des Inka-Imperiums führt.

Vielleicht haben die drei Indianer, die von den Spaniern ausgehorcht worden sind, Unheil von ihrem eigenen Volk ab- und auf die Inka lenken wollen. Welchem Volk aber haben sie selbst angehört? Wo hat das Floß, das Kapitän Ruiz aufbrachte, seinen Heimathafen gehabt? Fast alle Altertumsforscher tippen auf Ekuador. Einer von ihnen glaubt das Ziel noch genauer zu wissen: Presley Norton. Er weist uns den Weg zu einer Küsten-Kultur, die dem Herrschaftsanspruch der Inka anscheinend entgangen ist, sich Handlungsspielraum bewahrt hat und erst von den Spaniern zerstört wurde: »Die Beute des Kapitän Ruiz«, behauptet Presley Norton kurz und bündig, »muß von einem Handelsfloß des Königreichs Salangone gestammt haben!«

»Salangone?« frage ich ungläubig, »nie gehört!«

Norton erzählt uns von einem Ort, der eine harmonische Bucht an der Küste der Provinz Manabí säumt und den Namen Salango trägt. Presley Norton betreut in den Hügeln über Salango ein internationales Grabungsprojekt, das er besuchen muß. Alles, was er uns vom Königreich Salangone und dessen Schicksal erzählt, elektrisiert uns. So bitten wir den Engländer, uns dorthin zu führen.

Wenn man, das Meer immer in Sicht, von Valdivia aus die Küste hinauf nach Norden fährt, beobachtet man bald einen verblüffenden Wandel in der Landschaft. Plötzlich endet das halbdürre Land, und eine kräftige, grüne Vegetation beginnt. Während in der Pflanzendecke an der ökologischen Grenze noch blühende Agaven vorherrschen, übernimmt bald dahinter dichter Buschwald den roten, hügeligen Boden. Und merkwürdig — je weiter man nach Norden gelangt, desto stärker erfüllt feuchte Wärme die Luft. Die Temperatur steigt allmählich von 20 auf 28 Grad Celsius an.

Die Ursache für dieses Phänomen kann man draußen im Meer ausloten. Da drängt im Pazifik eine warme Strömung aus dem Norden den kalten Humboldtstrom von der Küste ab. Während das Küstenland von Chile und Peru sowie der Süden Ekuadors unter der kalten Oberflächenströmung aus der Antarktis leiden — sie sorgt nicht nur für kalte, nebelreiche Luft, sondern bringt durch plötzliche Abkühlung die vom Pazifik heraufziehenden Wolken auch zum Abregnen, ehe sie das Land erreichen —, wird die Nordküste Ekuadors durch den Niño-Strom begünstigt. Das »Kind« erwärmt das Meer und die Luft, und die Regenwolken finden auch ihren Weg zu den Anpflanzungen der Menschen. Während der Monate vom Dezember bis zum April wird die Strömung stärker. Sie drückt dann kräftiger auf den Humboldtstrom, und indem sie ihn bis weit zur Halbinsel Santa Elena hinunter von der Küste abdrängt, rückt der ökologische Horizont mit Wärme und Regen zum Segen der Menschen saisonsweise nach Süden vor.

Die klimatischen Kräfteverhältnisse treffen indessen durchaus nicht immer so regelmäßig ein. Jahre der Dürre hat es zum Beispiel Ende des 18. Jahrhunderts gegeben, in denen auf Santa Elena statt 1000 Millimeter nur 50 bis 120 Millimeter Regen gefallen sind.

Uns fällt auf, daß wir auf dem Weg nach Salango nur etwa 50 Kilometer durch eine Zone der Üppigkeit fahren. Auf den

Höhen vor Salango halten sich nur noch Windengewächse und Buschwerk. Dafür sehen wir immer wieder ausgedehnten Mangrovenwuchs in den Brackwasserzonen.

Die lehmige Piste ist vor Salango in verwegener Höhe in die steile Uferböschung hineingeschnitten worden. Wohl jeder Fremde, der das erste Mal hierher kommt, hält den Wagen an, um für ein paar Minuten den Blick auf den sanften Bogen der Bucht zu genießen, in der sich die kleine Flotte der Fischerboote in den von der vorgelagerten Insel Salango besänftigten Wellen wiegt. Der Ort unter uns lebt mit seinen 1000 Einwohnern ebenso vom Fischfang wie das etwas stattlichere Puerto Lopez in der Nachbarschaft, wo Presley Norton und seine Mitarbeiter für die Dauer der Grabungen ein Haus gemietet haben.

Wissenschaftler, die hier draußen arbeiten, müssen viel entbehren. In dem zweigeschossigen alten Haus am Meer liegen zwischen den nackten Wänden der meisten Räume nur ein paar Matratzen auf dem Boden. Auf »gehobenem« Niveau schläft man im Feldbett. In den Räumen, die uns zugewiesen werden, liegen noch zwei dicke Autoreifen, und im Innenkreis des Gummis mache ich klar die Spuren von Ködeln aus, wie sie die großen grauen Nager fallen lassen. Ich ziehe mit meinen Freunden vor, die Matratzen auf den Balkon zu schaffen, wo jetzt am Abend ein kühler Wind die Salzluft des Meeres herüberweht, und denke an den Reichtum des Königreichs von Salangone.

Das alte Königreich soll im 16. Jahrhundert vier oder fünf Städte mit insgeamt 60000 Einwohnern in seinen Grenzen gehabt haben. Woher Presley Norton die Sicherheit nahm, als er behauptete, das Handelsfloß stamme von hier, erfahren wir am nächsten Morgen. Wir gehen mit ihm durch die planlos zum Meer hin orientierte Häuseransammlung, die Puerto Lopez ausmacht, zum abgesicherten Gelände der Fischfaktorei von Salango. Haifischflossen, Muscheln, dicke Langusten und Fischfilets werden hier täglich fangfrisch verarbeitet und konserviert.

Die Grabung hat am Fuße eines Hügels innerhalb der Fabrik begonnen, wo schwarze Tonscherben von jener Ware, wie sie auch Ruiz in die Hände gefallen sein muß, unter dem schütteren Pflanzenwuchs ans Licht gekommen sind. Manche Scherben sind auch durch Wind und Wetter freigelegt worden. Beim fachgerechten Anschnitt des Hügels entdeckten die Ausgräber, daß der größte Teil des Hügels nicht durch Erd-, sondern durch Menschheitsentwicklung aufgeschichtet worden ist.

Zahlreiche Stücke sind schon, sorgfältig dokumentiert, in viele hundert Beutel und Kisten verpackt und im Lagerhaus gestapelt. Projektleiter Norton führt uns indessen auf den Hügel hinauf, wo wir auf zwei schachtartige Grabungen stoßen. Während wir auf den Grund des einen Schachtes hinabsteigen, weist unser Begleiter darauf hin, daß wir buchstäblich an einem Querschnitt durch vier aufeinanderfolgende Zivilisationen entlangklettern. Dabei fallen uns die vielen schwarzverfärbten Streifen im Erdreich auf.

Als wir in etwa 3,80 Meter Tiefe anlangen, sagt Presley Norton so dramatisch, wie es ihm mit seinem gelassenen Temperament möglich ist: »Wir stehen auf dem Boden der Chorrera-Zeit. Das ist aber kein gewöhnlicher Boden; denn wir graben hier in einem Gelände, in dem von Anfang an Spezialisten gewirkt haben. Ihr mögt es sogar eine Fabrik nennen — eine Fabrik die von vier aufeinanderfolgenden Kulturen betrieben worden ist. Begonnen wurde die Faktorei 800 vor Christus zur Chorrera-Zeit.«

Presley Norton weist auf Reste von Muschelkalk in der Wand hin und kommt auf die Produktion dieser uralten Fabrik zu sprechen: »Der Platz läßt erkennen, daß hier Fachleute über Jahrhunderte Strombusmuscheln, Spondylus, Malea und Perlaustern verarbeitet haben. Nach unseren Funden zu urteilen, sind aus Seemuscheln auch zahlreiche Schmuckketten und Ornamente angefertigt worden.« Dann zeigt uns der Archäologe die vielen schwärzlichen Verfärbungen in der Wand. »So wie hier finden wir im Grabungsfeld eine große Anzahl von Öfen, wo die Indianer zerstoßene Muscheln zu Kalk verarbeitet haben. Kalk wurde zum Enthäuten der Maiskörner benötigt. Es war ein wichtiger Zusatz beim Coca-Genuß und diente — zu Pottasche verarbeitet — auch als Mittel

Die bisher älteste Stadt Amerikas lag schon vor mehr als 5000 Jahren bei Real Alto an der Pazifik-Küste Ekuadors. Das Modell ihres Ausgräbers Jorge Marcos zeigt in der Mitte eine Plaza und auf den Hügeln, größer als die Wohnhäuser, Tempelbauten.
Diese Bauidee »zündete« später in ganz Alt-Amerika. Die Tempelanlage Chavín de Huantar läßt mit Plaza und Tempelruinen ein ähnliches Grundmuster wie Real Alto erkennen.

Ein »Hit« in Alt-Amerika waren Flötenflaschen von der Art, wie sie dieses Mädchen in den Händen hält. Die Chorrera-Kultur schuf solche Gefäße und exportierte sie vermutlich nach Peru und Mittelamerika.

Muschelbläser im Tal des Urubamba bei Pisac in Peru: Als »Töchter des Meeres« sind die Muscheln nach dem Glauben der Indianer mit dem ewigen Wasserkreislauf verbunden. Ihr Klang soll den Regen auf die Feldbau-Terrassen herabrufen. Wie lange die Muscheln schon mit den Weltvorstellungen der Indianer verbunden sind, zeigen uns Abbilder auf uralten Keramiken und auf Reliefs der Tempelanlage von Chavín de Huantar.

Unten links: Einer der letzten steinernen Dämonenköpfe am alten Platz: Mit einem langen Schaft ist er in einer Außenmauer des Tempels von Chavín verankert. Unten rechts: Der »Lanzon« steht noch an seinem Platz als zentrales Heiligtum im Alten Tempel von Chavín de Huantar.

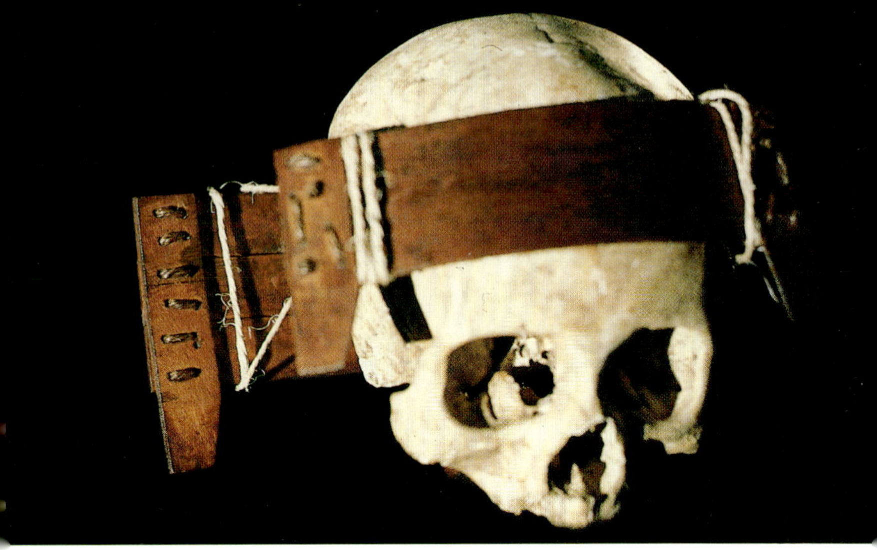

Eine Schädelpresse, wie sie nach ausgegrabenen Mustern im Museum der Banco Central in Quito rekonstruiert worden ist.

Unten links: »Der kranke Mann von Calderón«: Stand diese Keramik der Chorrera-Kultur, auf der wir alle möglichen Krankheitssymptome finden, im Mittelpunkt einer altindianischen Heilungszeremonie?
Unten rechts: Welche Wirkung die Schädelpresse ausübte und wie verbreitet das Schönheitsideal der Deformierung des Kopfes gewesen ist, zeigen uns verformte Häupter, die wir in einem Muesum in Lima entdeckt haben.

zur Behandlung von Tierhäuten. Man kann an dem Querschnitt gut ablesen, wo die Werkstätten sorgfältig durch Lagen von Meersand abgedeckt worden sind und wie darüber immer wieder neue Fabrikationen begonnen wurden.«

Erinnern wir uns an die Bedeutung der großen Meeresmuscheln für die Völker Alt-Amerikas: Wir haben sie in der Chavín-Kultur Perus entdeckt. Wir haben gesehen, welchen Rang die Inka ihr zumaßen. Und wir sind ihnen bei den Regenzeremonien im Tal des Urubamba begegnet. Da wir inzwischen erfahren haben, daß all die Muschelarten, die Presley Norton in dieser Produktionsstätte ausgegraben hat, vor der Küste Perus nicht vorkommen, kennen wir auch den eigentlichen Grund für die ausgedehnten Handelsfahrten der alten Ekuadorianer hier: Dieser Seehandel hat zur Chorrera-Zeit begonnen, und er endete wenige Jahrzehnte nach dem Piratenstück der Spanier, dem das Handelsfloß von Salangone zum Opfer gefallen war.

Jenes »Königreich von Salangone«, wie der Ausgräber es nennt, hat zur Manteño-Kultur gehört. Ihren Namen hat die Manteño-Kultur von der Stadt Manta an der Küste der Provinz Manabí erhalten, wo die ersten stattlichen Zeugnisse jener Kultur ausgegraben worden sind: herrliche, aus Stein geschnittene Sessel und Skulpturen, Keramik-Räuchergefäße in der Gestalt schwarzer Männer mit ausladenden Schultern, die eine Schale auf dem Kopf balancieren. Zu den weiteren Errungenschaften der Manteños gehörten neben all den schönen Dingen, die schon auf dem Floß entdeckt worden sind, Häuser aus Stein, Tiefbrunnen und regelrechte kleine Talsperren, mit denen sie Wasser für Dürrezeiten bevorratet haben. Die Inka haben das Reich der kriegstüchtigen Manteños wohl nicht erobert. Ihre Heere zogen zwar unter dem Klang der Muscheltrompeten und Trommeln durch ihr Gebiet; Städte und Herrschaftsverhältnisse aber müssen sie unangetastet gelassen haben. Der Untergang kam erst mit den Spaniern.

Davon berichtet uns die jüngste Schicht der Grabung in Salango: »Die Zeit des Verfalls«, erläutert Norton, »wird eingeleitet mit einer Schicht, in der wir die grünen Glasperlen der Spanier gefunden haben, die als Handelsgut binnen weniger

Der Ausgräber Presley Norton begleitete uns nach Salango, das an der Nordküste Ekuadors liegt. Hier stießen Norton und sein Team von Archäologen auf eine Fabrik, in der mehrere Indianer-Zivilisationen Muscheln verarbeitet haben.

Jahre nach der Landung des Kolumbus von der Karibik her ihren Weg bis zur Küste Ekuadors fanden. Diese Schicht erzählt auch die düstere Geschichte eines Massensterbens. Wir finden keine sorgsamen Bestattungen in Graburnen mehr, sondern stoßen auf Skelette, die einfach mit Erde bedeckt worden sind. Wo die Menschen damals gestürzt sind, hat man sie verscharrt. Zwischen den Leichen lagen tote Hunde. Die einst so reichen Manteños hatten nicht mehr die Kraft, ihre letzten Toten ordentlich zu bestatten. An einer Stelle haben wir die Überreste von 38 Menschen in einem Massengrab aus dem 16. Jahrhundert gefunden!«

Der archäologische Befund wird durch die ersten historischen Aufzeichnungen aus dem 16. Jahrhundert bestätigt. Wir lesen darin, daß im Hochland Ekuadors der Inka Huayna Capac schon 1524 durch eine »geheimnisvolle« Krankheit dahingerafft worden sei, zusammen mit vielen seiner Untertanen. Vermutlich hat hier erstmalig eine Seuche aus Europa gewütet, die durch die Landgänge der Spanier ausgelöst worden ist. 20 Jahre nach der Eroberung des Inka-Imperiums veranstalten die Spanier eine »Volkszählung« auch in den Küstengebieten Ekuadors. Das Ergebnis ist erschütternd. Im Guayas-Becken mit den einstmals blühenden Kulturen leben nur mehr 1800 Indianer, 1000 davon sind dem Augenschein nach Kinder unter 18 Jahren. Der Ort Atacames in der heutigen Provinz Esmeraldas, wo einstmals die ersten 80 Spanier zwischen 15000 und 30000 Einwohner gezählt haben wollen, ist zu dieser Zeit menschenleer. Und in Manta, einer der wichtigen Städte der Manteño-Kultur, zählen die spanischen Berichterstatter noch 50 Einwohner.

Anfang und Ende der Blütezeit Alt-Ekuadors hat die Grabung von Salango eindrucksvoll dokumentiert. Über die Entwicklung im Zeitraum dazwischen, also zwischen 500 vor und 1500 nach Christus, haben wir nicht annähernd so genaue Forschungsbefunde wie über die Kulturen Valdivia, Machalilla und Chorrera, weil noch nicht allzuviele aufschlußreiche Grabungen unternommen worden sind.

Die erste Phase der Entwicklung, die mit *Valdivia* beginnt und mit *Chorrera* endet, nennen die Amerikanisten Formativum. In ihr formten die Menschen ihr Dasein neu. Die Zeit ist gekennzeichnet durch technische, wirtschaftliche und soziale Veränderungen, die den Menschen weniger abhängig vom Glück des Jägers und Sammlers machen. Für eine ähnliche Entwicklung in der Alten Welt hat man den Begriff »Jungsteinzeit« gefunden. Für die 1000 Jahre vom Ende der Chorrera-Zeit bis zur Invasion der Inka in das Gebiet der Völker Alt-Ekuadors wurde das Wort *Regionale Entwicklung* geprägt, während die Zeit der Zusammenfassung all der einzelnen Gemeinschaften in das Imperium der Inka *Integration* genannt wird.

Das Menschenbild, das die Keramik der Phase nach Chorrera zeigt, wirkt dann plötzlich so fremdartig, daß auch die hartnäckigsten Verfechter der These einer indianischen Eigenentwicklung Einflüsse aus Übersee nicht mehr von der Hand weisen. Die Leute dekorieren üppig Ohren, Lippen, Nase und Haar. Die Tonmodelle von Häusern jener Zeit ähneln mit ihren geschweiften Dachformen Bauten aus Südostasien. Bahía-Kultur heißt diese Zivilisation nach dem Fundort Bahía de Caraquez. Die ältesten Stücke stammen aus der Zeit um 400 vor Christus.

Nur mit wenigen Namen, die für die Entwicklung in den folgenden Jahrhunderten stehen, verbindet die Fachwelt genauere Vorstellungen. Begriffe wie Bahía, La Tolita, Guangala, Jama Coaque, Milagro, Cañari, Carchi und Manteño benennen Fundorte, Grabungsgebiete, Stile. Unter den vielen Dingen, die diese Kulturen Ekuadors geschaffen haben, werden manche noch heute genutzt. Dazu gehört die Panflöte. Auch der Vorläufer unseres heutigen Xylophons taucht schon im frühen Ekuador auf. Das uralte Instrument, das wir im Museum der Zentralbank von Quito finden, besteht aus genau gestimmten Basaltklangplatten. Lithophon nennen es die Museumsleute — die »Klingenden Steine«.

Zu den vielen Errungenschaften der Altvölker Ekuadors gehört auch die Kunst der Metallbearbeitung. Zum Glück haben die gierigen Hände der spanischen Eroberer manchen Toten nicht erreicht, so daß wir heute zum Beispiel in der Galerie Cano in der kolumbianischen Hauptstadt Bogotá eine

Baumbestattung aus der Zeit der Calima-Kultur (200 bis 800 nach Christus) betrachten können und die reichen goldenen Grabbeigaben am richtigen Platz vorfinden. Zu der Zeit, als der Tote bei Petrepo in seinen Sarg aus Hartholz gelegt wurde, reichten die kulturellen Gemeinsamkeiten natürlich über die Grenzen der heutigen Nachbarstaaten Kolumbien und Ekuador hinaus.

In Ekuador gibt es freilich noch frühere Zeugnisse der Metallbearbeitung als in Kolumbien. So gilt die Insel La Tolita nahe der heutigen Grenze zu Kolumbien schon um 500 vor Christus als ein Zentrum des Metallhandwerks. Die Goldhandwerker dort verstanden sich auf das Hämmern, das Nieten, die Relieftechnik, das kunstvolle Verlöten von Golddraht und die Platinverarbeitung. Die Indianer Ekuadors waren auch als erste Metallhandwerker der Welt fähig, Schmuck aus Gold und Platin herzustellen.

Der Däne Paul Bergsö hat festgestellt, daß eine Beimischung von geschmolzenem Goldstaub, der in einem Holzkohlefeuer durch Blasrohre kräftig erhitzt wurde, die Platinklümpchen binden kann. Bei diesem Verfahren durchdringen sich Platin und Gold ganz leicht, und das helle Platin, das normalerweise erst bei 1775 Grad Celsius schmilzt, läßt sich in Verbindung mit Gold weiterbearbeiten.

Die Politik der ausgelöschten Vergangenheit

Die Völker Ekuadors sind große Handwerker und Handelsfahrer gewesen. Über Jahrhunderte müssen sie den Nachbarn im Norden und Süden wichtige Impulse gegeben haben. Nur zu kriegsgewaltigen Bauherren eines Imperiums — wie die Azteken oder die Inka — haben sie sich nie aufgeschwungen. Um das Jahr 1493 begannen die Inka in Peru ihren Eroberungskrieg gegen die Nordvölker. Die Ruine Ingapirca, einstmals vermutlich ein Zentrum der Verwaltung, zeugt heute im Hochland Ekuadors vom Sieg der Inka. Doch leicht ist er den Sonnensöhnen nicht geworden.

Die Eroberung des Nordens beschäftigte den Herrscher Huayna Capac 17 Jahre seines Lebens, und sie forderte zahllose Menschenleben. In der Zeit seiner Herrschaft griff Huayna Capac so gründlich in das Leben der eroberten Völker ein, daß viele ihre Identität verloren.

Über zwei Millionen reinrassige Indianer leben heute im Andenstaat. Doch nur wenige Indianergruppen des Hochlandes sind Nachfahren eines jener Völker, die der Inka Huayna Capac im Norden angetroffen hat. Die Deportation unruhiger Völker war ein Element der Inka-Politik. Die Sieger schickten ergebene Staatsangehörige in die neugewonnenen Gebiete und holten Grenzvölker ins sichere Zentrum der Macht. Diese Politik zerstörte den Heimatbegriff, den inneren Zusammenhalt und die Überlieferung der Eroberten. Im Hochland von Ekuador leben also heute Indianer, deren Vorfahren als Kolonisten aus Peru oder gar Bolivien gekommen sind. Doch woher sie auch stammen mögen — der materielle Besitz der Bergbauern ist von Bolivien bis Ekuador bescheiden. Ist es immer gewesen.

Nur rund 25 Jahre regierten die Inka über das alte Ekuador, das so viele Jahrhunderte die Entwicklung der Zivilisation eindrucksvoll mitbestimmt hatte. Als die Spanier dann 1531 unter Francisco Pizarro ins Inka-Reich vordrangen, brachten diese »Weißen Götter« — nach dem Glauben mancher Indianer Vorboten des inkaischen Schöpfergottes Virachocha — der hochentwickelten Zivilisation das Ende.

Von der Agonie, in die sie durch die Europäer gestürzt worden ist, hat sich die indianische Zivilisation nie wieder erholt. Weder ist es zu einer wirklichen Synthese aus indianischer und spanischer Kultur gekommen, noch haben die Indianer erfolgreich an Althergebrachtem anknüpfen können. Was wir auf unserer Reise zum Ursprung der indianischen Kultur indessen beobachtet haben, ist das stille Beharren auf Traditionen, die untrennbar zur Seelenwelt der Indianer gehören. Wir Europäer können nur bedauern, daß wir die Völker Amerikas auf so unglückliche Weise von ihrer eigenen Entwicklung abgeschnitten haben. Was hätten sie für die Menschheit leisten können!

Sie brauchten keine »Weißen Götter«. Als »Weiße Götter« — oder jene bärtigen Eroberer, die die Indianer dafür hielten — wirklich an den Gestaden Südamerikas landeten, ging mit dem Sonnengott des Inka-Reiches auch die indianische Kultur unter.

Im Zeichen der Gefiederten Schlange

Das Monster aus der Unterwelt

Es war einmal eine große Stadt, die lag am Ende des Regenbogens mitten in einem See. Bei Nacht schimmerten ihre Dächer unter einem dichtbesäten Sternenhimmel wie Silber, und der Mond ritt über die funkelnden Wellen der Kanäle. Weit draußen vor den Toren hängte der »Rauchende Berg« seine Feuerfahne ins schwarze Firmament. Die weisen Männer dieser Stadt kannten das Geheimnis der Himmelslichter und sagten nach ihrem Stand kommende Ereignisse voraus. Sie prophezeiten die Ankunft fremder Eroberer. Unter den Hufen ihrer Geisterpferde starben die Menschen und zersprang die Sonne. Seitdem scheint kein Licht mehr über Tenochtitlan – México.

Wer heute mit dem Jet über Ciudad de México/Mexiko-Stadt einschwebt, weiß, daß das kein Märchen ist. Eben noch leuchteten braune schattenreiche Felder und blinkten Wasserläufe unter reinem Azurblau. Dann aber sackt die Maschine in einen dicken gelbgräulichen Dunstbrei, der bis zum Boden nicht mehr aufreißt. Ein gespenstisch trüber Moloch aus Beton, Stahl, Wellblech und morschem Holz wuchert gefräßig über das Hochtal. In Sichtweite eines Hamburger Dezembertages verliert sich das schmutzige Häusermeer auf einem horizontlosen Schachbrett.

Das ist sie, die größte Stadt der Welt, deren 16 Millionen Einwohner seit Jahren unter einer undurchdringlichen Smog-Glocke leben. In keiner anderen Stadt Lateinamerikas hat die Umweltverschmutzung so katastrophale Ausmaße erreicht. Eine Angestellte der deutschen Botschaft erzählte mir allen Ernstes: »Wenn ich einmal nachts nach starkem Regen einen klaren Sternenhimmel entdecke, hole ich meine beiden Kinder aus dem Bett, um ihnen dieses Wunder zu zeigen.«

Bildagenturen zahlen heute Spitzenhonorare für Fotos mit der unverhüllten Schneekuppe des »Rauchenden Berges« Popocatépetl südöstlich der Stadt, was inzwischen so selten geworden ist wie Vogelzwitschern im Alameda-Park.

Durch die Avenidas und Calles wälzt sich stockend und von früh bis spät eine endlose Blechschlange. Über den großen Plätzen am Paseo de la Reforma, an den Kreuzungen der Insurgentes, wo der Kreisverkehr fast stündlich zusammenbricht, stehen schweflige Abgaswolken, atemberaubend und zum Schneiden dick. Die Hauptstädter haben sich daran gewöhnt, mehr oder weniger wichtige Tätigkeiten auf der Fahrt zum Arbeitsplatz mitten im stinkenden Stau zu erledigen: Sekretärinnen tragen ihr aufwendiges Make-up zwischen sechs und zehn Ampeln auf, Handwerker verzehren in aller Ruhe ihr zweites Frühstück, einschließlich sämtlicher Schadstoffe, und die Geschäftsleute kennen den Börsenbericht in der großen Tageszeitung »Excelsior« bis zu ihrem Schreibtisch auswendig.

»Wir haben jetzt drei Millionen Autos in unserer Metropole«, stöhnt General Arturo Durazo Moreno, der Polizeichef, »mindestens eine Million zuviel. Das verkraftet die Atmosphäre nicht mehr. Wenn der Staat nicht bald rigoros eingreift, vergiften wir uns systematisch selbst.« Um die Straßen wenigstens etwas vom chaotischen Verkehrsgewühl zu entlasten, wurde das U-Bahn-Netz jetzt auf fast hundert Kilometer verdoppelt.

Beim Eindringen in die Unterwelt Mecixo-Citys stieß man schon immer unweigerlich auf das alte *Tenochtitlan,* die prächtige, von den Spaniern geschleifte Vorgängerin. Archäologische Funde sind hier nichts Neues. 1790 ließ der Vizekönig Revillagigedo an der Plaza de Armas, dem heutigen Zócalo, Wasserleitungen verlegen. Dabei grub man zwei der berühmtesten Skulpturen aus, die heute im Nationalmuseum für Anthropologie stehen: die Muttergöttin *Coatlicue* und den Stein der Fünften Sonne, der im Volksmund »Kalenderstein« heißt. Im Jahr 1900 zerstörten Kanalarbeiter unter den Stra-

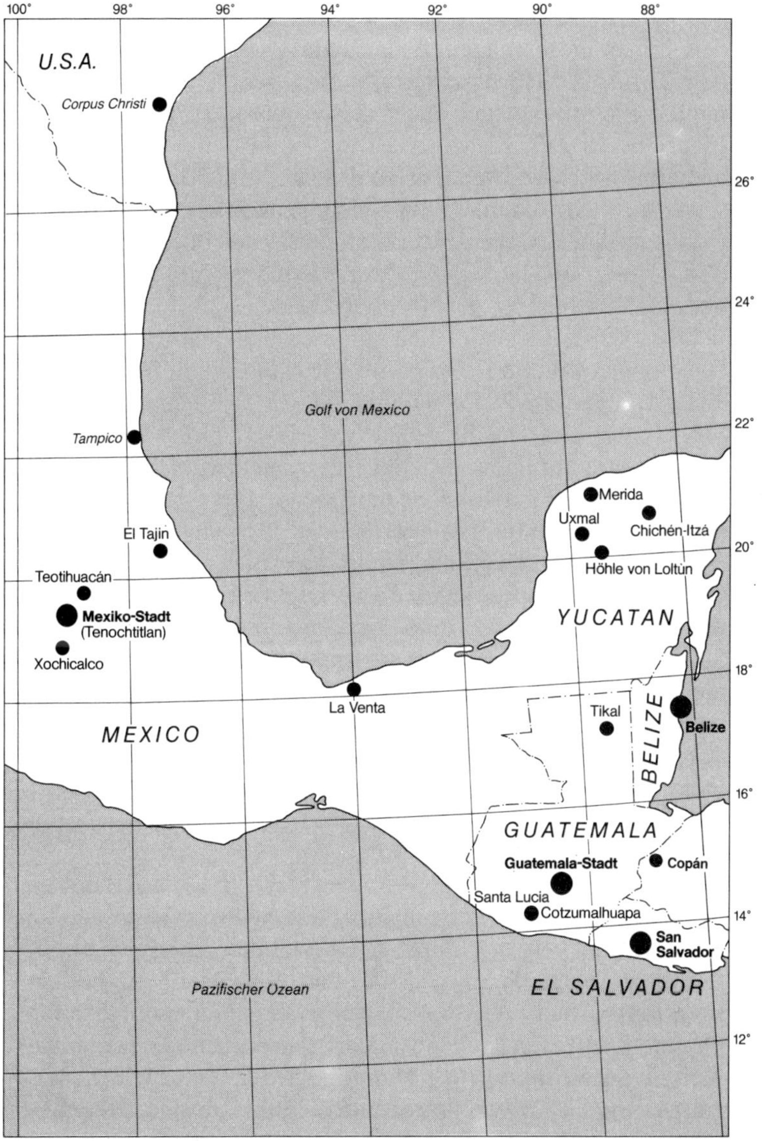

Mittelamerika mit den wichtigsten archäologischen Plätzen und den Stationen der Fernsehexpedition.

ßen Santa Teresa und Escalerillas (jetzt Avenida Guatemala) den Teil einer alten Treppe und mehrere Abschnitte des Großen Tempels. 1913 brachten weitere öffentliche Baumaßnahmen die südwestliche Ecke dieser gewaltigen Anlage ans Licht. Ende der sechziger Jahre, beim Ausschachten der U-Bahn-Strecke, trafen die Bohrmeißel und Baggerschaufeln schließlich auf Zeugnisse der Vergangenheit, die das Selbstbewußtsein einer ganzen Nation stärkten, vor allem gegenüber dem »Koloß des Nordens«, dem übermächtigen, für Mexikaner aber geschichtslosen Nachbarn USA.

Doch die steinernen Schätze in der Tiefe, eine einzigartige Reliquienkammer des Aztekenreiches unter dem Straßenpflaster, schufen neue Probleme und entfachten einen jahrelangen Streit unter der Bevölkerung: Sollte man ihretwegen ganze Wohnviertel abreißen, prächtige Bauten aus der Kolonialzeit in die Luft sprengen und das pulsierende Herz der Stadt in ein steriles Freilichtmuseum verwandeln? Seit dem 24. Februar 1978 hat sich die Diskussion noch zugespitzt.

Im Morgengrauen jenes Tages hob eine Arbeiterkolonne der Elektrizitätswerke an der Ecke Guatemala-/Argentina-Straße im Zentrum Gräben für ein Stromkabel aus. Da stieß die Schaufel von Mario Alberto Espejel Pérez auf einen harten Gegenstand. Er wischte mit seinem Handschuh den Dreck ab und sah einen rötlich gefärbten, mit Reliefs verzierten Stein. Man informierte den Schichtleiter, der die Arbeit sofort unterbrach und das Nationalinstitut für Anthropologie und Geschichte verständigte.

Zwei Tage später begann die Ausgrabung, die ein außergewöhliches Exemplar zutage förderte: einen fast kreisrunden Andesitstein von drei Metern Durchmesser und 30 bis 35 Zentimetern Dicke, etwa 20 Tonnen schwer. Er lag mit der skulptierten Seite nach oben, nur zwei Meter unter der Asphaltdecke. Dargestellt war der schrecklich verstümmelte Körper der Göttin *Coyolxauhqui,* der Schwester des Kriegsgottes *Huitzilopochtli.* Diese Entdeckung gab den Ausschlag für ein Projekt, das schon lange geplant, aber immer wieder verschoben worden war: die Freilegung des *Templo Mayor,* des Großen Tempels, Machtzentrum und religiöser Brennpunkt des Aztekenreiches. Der frühere Staatspräsident José López Portillo erteilte persönlich die Genehmigung.

Bleiben wir aber zunächst bei der steinernen Scheibe mit dem grauenhaften Porträt, die nach Meinung von Wissenschaftlern eines der großartigsten und besterhaltenen Bildwerke der Azteken ist. Motiv und Fundort sind nämlich äußerst wichtig für die Bedeutung des heiligen Platzes.

Das tiefe Relief zeigt eine Frau mit entblößtem Oberkörper. Kopf und Glieder sind abgetrennt, aus Beinen und Armen ragen die Knochengelenke hervor. An der rechten Körperseite strömt Blut aus den Wunden. An drei Tropfen hängt das Ikonogramm für Juwel, das die Kostbarkeit des vergossenen Blutes andeutet. Die Frau hat ein gestreiftes Kopftuch umgebunden, in dem ein dreiteiliger Federbusch steckt. Quer über ihr Gesicht läuft ein Band, von dem zwei Ringe und eine Kupferschelle *(coyolli)* herunterbaumeln. Dieser Schmuck symbolisiert ihren Namen *Coyolxauhqui,* zu deutsch »Die mit den Schellen im Gesicht«. Nasen- und Ohrgehänge bestehen aus Kreis-, Trapez- und Winkelornamenten. Den Gürtel formt eine doppelköpfige Schlange, die zweimal um den Leib ge-

Mexiko-Stadt, Templo Mayor: Die 20 Tonnen schwere Andesitscheibe wurde am 24. 2. 1978 im Zentrum der Hauptstadt gefunden. Sie zeigt das grauenhaft verstümmelte Porträt von Coyolxauhqui, der Schwester des Kriegsgottes.

schlungen und vorne geknotet ist. Hinten am Gürtel hängt ein großer Totenschädel. Doppelköpfige Schlangen umwinden auch die Oberarme und Waden. Knie- und Armgelenke sowie die Fersen sind mit Dämonenköpfen besetzt; sie haben auffällig große Augen und kiemenartige Oberkiefer. Die Füße der Göttin stecken in leichten Sandalen, die auf dem Rist geschnürt sind.

Der zerstückelte Körper scheint mitten im verzweifelten Sprung oder in einem rasenden Tanz erstarrt zu sein. Meisterhaft hat es der unbekannte Künstler verstanden, die abrupt gestoppten Bewegungsabläufe in die runde Steinscheibe einzupassen. Die nach oben gerichteten blinden Augen des Monsters, sein Torso und die barbarisch verdrehten Glieder wirkten auf die Ausgräber wie ein Sinnbild: Alles erinnerte fast schmerzhaft an das Schicksal der Mutter aller Städte, des in Stücke zerrissenen Tenochtitlan — México.

Welcher dramatische Mythos verbirgt sich hinter diesem, für europäische Augen abstoßenden Zerrbild? Wir kennen ihn aus einer der wichtigsten Quellen über die Kultur der Azteken, aus dem Bericht des Bernardino de Sahagún. Dieser 1499 geborene Franziskanermönch kam nach Mexiko, lernte die Eingeborenensprache *Nahuatl* und unterrichtete die Söhne des indianischen Adels in seiner Klosterschule. Anders als die meisten Missionare, schmerzte ihn der unaufhaltsame Untergang des eroberten Volkes und der Verlust seiner Traditionen. Deshalb zeichnete er in Bilderhandschriften, den sogenannten *Codices,* sämtliche Einzelheiten über Bräuche, Götter, Zeremonien, Gebete und Legenden auf, soweit sie noch — heimlich — in Umlauf waren oder sich rekonstruieren ließen. Zu diesem Zweck sprach Sahagún mit inzwischen getauften Azteken-Priestern und wandte sich sogar an heimische Künstler, die sein Werk illustrieren sollten. Diese umfassende, aus zwölf Bänden bestehende Enzyklopädie über das Leben im alten Mexiko war jedoch nach Meinung von Spaniens König Philipp II. zum Druck nicht geeignet. So wurden die Eingeborenen weiter verleumdet, in grotesker Weise romantisiert oder selbst von ihren eigenen Nachkommen verleugnet. Erst 1830, lange nach Sahagúns Tod, durfte sein Werk erscheinen. Ihm entnehmen wir die schreckliche Geschichte von *Coyolxauhqui* und ihrem Bruder *Huitzilopochtli:*

»Eines Tages fegte die Muttergöttin *Coatlicue* den Boden des Schlangenberges *Coatepec.* Da fiel ein Federball vom Himmel auf sie herab. *Coatlicue* ergriff ihn und steckte ihn in ihren Schoß. Als sie mit dem Saubermachen fertig war, wollte sie die Federn wieder herausholen, aber sie waren nicht mehr da. Kurz darauf wurde die Göttin schwanger. Ihre Söhne und die Tochter *Coyolxauhqui* waren empört. ›Wehe‹, rief *Coyolxauhqui* aus, ›sie hat Schande über uns gebracht; wir müssen unsere Mutter töten!‹ *Coatlicue* bekam große Angst. Doch das Kind in ihrem Bauch, das bereits sprechen konnte, tröstete sie: ›Fürchte dich nicht, ich weiß schon, was zu tun ist.‹

Inzwischen rüsteten sich die älteren Geschwister zum Angriff auf ihre Mutter. Die Streitordnung rückte gegen den Schlangenberg vor, angeführt von *Coyolxauhqui.* Da wurde das Kind geboren. Es war *Huitzilopochtli,* der Kriegsgott. Vom ersten Atemzug an hatte er seine Ausrüstung bei sich: Schild, Speer und das blaue Wurfbrett. Sein Gesicht war mit Streifen aus Kot bemalt, an Stirn und Ohren klebten Federn. *Huitzilopochtli* packte seine böse Schwester, die mit Tausendfüßlern und Giftspinnen sprechen und sich in eine Hexe verwandeln konnte. Er zerschmetterte sie und schnitt ihr den Kopf ab. Ihr Körper fiel den Schlangenberg hinunter und zersprang in kleine Stücke. Anschließend verfolgte der Gott die feindlichen Brüder und zerstreute sie in alle Winde.«

Diese Sage erklärt eine Menge über die Religion der Azteken und die Bedeutung ihrer Götterburgen. Da aus Mythen oft Riten werden, erkennt man sofort, daß der altmexikanische Ritus des *Menschenopfers* jenem blutigen Familiendrama entspringt und den Kampf zwischen *Huitzilopochtli* und seiner Schwester *Coyolxauhqui* ständig wiederholt.

Der runde Stein mit ihrem verstümmelten Bild wurde am Fuß des südlichen Treppenaufgangs zum Großen Tempel in Originallage gefunden. An dieser Stelle aber kann der Betrachter die Darstellung nur verzerrt erkennen, ihre Position als Blickfang ist äußerst ungünstig und widerspricht allen architektonischen Regeln. Erst wenn man die heute nicht mehr vorhandene Treppe hinaufstieg, nahm das Relief immer mehr Konturen an. Von ganz oben schließlich war das grauenhafte Porträt der Getöteten klar und deutlich zu sehen. Diese merkwürdige Anordnung war bewußt gewählt und folgte getreu dem Wortlaut der Sage: Der geschundene Körper der *Coyolxauhqui* rollte bis zum Fuß des Schlangenberges *Coatepec.*

Jenen mythischen Berg aber schufen die Azteken ein zweitesmal: als monumentales Abbild, als Tempelpyramide für *Huitzilopochtli.* Hier wurde die düstere Legende immer wieder zur schauerlichen Realität. Wenn feindliche Gefangene den künstlichen Hügel emporgeführt wurden, kamen sie unweigerlich am *Coyolxauhqui*-Stein vorbei. Noch ahnten sie seine Bedeutung nicht. Wer sich aber umschaute auf einer der höheren Stufen, der sah das Zeichen für die Besiegten und Toten offen unter sich liegen.

Auf der obersten Plattform der Pyramide ragte die blutverschmierte Statue des Kriegsgottes auf. Dort packten die Priester jeden einzelnen an Armen und Beinen, um ihn auf dem Opferaltar geradezustrecken. Dann schnitten sie seine Brust auf, rissen das zuckende Herz heraus und warfen den verstümmelten Körper die Treppe hinunter. Die Leichen fielen genau an die Stelle, an der heute der *Coyolxauhqui*-Stein steht. Doch diese schreckliche Zeremonie war nur eine Seite im aztekischen Festkalender und das Heiligtum *Huitzilopochtlis* nur ein Teil des Großen Tempels.

Die Krone von Tenochtitlan

An fast jeder Straßenecke Mexico-Citys dröhnen die Preßlufthämmer und rangieren schwere Bulldozer, kreisen Kräne mit T-Trägern über mennigeroten Stahlskeletten. Die interessanteste Baustelle aber liegt zweifellos östlich der Kathedrale, vom Publikum abgeschirmt durch eine meterhohe Blechwand. Nur durch ein paar vergitterte Fenster können die Passanten einen Blick auf das Gelände und die Vergangenheit ihres Volkes werfen. Als man im März 1978 mit der Freilegung der

Tempelanlage begann, mußte eine ganze Straße mit einem Parkplatz beseitigt werden, und mehrere Wohnhäuser aus dem 18. und 19. Jahrhundert fielen der Spitzhacke zum Opfer.

Man darf die riesige Baugrube nur mit einer Sondergenehmigung des Instituts für Anthropologie und Geschichte betreten. Wenn man Glück hat, erwischt man Professor Eduardo Matos Moctezuma, den Grabungsleiter. Der äußerst selbstbewußte Mann mit dem Rauschebart und der hohen, von einem rissigen Panamahut verdeckten Stirn wird von Terminen gehetzt, treibt ausländische Wissenschaftler im Eiltempo durch das Gelände und muß sich nebenbei noch mit bürokratischen Vorschriften seiner Behörde herumschlagen. In einer ruhigen Minute aber gibt er bereitwillig Auskunft über das spektakuläre Projekt.

Der Große Tempel war eigentlich eine mächtige Doppelpyramide. Zwei miteinander verbundene Treppen führten zu den Heiligtümern des kriegerischen *Huitzilopochtli* und des Regengottes *Tlaloc* (»Der alles sprießen läßt«). Sein Gesicht wurde aus Schlangenleibern gebildet. Zwei Nattern formen die Nase, ihre Köpfe mit den spitzen Zähnen treffen sich über dem Mund. Sie symbolisieren das Waser und die Vegetation, die es hervorbringt. Die enge Nachbarschaft von *Tlaloc* und *Huitzilopochtli* macht die ökonomischen Grundlagen des Aztekenreichs deutlich: Wasser für die landwirtschaftliche Produktion und Krieg als Mittel, um von unterworfenen Stämmen Tribute zu kassieren, oder als Lieferant von Gefangenen, die man den Göttern opfern wollte.

Für den Besucher des Trümmerfeldes ergibt sich zunächst ein äußerst verwirrendes Bild. Geht er vom *Coyolxauhqui*-Stein, der unter einem Schutzdach und mehreren Konservierungsschichten liegt, über Bretterstege und Terrassenpfade nach Osten, dann kommt er an vier scheinbar abgebrochenen Treppenabsätzen vorbei, die dicht hintereinander aus dem schlammigen Boden aufsteigen. Dabei steht der letzte Stufentorso auf einem wesentlich höheren Niveau.

Die spanischen Eroberer konnten sich wohl nicht einmal im Traum vorstellen, daß die bewunderte Pyramide nur eine

Schale war. Dieses Geheimnis haben jetzt erst die Archäologen gelüftet, nachdem sie 1500 Tonnen Schutt herausgeholt hatten. Die Mauern aus Steinen und Mörtel umgaben wenigstens vier komplette Bauwerke, die wie ineinandergestellte Kästen gestapelt waren.

Diese Ummantelungen wurden im Laufe von mindestens hundert Jahren hinzugefügt. Jeder Aztekenherrscher wollte der Hauptstadt seinen Stempel aufdrücken, jeder vergrößerte den Tempel während seiner Regierungszeit und besserte ihn aus. Hochwasser und das Absinken des weichen Seegrundes machten solche Reparaturen erforderlich. Demzufolge stießen die Ausgräber auf elf verschiedene Fassaden an der Vorderseite des Großen Tempels, wovon nur fünf eine echte Erweiterung des Monuments nach allen Seiten hin darstellten.

Die jüngsten Teile liegen ganz im Osten, der vorläufig älteste befindet sich ziemlich in der Mitte. Dort machten die Archäologen eine überraschende Entdeckung: Sie fanden einen sogenannten *Chac Mool,* eine 1,18 Meter lange und 76 Zentimeter hohe Steinskulptur mit einem Stucküberzug in den kosmischen Farben Schwarz, Weiß, Gelb, Blau und Rot. Diese halb liegende, halb aufgerichtete Figur mit dem abrupt zum Betrachter gewandten Kopf stammt eigentlich aus dem Geisterarsenal der Tolteken, hat sich aber über ganz Mittelamerika verbreitet, bis hinunter nach Costa Rica.

Wir werden *Chac Mool* in Yucatan wieder treffen. Dort bedeutet sein Name in der Mayasprache »Rote Klaue«, wohl nach den blutig gefärbten Händen, die an die Krallen des Jaguars erinnern sollen. Er galt vermutlich als Himmelsbote und Vermittler zwischen den Priestern und Göttern, in diesem Fall zu *Tlaloc,* dem er als Regenmacher recht nahesteht.

Ob es noch einen älteren Tempel gibt, werden die Wissenschaftler nie erfahren, denn der Grundwasserspiegel verhindert ein tieferes Eindringen in den Boden. Nach den neuesten Erkenntnissen scheint man um 1380 n. Chr. mit dem Bau begonnen zu haben. Im Jahr 1487 wurde die Große Pyramide eingeweiht. Dies bezeugt ein indianischer »Comic Strip« aus dem *Codex Telleriano-Remensis:* Unter dem Datum »8-Rohr« (1487) zeigt er die Doppelanlage mit den Heiligtümern *Huit-*

zilopochtlis und *Tlalocs.* Dann folgt die Namenshieroglyphe des regierenden Königs *Ahuitzotl* (Wasserstacheltier). Am Schluß sieht man einen Gefangenen, mit weißer Kreide bemalt und mit Daunen beklebt, daneben das Zahlensymbol »20 000« für die Anzahl der Geopferten. Nach anderen Quellen sollen es über 80 000 gewesen sein. Zumindest wissen wir, daß die Tötungsriten bei dieser Festveranstaltung vier Tage lang, vom Aufgang der Sonne bis zu ihrem Untergang, ununterbrochen andauerten und daß vier Menschen gleichzeitig geschlachtet wurden. Ein gräßliches Geschäft, nach dem die ganze Stadt stank.

Aber wenn man den Berichten von Augenzeugen glauben darf, gingen die meisten Gefangenen sehr gefaßt zum Blutaltar. Einige tanzten sogar die Treppe hinauf, als ob sie das Ende unter der schnellen Obsidianklinge kaum erwarten konnten. Wußten sie doch, daß durch ihren Tod die Sonne auf derselben Bahn blieb und der ganze Kosmos weiterhin funktionierte. Nach der Religion der Azteken beruhten Menschenopfer auf einem Naturgesetz zur Erhaltung des Lebens und waren eine staatspolitische Notwendigkeit.

Den blauen, nach oben zulaufenden *Tezontle*-Stein, auf dem so viele sterben mußten, fanden die Archäologen gegenüber dem Eingang zum Heiligtum *Huitzilopochtlis.* Er ist nur zwei Meter von der Treppe entfernt in den Boden eingemauert und mißt 50 mal 45 Zentimeter. Die Spanier stürzten die blutbespritzte Statue des Kriegsgottes; niemand weiß heute, ob sie zerstört wurde oder noch in der Nähe unter den Trümmern liegt. Hernán Cortés, der Eroberer, schrieb seinem König lakonisch: »Die bedeutendsten dieser Götzenbilder habe ich von ihrem Platz genommen und die Stufen hinuntergeworfen, was Moctezuma und anderen Eingeborenen einigen Kummer bereitete.«

Die Weißen hielten den 60 Meter hohen Tempel für ein Werk des Teufels, rissen die oberen Schichten nieder und bauten gleich nebenan eine Kirche zu Ehren ihres Gottes. Noch jetzt stecken in den Mauern der Kathedrale (1573—1667) zahlreiche Quader aus der Azteken-Pyramide. Ihre beiden Türme ragen genauso hoch in den Smogschleier wie die verschwundene Krone von Tenochtitlan einst gegen das Himmelsblau.

Alte Mythen — Neue Funde

Woher kamen die Azteken? Überlieferungen beschreiben ihre Heimat als flaches, sumpfiges Gelände. Dieses mythische Gefilde hieß *Aztlan,* »Ort der Reiher«, der dem Stamm auch seinen Namen gab. Niemand kann heute mit Sicherheit sagen, wo *Aztlan* gelegen hat. Einige Archäologen glauben, daß es sich um ein Dorf im heutigen Bundesstaat Nayarit handelt, etwa 720 Kilometer nordwestlich von Mecixo-City. Das verschlafene Nest Mexcaltitlán auf einer Insel im Delta des San Pedro-Flusses wird das Venedig von Mexiko genannt, weil seine Straßen in der Regenzeit so hoch unter Wasser stehen, daß sich die Bewohner, meist Fischer, in Kanus fortbewegen müssen. Über den Mangrovensümpfen im Süden spannt sich ein kobaltblauer Himmel mit Moskitowolken. Trübe Kanäle, schattige Tunnels aus Wasserpflanzen und Hunderte von hochbeinigen Stelzvögeln kennzeichnen die Landschaft. Es ist tatsächlich ein Ort der Reiher. Aber sonst keine handfeste Spur vom alten *Aztlan.*

Dieses Paradies verließen die Azteken auf Befehl ihres strengen Anführers *Huitzilopochtli* (»Kolibri zur Linken«), der später zum Stammesgott erhoben wurde. Auf ihrer jahrhundertelangen Wanderschaft kamen sie zunächst in das Gebiet von Tula, der früheren Hauptstadt des Toltekenreichs. Sie übernahmen vieles aus der Kultur dieses Volkes, holten fremde Götter in ihr eigenes Pantheon, erweiterten ihre Kenntnisse vom Kalender und lernten neue Berufe. Von da an hieß ein Handwerker bei ihnen *Toltecatl* (Tolteke).

Später brachen sie auf in das Tal von Mexiko. Die dort seßhaften Indianer überließen ihnen verächtlich einen kargen felsigen Wohnsitz mit vielen Schlangen. Als die Neuankömmlinge aber die Fürstentochter eines anderen Stammes töteten, wurden sie in die Sumpfgebiete am Texcoco-See verjagt. Da erbarmte sich *Huitzilopochtli,* ihr Gott, und versprach ihnen eine neue Heimat. Sie sollten nur nach einem Nopalkaktus suchen, auf dem ein Adler sitze; er würde eine Schlange fressen und sich in der Sonne wärmen.

Die Azteken folgten dem Orakel und fanden am schilfigen Westufer des Sees Kaktus, Adler und Schlange, die der moderne Staat Mexiko zu seinem Wappenmotiv wählte. An Ort und Stelle gründeten sie ihre Hauptstadt und nannten sie Tenochtitlan, »Ort des Feigenkaktus«; nach anderen Quellen geht der Name auf den ersten König Tenoch zurück. Dies geschah, laut Chronik, im Jahr 1325 n. Chr.

Der riesige Texcoco-See, an dem die Flüchtlinge aus dem Norden ihre Metropole erbauten, ist heute zu einer abgestandenen Lache zusammengeschrumpft.

Im alten Texcoco errichtete der geniale Herrscher *Nezahualcoyotl* einen Palast mit 300 Zimmern, darunter zahlreiche Schatzkammern. In seinem Versammlungssaal stand ein Thron aus purem Gold, das mit Türkis überzogen war. Nichts davon blieb übrig.

Zerstört wurden auch die Vergnügungsgärten mit den seltenen Pflanzen und der Zoo voll fremder Tiere, wahrscheinlich der erste in der Welt. Auch das technische Meisterwerk des Königs, ein 14,5 Kilometer langer Damm in den See, der das Hochwasser regulierte, ist verschwunden. An das einstige Binnenmeer erinnern nur noch der kleine Zumpango-See nördlich von Mexico-City und die schwimmenden Gärten von Xochimilco (»Ort der Blumenfelder«) im Süden der Stadt. Dort, etwas abseits von der mit bunten Booten vollgestopften Touristenroute, liegen in einem Labyrinth von Kanälen die sogenannten *Chinampas,* fruchtbare Parzellen, auf denen die *Campesinos* (Bauern) ihre Felder bestellen, in der gleichen arbcitsintensiven Weise wie ihre Vorfahren, die Azteken. Hier kann man sich ganz gut vorstellen, wie es im alten Tenochtitlan ausgesehen hat. Dazu zitiere ich einen Augenzeugen, den Soldaten und Schriftsteller Bernal Díaz del Castillo, der mit Cortés ein Weltreich erobert hatte, endlich auf dem Großen Tempel steht und das faszinierende Panorama schildert:

»Von hier aus hatten wir einen guten Blick auf die drei Dämme, die México mit dem Land verbanden, und auf den

Aquädukt von Chapultepec, der die Stadt mit dem besten Wasser versorgte. Auf dem See wimmelte es von Kanus, die zwischen der Insel und dem Festland hin- und herfuhren und Waren und Lebensmittel aller Art geladen hatten. Wir stellten einwandfrei fest, daß die Häuser getrennt voneinander dastanden, flache Dächer trugen und nur über Zugbrücken oder mit Kähnen zu erreichen waren. Aus den angrenzenden Orten ragten die weißen Opfertempel wie Türme heraus, herrlich leuchtend erbaut. Und diejenigen unter unsern Leuten, die in Rom und Konstantinopel gewesen waren, sagten, sie hätten an Größe, Ordnung und Bevölkerung noch niemals dergleichen gesehen.«

Der Aufstieg von ein paar Lehmhütten auf einer morastigen Insel bis zur märchenhaften und alles beherrschenden Metropole verlief erstaunlich schnell. Immer aber standen die Architekten und Ingenieure vor enormen Bauproblemen. Da war vor allem der ungünstige Boden, ein weicher, feuchter Untergrund.

Professor Matos Moctezuma zeigt mir in einem Depot auf dem Grabungsgelände eine Fülle konservierter Baumsplitter und Rundhölzer. »Es war wie in Venedig«, erklärt er. »Die Azteken trieben lange Holzpfähle dicht nebeneinander in den Boden. Damit schufen sie das Fundament für Hauswände und Tempelplattformen. Die Pfähle hatten gewöhnlich einen Durchmesser von acht bis zehn Zentimetern und waren nicht länger als zehn Meter. Später übernahmen die Spanier diese Technik; wir haben sowohl aztekische wie auch spanische Pfahlfundamente freigelegt. Wir können sie gut auseinanderhalten, denn die Enden der spanischen Pfähle wurden mit Metallwerkzeugen angespitzt, während die Azteken ihre Baumstämme mit Steinen bearbeiteten.«

Trotzdem erkennt man, wie tief einige Gebäude in dem Sumpfgelände absackten. Die Indianer versuchten, das Einsinken mit einem Trick zu verhindern: Alle Außenwände, Treppen und Fassaden stellten sie aus Basalt oder einem ähnlich harten Material her. Für die Füllungen der Mauern und Plattformen aber nahmen sie den sogenannten *Tezontle,* einen sehr leichten, porösen Bimsstein. Er wurde von den nahegelegenen Vulkankegeln gebrochen und sollte das Gewicht der Bauwerke verringern.

Wir kommen an steinernen Standartenträgern vorbei, die an einem Treppenabsatz lehnen. Vermutlich bewachten sie die vier Ecken der Pyramide. Sie ähneln toltekischen Figuren; die Azteken hatten ihre Lehrmeister offenbar nicht vergessen.

Ich frage Matos nach weiteren Funden. »Wir haben hier praktisch Stücke aus ganz Mittelamerika entdeckt«, erzählt er. »Eine uralte Gesichtsmaske aus dem Gebiet der Olmeken, Opfergaben von der Pazifikküste, ein Tongefäß aus Guatemala. Sie müssen sich vorstellen: Vor Ankunft der Spanier erstreckte sich Tenochtitlan über zehn Quadratkilometer und hatte etwa 250 000 Einwohner. Es war nicht nur ein politisches und religiöses Machtzentrum, sondern auch Drehscheibe für Handel und Verkehr, wo Menschen aus allen Himmelsrichtungen zusammenkamen. Es hatte sich mit den Nachbarorten Texcoco und Tlacopan zu einem blühenden Kommunalverband zusammengeschlossen. Dieser Drei-Städte-Bund war in unserer Region ohne Beispiel. Er gewann immer mehr Einfluß, eroberte neue Gebiete und dankte dafür den Göttern, die er aber immer wieder durch Geschenke gnädig stimmen mußte, nicht nur mit Menschenblut. Deshalb haben wir hier im Tempelbezirk so viele Behälter voll Steinperlen, Muscheln, Korallen und Kópalkugeln, ein Naturharz für Weihrauch, ausgegraben.

Ich erinnere mich noch genau an den Tag, als wir eine *Tlaloc*-Figur vorsichtig von der Erde befreiten und dabei auf mehrere Votivgaben stießen. Plötzlich starrte mich das Antlitz des Todes an: ein menschlicher Schädel mit weit aufgerissenem Kiefer. In Mund und Nasenstumpf steckten zwei Messer aus Feuerstein, und die Augenhöhlen waren mit Weihrauchplättchen gefüllt. Kein schöner Anblick!«

Unheimlich und bedrohlich wirken auch die beiden steinernen Schlangen, die wir am Ende unseres Rundgangs passieren. Über einen Meter lang und etwa 80 Zentimeter hoch lauern sie bewegungslos an der Basis der Westmauer, nur der abgeplattete Kopf und der Hals sind zu sehen. Das Maul ist geöffnet, aus der dunklen Kieferhöhle ragt zwischen mächtigen

Eckzähnen die gespaltene Zunge hervor. Soweit haben die unbekannten Bildhauer den Kopf einer Klapperschlange sehr realistisch wiedergegeben.

Ungewöhnlich aber ist der obere Teil, wo sich von der flachen Nase bis zum Rücken ein merkwürdiges Muster auffächert: Symmetrisch angeordnete, schwingende Vogelfedern. Den Aufgang zum Tempel schützt ein geheimnisvolles Mischwesen, die Gefiederte Schlange!

Quetzalcoatl oder die Gefiederte Schlange

Die Spur dieses mythischen Ungeheuers führte uns zunächst nach Teotihuacán, 50 Kilometer nordöstlich von Mecixo-City. Teotihuacán bedeutet in der Aztekensprache »Ort, wo man zum Gott wird« und ist eine der berühmtesten Kultstätten der

Mexiko-Stadt, Templo Mayor: An der Westmauer der großen Doppelpyramide wachen steinerne Klapperschlangen, deren Kopf mit Vogelfedern bedeckt ist. (F: W. Caspar)

Neuen Welt. Leider wurde sie in den letzten Jahren zu einem Rummelplatz für den Massentourismus. Aufdringliche Händler mit schäbigen Kopien präkolumbischer Stücke verfolgen den Besucher auf Schritt und Tritt. Am Fuß der beiden großen Pyramiden von Sonne und Mond warten lange Schlangen wie vor einem Skilift, bis die aufgestiegenen Gruppen ungefährdet wieder unten sind. »Eines Tages müssen wir noch Rolltreppen in die Pyramiden einbauen, um die Menschenströme schneller transportieren zu können«, meint Jorge Canseco Vincourt, Archäologe und Direktor des Nationalmuseums der Kulturen, sarkastisch.

Trotzdem strahlt der Ort nach wie vor eine großartige Würde aus. Wenn man auf dem Totenweg, der breiten, schnurgeraden Achse des Geländes steht und nach Norden schaut, sieht man deutlich, wie die Form der Mondpyramide sich genau den Konturen des dahinter aufragenden Berges anpaßt. Es scheint, als sei dieser abschließende Bau eine kleinere, in Stein gefaßte Kopie der Kegellandschaft.

Tatsächlich waren die Pyramiden als künstliche Hügel gedacht, wo man den Göttern und der heiligen Sonne näher kam. Verständlich, daß es auch heutige Besucher drängt, diese mächtigen Himmelsleitern hochzuklettern, wenn sie auch in erster Linie nur die überwältigende Aussicht genießen wollen.

Als México-Tenochtitlan in voller Blüte stand, lag Teotihuacán schon längst in Trümmern. Die Stadt, bereits um 300 v. Chr. gegründet, fiel vermutlich im 8. Jahrhundert n. Chr. einem Großbrand zum Opfer. Allem Anschein nach haben sie Nomadenstämme aus dem Norden zerstört. Reste der Bevölkerung hausten allerdings noch weiter in den rußgeschwärzten Ruinen. Das beweisen bemalte Keramikscherben, die man in Abfallgruben gefunden hat und die sich auf etwa 1000 n. Chr. datieren ließen.

Teotihuacán war kein Ort der Toten, wo die »begrabenen Könige zu Göttern wurden«, wie die Azteken irrtümlich annahmen und den Spaniern weitererzählten. Hier dehnte sich ein riesiges religiöses Zentrum aus, das bis zu 150000 Menschen Unterkunft bot, einer der wenigen Plätze in Mittelamerika, wo Wohnblocks unmittelbar mit den sakralen Bauten verbunden waren. Eine Priesterkaste regierte die Tempelstadt. Ihre einstöckigen Häuser mit den Privaträumen und Innenhöfen schlossen sich direkt an die Zone an, die dem Gottesdienst geweiht war. Die eigenen vier Wände sind ganz auf menschliche Proportionen zugeschnitten und stehen damit in krassem Gegensatz zum Größenverhältnis der Heiligtümer, das jedes normale Maß sprengt.

Offenbar brauchten die Einwohner lange Zeit keine Feinde zu fürchten, denn nirgendwo hat man Anzeichen von Befestigungen entdeckt. Auch in den Bildwerken fehlen kriegerische Motive und militärische Gestalten fast völlig — für das alte Mexiko eine bemerkenswerte Ausnahme. Dafür reichten die Wirtschaftsbeziehungen und der künstlerische Einfluß weit über den eigenen Herrschaftsbereich hinaus. Noch tief im Mayagebiet von Guatemala lassen sich eindeutige Verbindungen mit der Teotihuacán-Kultur feststellen. Handelsware von dort tauchte sogar im fernen Costa Rica auf.

Wir überqueren den Platz in Richtung »Zitadelle«. Die ersten Spanier haben die Anlage so getauft, wohl weil sie an heimatliche Burgen erinnert wurden. Falsche Bezeichnungen halten sich, wie man weiß, oft hartnäckig über Jahrhunderte. Dieser Komplex jedenfalls hat nicht das geringste mit einer Festung zu tun. Fünfzehn Pyramidenstümpfe umschließen einen Innenhof mit Seitenlängen von 400 Metern. In der Mitte liegt ein gewaltiger Terrassenbau, sechs nach oben flacher werdende Podeste stapeln sich übereinander. Am unteren Rand winden sich in Relief gearbeitete Schlangen zwischen Muscheln und Schnecken. Ihre Leiber sind mit Federn bedeckt.

Aus den waagerechten Quadergesimsen und Platten darüber ragen in bestimmten Abständen und regelmäßigem Wechsel immer wieder die beiden gleichen Motive heraus: die maiskörnige Maske des Regengottes *Tlaloc* und der plastisch gefiederte Schlangenkopf in einer offenen Blüte. Farbspuren verraten, daß dieser fantastische Fassadenschmuck, eine einzigartige Kombination von Architektur und Skulptur, einst völlig bemalt war und sicher noch stärker beeindruckt hat als heute. Wir stehen gebannt vor dem Tempel des *Quetzalcoatl!*

Quetzalcoatl, das ist die rätselhafteste Figur des amerikanischen Kontinents. Sein faszinierender Mythos hat sich über die ganze Mittelregion verbreitet. Hinter dem Dunstkreis von Sagen und Überlieferungen scheint sich eine historische Gestalt zu verbergen: *Ce Acatl Topiltzin* (»Unser Fürst Eins-Rohr«), ein Anführer der Tolteken aus Tula. Nach dem Bericht der Chroniken nahm der milde, hellhäutige und bärtige Priesterkönig den Namen des obersten Gottes an und nannte sich *Quetzalcoatl,* »Gefiederte Schlange«. Er ließ den Wind wehen und hauchte das Leben ein. Er brachte den Menschen den Mais, lehrte sie, den Acker zu bebauen, erfand Schrift und Kalender. *Quetzalcoatl Ce Acatl* soll von 947 bis 999 n. Chr. gelebt haben, also genau 52 Jahre — diese Zahl wird im aztekischen Kalender eine wichtige Rolle spielen.

Unklar bleibt, ob es ein Herrscher mit göttlichem Anspruch oder ein Gott auf Erden war. Jedenfalls lehnte er Menschenopfer ab und wurde vielleicht deshalb von seinen Gegnern gestürzt und verjagt. Einige behaupteten auch, er habe Tula wegen Trunkenheit in Schande verlassen müssen. Aber das klingt verdächtig nach der gehässigen Propaganda neuer Machthaber, die den verdienten Staatsmann eines unterworfenen Volkes nachträglich noch mit Schmutz bewerfen.

Eine Legende erzählt, daß er ins »Land der schwarzen und roten Farben« floh, an die Küste des heutigen Staates Veracruz und sich dort selbst verbrannte, um als Morgenstern zum Himmel aufzusteigen. Der Haupttempel von Tula bewahrt das Gedächtnis an diesen Opfertod auf: Noch heute trägt er die Bezeichnung *Tlauizcalpantecutli,* »Tempel des Morgensterns« (des Planeten Venus).

Nach einer anderen Version verschwand *Quetzalcoatl* mit einigen treuen Gefährten in östliche Richtung über das Meer, versprach zuvor aber seinen Anhängern, dereinst wiederzukommen. An diese Weissagung glaubten die Indianer über 500 Jahre lang. Als dann im Jahr »Eins-Rohr« nach mexikanischem Kalender ein hellhäutiger, bärtiger Häuptling mit großen Schiffen und starkem Gefolge von Osten her auftauchte, hielten ihn alle für *Quetzalcoatl.* Aber es war Hernán Cortés, der Eroberer.

Auch auf der Halbinsel Yucatan begegnet man dem Vogelschlangenmensch. Dort heißt er *Kukulcan,* »Herr der Grünen Federschlange«, und soll mit einer Gruppe von heimatvertriebenen Tolteken um das Jahr 1000 n. Chr. erschienen sein. Die Maya feierten ihn als göttlichen Heros und Kulturbringer.

Quetzalcoatl oder *Kukulcan* war offenbar eine Kultfigur, eine Persönlichkeit mit starkem Charisma. Er scheint die Kluft zwischen Geschichte und Mythologie überbrückt zu haben. Wenn ein Mann fast zur gleichen Zeit an zwei völlig verschiedenen, 1700 Kilometer voneinander entfernten Orten auftritt, wenn sich die Erinnerung an ihn über ein halbes Jahrtausend in den Köpfen der Eingeborenen festsetzt, dann muß etwas wahr sein an dieser Sage, dann muß sie einen historischen Kern enthalten. Über die Herkunft dieser Gestalt gibt es wilde Spekulationen. Sie reichen von der Ankunft blonder Wikinger bis zur Landung außerirdischer Astronauten. Eine verblüffende Parallele mit der Alten Welt aber wurde bisher kaum untersucht: das Motiv der Gefiederten Schlange in der ägyptischen Kunst.

Waren die Ägypter in Amerika?

Als 1980/81 die große Tutanchamun-Ausstellung durch Europa zog, konnte man sich den hölzernen, mit Blattgold beschlagenen Thronsessel des Pharao genauer ansehen: Seine Armlehnen bestehen aus geflügelten Kobras, die die Doppelkrone des vereinigten Reiches Unter- und Oberägypten auf dem Kopf tragen und ihre Fittiche schützend um den Königsnamen legen. Auch auf dem goldenen Statuenschrein aus Tutanchamuns Grab ist dieses Symbol zu erkennen: An den Seitenkanten des gewölbten Daches winden sich Schlangen mit ausgebreitetem Gefieder. Als weiteres Beispiel zeigt eine Gürtelschnalle den König auf einem Streitwagen bei der Rückkehr von einem Feldzug. Hinter ihm öffnet eine Kobra die Vogelschwingen, ein Zeichen, daß das Unternehmen unter ihrem Schutz stand und erfolgreich war.

Kein Zweifel, dieses Fabelwesen hat eine überraschende

Ähnlichkeit mit der Gefiederten Schlange *Quetzalcoatl,* nur daß dort die Federn eng am Körper des Reptils liegen. Schließlich noch eine Variante des ägyptischen Motivs: Auf der Rückenlehne eines zweiten Thronsessels von Tutanchamun fällt im oberen Teil ein breites goldenes Ornament auf. In der Mitte die geflügelte Sonnenscheibe, in der sich der Sonnengott mit den Uräus-Schlangen vereinigt.

Möglicherweise handelt es sich bei all diesen Darstellungen um einen Urgott in Schlangengestalt, den die Ägypter unter verschiedenen Namen verehrten. Ihr Sonnengott *Re* hat mit dem Gift der Uräus-Schlange seine Gegner vernichtet. Diese unscheinbar gefärbte Natter — ägyptisch *Jaret,* »die Aufbäumende« — kommt in Nordafrika vor, richtet sich in der Erregung auf und spreizt die Halsrippen. In dieser Haltung kennen wir sie von vielen Kunstgegenständen des Pharaonenreiches. Ursprünglich begleitete sie die unterägyptische Kronengöttin *Uto,* die in der vorgeschichtlichen Residenz Buto im Nildelta wohnte. Zusammen mit dem Geier Oberägyptens wurde sie zum Wappentier und Herrschersymbol des vereinigten Reiches. Vermutlich liegen in dieser Kombination die Wurzeln für eine Vermischung von Vogel und Schlange zu *einem* Schutzgeist.

Auch in *Quetzalcoatl* sind zwei völlig art- und wesensfremde Tiere aufgegangen, Geschöpfe der indianischen Heimat: die Klapperschlange, die in Höhlen überwintert und nur am Boden kriechen kann, und der Quetzalvogel mit seinen grünen, bis zu 80 cm langen Schwanzfedern, der in den Regenwäldern Guatemalas zu Hause ist und in die Lüfte steigt. Verkörpert *Quetzalcoatl* also die Mächte von Himmel *und* Erde, stellt er die Verbindung zwischen beiden Elementen her, ist er, wie der ägyptische Pharao, gleichzeitig irdischer Herrscher und unsterblicher Gott?

»Das ist eine von zahlreichen Interpretationen«, meint der Archäologe Jorge Canseco Vincourt. »Aber bedenken Sie, das Pantheon der Amerikaner vor Kolumbus ist äußerst vielschichtig und kaum überschaubar. Allein bei den Azteken tummelten sich mindestens 1600 Götter und Dämonen, und ihre Verwandlungskünste waren enorm. *Quetzalcoatl* kann ebensogut als Mond, als Weltmeer oder nächtlicher Himmelsozean erscheinen.

Was nun die Parallele mit Ägypten betrifft, so glaube ich nicht, daß man daraus einen nachhaltigen Einfluß der Alten Welt auf die Kulturen Mittelamerikas ableiten kann. Viele Autoren haben das immer wieder versucht, und sie fingen meist mit den Pyramiden an. Der entscheidende Unterschied besteht jedoch darin, daß die ägyptischen Pyramiden Totenmonumente waren, bei uns aber trugen sie das Allerheiligste, den Götterschrein oder Sonnentempel. Wenn hier einmal eine Pyramide ein Herrschergrab enthielt, wie beispielsweise in Palenque, so war es schon lange vorher da, und der Bau wurde erst viel später darüber errichtet, im Gegensatz zum Pharaonenreich, wo die fertige Pyramide samt Grabkammer auf den Tod des Königs wartete.

Auch wenn sich Motive wie die Federschlangen auf den ersten Blick frappierend gleichen, können sie sich völlig unabhängig voneinander an den verschiedensten Ecken der Welt entwickelt haben. Trotzdem möchte ich vereinzelte frühe Kontakte zwischen dem Mittelmeerraum und Mittelamerika nicht unbedingt ausschließen.«

Besuche in der Neuen Welt aus Europa und Afrika, lange vor den ersten bekannten Entdeckern, kann man sich durchaus vorstellen. Die Entfernung zwischen den Erdteilen beträgt nur 1500 Seemeilen. Thor Heyerdahl hatte 1969/70 mit seinen beiden Expeditionen »Ra I« und »Ra II« bewiesen, daß eine Überquerung des mittleren Atlantiks bei günstigem Wind und normalen Meeresströmungen ohne weiteres möglich war. Vom antiken phönizischen Hafen Safi an der Westküste Marokkos segelte er mit seinem Papyrus-Boot, das den Modellen aus der Pharaonenzeit exakt nachgebaut war, in 57 Tagen bis zur Insel Barbados in der Karibik.

Abdel Kader Moktar, der Generaldirektor des Museums für Schöne Künste in Kairo, erklärte im Oktober 1981 auf einem Kongreß in Lima, ägyptische Seefahrer seien schon vor 3600 Jahren in Mittel- und Südamerika gelandet und hätten verschiedene Elemente ihrer Kultur dort eingeführt: Schemel in Tierform, Graburnen mit einer sitzenden Menschenfigur auf dem Deckel, die Schädeloperationen (Trepanation) und die Mumifizierung. Außerdem bestimmte Pflanzen, vor allem die langfaserige ägyptische Baumwolle. Vielleicht ist auch das Bild der Gefiederten Schlange ein solcher Import aus dem Nilreich.

Bisher haben Mexikos Archäologen solche Theorien mit äußerster Schärfe abgelehnt, vor allem ihr Nestor, der inzwischen verstorbene Alfonso Caso. Wenn ein Landsmann von ihnen doch einmal ähnliche Ansichten veröffentlichte, wurde sein Buch entweder in hämischen Kritiken verrissen oder mit Stillschweigen übergangen.

Der deutschstämmige Alejandro de Wuthenau, der sich mit Schiffsreisen der Phönizier, Punier und Ägypter nach Mittelamerika beschäftigt und an Hunderten von ausgegrabenen Figuren eindeutige Merkmale der semitischen Rasse feststellte, hat da seine bitteren Erfahrungen gemacht. Als er behauptete, unter Ramses II. (1184—1153 v. Chr.) sei eine ägyptische Expedition auf der Suche nach der »Unterwelt« in Mexiko gestrandet, ging ein Sturm der Entrüstung durch die heimische Fachwelt. Dort hat man die Monroe-Doktrin »Amerika den Amerikanern« auch auf den historischen Forschungsbereich übertragen und weist jede kulturelle Einmischung von außen von sich.

Die Wissenschaftler stehen auf dem Standpunkt, alle präkolumbischen Kulturen hätten sich in einem von der übrigen Welt abgeschlossenen Raum herausgebildet und völlig selbständig entwickelt. Der Erfindungsreichtum und die schöpferische Kraft der Indianer sei so groß gewesen, daß sie fremde Einflüsse und Anregungen überhaupt nicht nötig gehabt hätten. Diese Auffassung ist genauso grotesk und einseitig wie Versuche der anderen Partei, die frühen Zivilisationen in Mittel- und Südamerika als Kolonien der Alten Welt oder gar als Ableger außerirdischer Reiche hinzustellen.

Inzwischen mußten auch Mexikos Archäologen dazulernen. Es gibt nämlich einen konkreten Hinweis für lang zurückliegende Besuche aus dem Mittelmeergebiet: Unter zwei gut erhaltenen Böden eines Siedlungsplatzes der *Azteca-Matlatzinca-Kultur* in Tecaxic-Caixtlahuaca (Tal von Toluca/

Mexiko) grub man ein Köpfchen in griechisch-römischem Stil aus und datierte es in die Zeit um 200 n. Chr. Dieser Fund wurde schon 1933 gemacht, aber erst 30 Jahre später zögernd bekanntgegeben. Wer weiß, welche ungewöhnlichen Stücke noch heute in den Depots lateinamerikanischer Museen schlummern und der Öffentlichkeit vorenthalten bleiben, nur weil sie die Archäologen verwirren und ihre Schulmeinung ins Wanken bringen könnten! Warum soll nicht *Quetzalcoatl* einen Vorgänger oder engen Verwandten in Ägypten oder im Nahen Osten gehabt haben? Was spricht dagegen, daß die Kunde von ihm schon vor Jahrtausenden per Schiff über den Atlantik drang?

Sein Tempel in Teotihuacán aus dem 3. Jahrhundert n. Chr. ist ein einziges Tabernakel für ihn und den Regengott *Tlaloc.* Ihre vorspringenden Köpfe sind allerdings nur noch an der Vorderseite erhalten, das Heiligtum war in einer späteren Bauphase übermantelt worden. Nach den gleichmäßig verteilten Skulpturen auf der restaurierten Fassade haben Archäologen ausgerechnet, daß ursprünglich alle vier Wände und Stockwerke der Pyramide verziert waren, und zwar mit genau 365 Köpfen! Das geschah sicher nicht zufällig: Bei den Azteken und Maya zählte das Jahr 365 Tage, genausoviel wie im ägyptischen Sonnenkalender. Die Bildhauer von Teotihuacán haben den Tempel der Gefiederten Schlange also mit einer ganz bestimmten Zahlensymbolik ausgestattet, die ihre hervorragenden astronomischen Kenntnisse belegt.

Die Kalenderreform von Xochicalco

Vom Highway hinter Cuernavaca biegt eine ungepflasterte Straße nach rechts ins blaugraue Bergland ab. Dr. Horst Hartung kennt sich hier aus. Der aus Quedlinburg stammende Architekt lebt schon seit 1951 in Mexiko und unterrichtet an der Universität von Guadalajara im Fach Präkolumbisches Bauwesen. Sein besonderes Interesse gilt der Astronomie im alten Mittelamerika.

Reifenpanne auf der Schotterpiste kurz vor dem Dorf Al-

Teotihuacán: Blick von der Mondpyramide auf den Totenweg und die Sonnenpyramide links. Auch ihre Umrisse sind offenbar den Konturen des Berges im Hintergrund angepaßt.

El Tajin. Das Erkennungszeichen der Nischenpyramide sind ihre fensterartigen Vertiefungen. Insgesamt 365 bilden einen steinernen Sonnenkalender.

Chichén Itzá. Das Relief an der Westmauer des Ballspielplatzes zeigt eine blutige Opferszene nach dem Wettkampf. Der Ball in der Mitte hat sich zum Totenschädel verwandelt.

Teotihuacán: Tempel des Quetzalcoatl. Am unteren Teil der einzelnen Stockwerke winden sich in Relief gearbeitete Schlangenleiber. Die Felder darüber sind abwechselnd mit plastischen Köpfen des Regengottes Tlaloc und der Gefiederten Schlange geschmückt.

Oben links: Die Voladores (Vogelmenschen) von Papantla und El Tajin riskieren bei ihrem tollkühnen Flug Kopf und Kragen. Ihr Tanz durch die Luft erinnert an einen uralten kosmischen Kult. Oben rechts: Finca El Baul / Guatemala: Der Autor vor der berühmten Stele mit dem siegreichen Ballspieler. Erich von Däniken hält die Figur für einen außerirdischen Raumfahrer!

Mexiko-Stadt, Templo Mayor. Wo heute eine tiefe Baugrube liegt, leuchtete einst die Krone von Tenochtitlan, die Doppelpyramide des Regen- und Kriegsgottes. Deutlich kann man zwei Tempel-Übermantelungen erkennen.

puyeca. Während der Fahrer das Rad wechselt, vertreten wir uns etwas die Beine. Kaum ein Baum beschattet die ausgedörrte Hochfläche, nur anspruchslose Orgelkakteen säumen den Weg. Die Sonne verbrennt den rissigen Boden und mir wird klar, warum auf diesem trockenen Plateau der Regengott eine so große Verehrung genoß.

Plötzlich hält mich Hartung am Arm zurück. »Vorsicht«, flüstert er, »die sind hier ziemlich angriffslustig.« Erst jetzt sehe ich in etwa drei Metern Entfernung die graubraun schimmernde Schlange. Sie hat die typische Drohstellung eingenommen: Ihr fast armdicker Körper mit der gleichmäßigen Dreieck-Zeichnung ist zusammengerollt, der Vorderleib hebt sich vom Boden ab, der flache Kopf zielt direkt auf uns, das Schwanzende steht nach oben. Eine kurze Bewegung, und die Rasseln vibrieren sofort. Das zischelnde Geräusch ist eine unüberhörbare Warnung. »Eine *Cascabel*«, meint der Professor, »die tropische Klapperschlange. Die Indianer erzählen, daß ihr Biß das Genick breche. Tatsächlich besitzt sie ein starkes Nervengift, das sehr schnell zur Lähmung der Nackenmuskeln führt, so daß der Kopf des Gebissenen plötzlich vornüberfällt. Später treten tiefgreifende Ausfälle im Zentralnervensystem ein. Wir wollen das Tierchen nicht unnötig reizen, kommen Sie.« Inzwischen ist der Wagen wieder startklar, wir fahren weiter.

Unser Ziel ist Xochicalco, der »Ort des Blumenhauses«, aber es muß schon lange her sein, daß der Platz diesen Namen verdiente. Auf den kahlen Hügeln, die merkwürdig abgeplattet wirken, sind von der Straße her keine Ruinen zu erkennen. Erst nach einem Fußmarsch steht man vor ihnen. Offenbar haben die Erbauer von Xochicalco vor 1200 Jahren das ganze Gelände systematisch umgekrempelt: Sie trugen Kuppe und Hang eines Berges ab, planierten die Flächen in mehreren Stufen, vergrößerten sie durch Aufschüttungen und gewannen so breite Terrassen. Ihre Böschungen wurden mit Steinen verkleidet.

Nach solchen tiefen Eingriffen in die natürliche Landschaft zeigt die Anlage auffallende Höhenunterschiede: In Nordsüd-Richtung erreicht sie 1200 Meter, in der Ostwest-Linie aber

Xochicalco: An der Pyramide des Quetzalcoatl, der Federschlange mit dem Alligatorkopf, haben Bildhauer eine Kalenderreform verewigt: Die linke Hand greift nach dem neu berechneten Datum, die rechte zieht an einem Seil das überholte Zeitzeichen aus dem Verkehr.

nur 700. Auf dem höchsten Punkt dieser künstlichen Ebenen steht das Hauptgebäude, die Pyramide des *Quetzalcoatl.* Eigentlich ist es nur ein Sockel von 18,6 mal 21 Metern. Von der Tempelhalle auf der Plattform blieben lediglich Teile der Wände erhalten. Aber auch dieser Rest ist noch ein Juwel. Die Außenseite bedecken meisterhafte Reliefs der Gefiederten Schlange. Gleich mehrere Exemplare winden sich in breiten Schleifen um den Sockel; ihre Köpfe treffen sich an den Ecken des Bauwerks.

Diese Köpfe sehen nun aber ganz anders aus als in Tenochtitlan oder Teotihuacán. Das Profil zeigt einen aufgesperrten Krokodilsrachen, die flache Stirn trägt einen Federbusch, den Unterkiefer ziert der typische Kinnbart. Aus dem Maul ragt die in zwei Spiralen gespaltene Zunge hervor, die das Fauchen des Monsters symbolisieren soll. Denn hier ist *Quetzalcoatl* identisch mit *Ehécatl,* dem Windgott. Der Krokodilskopf weist auf den Alligator hin, das erste Sternbild im altmexikanischen Tierkreis, dessen Herr *Quetzalcoatl* war. Als Himmelslenker spielt er deshalb eine wichtige Rolle beim Festlegen des Kalenders. Eine Szene auf der westlichen Mauerfläche links von der Treppe macht diese Funktion ganz deutlich:

Unter dem Kinnbart *Quetzalcoatls* greift eine kleine Hand nach einer Kartusche mit einer Zahlenglyphe. Weiter rechts zieht eine zweite Hand an einem Seil ein ähnlich gemustertes Quadrat weg. Der Sinn der Aktionen ist klar: Auf der einen Seite wird das alte, überholte Datum »11-Affe« aus dem Verkehr gezogen, dafür die neu berechnete Zeitangabe »5-Haus« in den Kalender aufgenommen. Wie üblich, hat man in beiden Fällen die Tageszeichen »Affe« bzw. »Haus« mit einer Ziffer kombiniert. Offenbar geht es hier um eine wichtige Korrektur im Kalender. Mehrere Motive auf der Südseite der Pyramide unterstreichen diese Deutung: Dort sitzen zwischen den Windungen der Schlangenleiber Priester mit untergeschlagenen Beinen und hochgetürmtem Kopfputz. Sie scheinen miteinander zu reden, zu gestikulieren und ähneln verblüffend Mayafiguren.

Tatsächlich gibt es im fernen Copán, dem bekanntesten Maya-Zentrum von Honduras, ein aufschlußreiches Vergleichsstück. An den Seiten des sogenannten »Altars Q« hokken je vier Personen mit gekreuzten Beinen zusammen. Stil, Haltung und Kleidung erinnern stark an die Gestalten in Xochicalco. Die plastischen Reliefs berichten über eine Versammlung von Gelehrten, die aus verschiedenen Orten zusammenkamen, um eine Kalenderreform durchzuführen. Ein Datum nennt das Jahr 776 n. Chr., das andere liegt 13 Jahre, fünf Monate und sieben Tage davor.

Die Archäologen vermuten, daß in Xochicalco ein ähnlicher Astronomenkongreß stattfand, unter dem unsichtbaren Schirmherrn *Quetzalcoatl.* Vielleicht sind aus diesem Anlaß sogar Experten aus dem weit entlegenen Mayareich nach Norden gereist. Wahrscheinlich wurde die Pyramide kurz nach dem großen Ereignis um das Jahr 800 errichtet.

Der Plan der Anlage verrät weitere Zusammenhänge mit Kosmos und Kalenderwesen. So heißt die hohe Plattform südlich der *Quetzalcoatl*-Pyramide »Tempel der Sterne«, seine frühere Funktion läßt sich aber nicht mehr bestimmen. Etwa zweihundert Meter nordwestlich des Schlangenheiligtums stößt man auf ein polygonales Loch im Boden, das etwa 40 Zentimeter Durchmesser hat. Der Rand ist mit Steinen befestigt, ein tiefer Schacht führt ins Dunkle. Wir stehen vor dem Himmelsfenster eines unterirdischen Observatoriums, das erst kürzlich restauriert wurde. Der Eingang zu dieser »Grotte der Sonne«, wie sie der Volksmund nennt, liegt 30 Meter tiefer im Berghang.

Wir betreten einen ziemlich breiten Gang, zweigen nach links ab und kommen bald in den rechteckigen Hauptraum. Im Schein unserer Lampen macht mich Horst Hartung auf drei mächtige Pfeiler aufmerksam, die die Felsdecke stützen. In der nordwestlichen Ecke fällt schwaches Tageslicht durch den neun Meter langen »Kamin«, dessen Ende wir schon draußen gesehen hatten. Wenn man ein Lot herunterläßt und die Abweichung von der Vertikalen mißt, dann ergibt sich zwischen Schachtausgang und Boden nur eine minimale Differenz von 0°38' nach Norden, eine Folge späterer Veränderungen.

Durch dieses scheinbar primitive Teleskop haben die indianischen Astronomen zu ganz bestimmten Terminen im Jahr ein besonderes Phänomen beobachtet: Während der Sommersonnenwende am 21. Juni steht das Gestirn am Mittag fast senkrecht über dem Visierloch; ein Fünftel seines Scheibenumfangs füllt das Blickfeld. Wenn die Sonne den Zenit, also ihren höchsten Punkt erreicht hat, fallen ihre Strahlen durch den Schacht und bilden auf dem Boden einen nahezu kreisrunden Lichtfleck, gleichzeitig wird der ganze Raum immer heller.

Professor Hartung fand nach mehreren Untersuchungen heraus, daß dies nicht genau beim kalendarischen Durchgang durch den Zenit geschieht, sondern an zwei Tagen kurz davor und danach: am 15. Mai und am 29. Juli. Das hängt mit der oben beschriebenen Abweichung zusammen.

Was konnte das Team im Observatorium mit dieser Erscheinung anfangen? Die Wendepunkte der Sonne im Juni und Dezember begrenzen einen großen Bogen, auf dem ihr Auf- und Untergangspunkt im Laufe eines Jahres um große Weiten hin- und herpendelt. Sie liefern gewissermaßen Eckdaten über Höchststand und Auf- und Untergang des lebensspendenden Gestirns; Werte, die man zur Festlegung des Kalenders braucht. Deshalb war ihre Beobachtung so wichtig.

Der Zenit hatte für die alten Kulturen Mittelamerikas eine besondere Bedeutung. Horst Hartung ritzt ein großes Quadrat in den feuchten Boden. »So stellten sich die Indianer die Welt vor«, erklärt er. »Die Seiten werden durch vier Eckpunkte begrenzt, eine fünfte Achse führt direkt nach oben zum Zenit.« Er setzt einen Punkt in die Mitte des Vierecks. »Der Zenit ist das Herz des Universums. Der Moment, wo alle Gegenstände zur Mittagsstunde ohne Schatten sind, symbolisiert den Übergang von der Trocken- zur Regenzeit, ein ungeheuer wichtiges Ereignis für Völker, deren Existenz auf der Landwirtschaft beruht. In den Tropen steht die Sonne um Mittag unterschiedlich lange im Norden und Süden des Zenits; das hängt vom Breitengrad ab. So haben wir hier zwei Daten, an denen ihre Bahn durch den Zenit läuft. Die Astronomen von Xochicalco haben das Sonnenlicht durch den Schacht kanalisiert und in ihrer unterirdischen Station die Differenzen gemessen und aufgezeichnet. Damit konnten sie ziemlich genau den Zenitalregen voraussagen, den die Felder so dringend brauchten. In Yucatan begann das Jahr sogar mit dem Tag, an dem die Sonne den Zenit passierte; das war der 16. Juli.

Aber die Beobachtung der höchsten Position beschränkte sich nicht nur auf die Sonne, sie wurde auch nachts fortgesetzt. Aus alten Chroniken wissen wir, daß die Azteken den Zug des Siebengestirns, der Plejaden, durch den Zenit verfolgten. Bei diesem offenen Sternhaufen nimmt man die sieben hellsten Lichter schon mit bloßem Auge wahr. Er eignet sich deshalb besonders gut als Eich- oder Standardfeld, wie die Astronomen heute sagen. Wenn die Plejaden um Mitternacht den Zenit erreicht haben, was alle 52 Jahre passiert, entzündeten die Priester Freudenfeuer und signalisierten so den Anfang eines neuen Zeitalters: eine Periode von 52 Jahren, der bedeutendste Zyklus in ihrem Kalender.«

Der Stein der Fünften Sonne

Die magische Zahl 52 prägte das Weltbild der Indianer und spannte ihr Dasein ständig zwischen Furcht und Hoffnung. Schon viermal war die Welt untergegangen, nacheinander zerstört von Jaguaren, vom Wind, einem Feuerregen und vom Wasser. Immer wieder hatten die Götter sie neu geschaffen. Die Azteken nannten jede Schöpfung »Sonne«, denn ihr Lauf ließ alle Kreatur gedeihen. Sie selbst lebten in der Ära der fünften und letzten Sonne. Diese Epoche war im Jahr »13-Rohr«, das heißt 1011 n. Chr. aus dem Chaos entstanden. Auch ihr Ende lag schon fest: Es sollte am Tag »4-Bewegung« *(Ollin)* mit einem Erdbeben kommen.

Das Volk hatte entsetzliche Angst vor diesem Datum. Die Priester heizten die Untergangsstimmung gründlich an und bereiteten in den fünf letzten »unglücklichen« Tagen ihre Landsleute darauf vor. Nachdem sie die Feuer der Tempel gelöscht hatten, ordneten sie folgendes an: Alles Geschirr im Haushalt mußte zerschlagen werden. Schwangere Frauen waren in Käfige gesperrt, damit sie sich nicht in wilde Tiere verwandelten. Kleine Kinder sollten wach bleiben und ständig herumlaufen; andernfalls würden sie zu gefräßigen Ratten.

Am letzten Abend zogen sich die Astronomen weiße Kleider an und machten sich auf den Weg zum *Cerro de la Estrella,* dem Sternvulkan im Süden des Tals von Mexiko. Gespannt beobachteten sie den nächtlichen Himmel. Wenn die Plejaden (nach anderen Berichten der Aldebaran, ein Stern erster Größe, der dem Siebengestirn folgt) dann den Zenit durchquerten, brach großer Jubel los. Die Katastrophe war ausgeblieben, die Welt würde ihren Gang fortsetzen. Überall flammten neue Feuer auf, die strengen Verordnungen wurden außer Kraft gesetzt, die Pyramiden zum Dank an die Götter aufgestockt. Das ganze Land feierte. Als der gefürchtete Termin »4-Bewegung« wieder nahte, rückten weiße Eroberer gegen die Hauptstadt vor. Unter den Hufschlägen ihrer Pferde (»Steine, die auf die Erde regnen«, wie die entsetzten Azteken das fremde Geräusch der nie gesehenen Tiere umschrieben) ver-

Mexiko-Stadt, Anthropologisches Museum: Der Stein der Fünften Sonne, volkstümlich auch »Azteken-Kalender« genannt, obwohl er nie als Jahreskalender diente, sondern in konzentrischen Ringen die Weltordnung der Indianer wiedergibt.

sank die fünfte und letzte Sonne für immer — und mit ihr ein Weltreich.

Die Azteken haben ihre Vorstellung vom Kosmos in Stein gemeißelt, und der blieb uns glücklicherweise erhalten. 1790 fand man auf dem ehemaligen Hauptplatz von Tenochtitlan, wo heute der Verkehr über den Zócalo brandet, eine Basaltscheibe, die einen Durchmesser von 3,6 Metern hat, 72 Zentimeter stark ist und 24 Tonnen wiegt. Diese gewaltige Bildhauerarbeit wurde zunächst in der Kathedrale von Mexico-City ausgestellt, jetzt hängt das Prunkstück im *Méxica*-Saal des Anthropologischen Museums.

Ursprünglich war der Stein farbig bemalt und lag wohl horizontal auf dem Boden, um so die Herzen der geweihten Opfer aufzunehmen. Wissenschaftler bezeichnen ihn korrekt als Stein der Fünften Sonne, allgemein heißt er Kalenderstein, obwohl er nie als Kalender diente. Wir wissen genau, wann er entstanden ist: Die Datumsglyphe »13-Rohr« am Scheitelpunkt entspricht dem Jahr 1479 christlicher Zeitrechnung.

Die Weltordnung setzt sich aus fünf konzentrischen Kreisen zusammen. Im Mittelpunkt sieht man den Sonnengott *Tonatiuh* mit der Feuermaske, die ihn als König der Planeten ausweist. Goldblonde Haare umrahmen sein Gesicht. Die heraushängende Zunge hat die Form eines Obsidianmessers, ein Zeichen, daß er nach Menschenopfern lechzt. Das Symbol *Ome Acatl* auf der Stirn bezieht sich auf den Beginn der Jahreszählung, den ersten Tag eines 52-Jahre-Zyklus.

Der zweite Ring enthält quadratische Felder mit den vier vorausgegangenen Zeitaltern und den Daten ihrer Zerstörung. Die älteste Epoche war *Nahui Ocelotl* (»4-Jaguar«). In ihr lebten nur Riesen, von den Göttern erschaffen, aber schließlich von Raubkatzen verschlungen. Dann folgte *Nahui Ehecatl* (»4-Wind«), dargestellt durch einen Alligatorkopf. Während dieser Periode wurden die Menschen durch Wirbelstürme bedroht und in Affen verwandelt. In der dritten Ära *Nahui Quiahuitl* (»4-Feuerregen«), die *Tlaloc,* der Regengott, repräsentiert, erstickten Lava und glühende Asche die Erde. Die Menschen verwandelten sich in Vögel, um der Katastrophe zu entkommen. Die vierte Schöpfung *Nahui Atl* (»4-Wasser«), vertreten durch die Wassergöttin *Chalchiuhtlicue,* fiel einer Sintflut zum Opfer. Die Menschen paßten sich an und wurden, um nicht zu ertrinken, zu Fischen.

Vier starke Punkte an beiden Seiten, das sogenannte *Ollin*-Symbol, nennen dann das Datum, an dem die Fünfte Sonne untergehen wird: am Tag »4-Bewegung« durch ein Erdbeben. Sie umrahmen zwei gebogene Kartuschen mit den Adlerklauen des Sonengottes, die Menschenherzen zerreißen; das einzige Mittel, damit die Sonne ihren Weg fortsetzt. Augen und Brauen auf den Krallen machen deutlich, daß *Tonatiuh* alles durchschaut. In diesem kosmischen Kreis fehlen auch nicht die vier Kardinalpunkte: Der Kopfschmuck eines Kriegers bezeichnet den Norden, ein Affe den Süden, ein Obsidiandolch den Osten und *Tlalocan,* das Haus des Regengottes, den Westen.

Der dritte Ring enthält die 20 Tageszeichen. Jeder Tag hatte sein eigenes Symbol und war mit einer Gottheit verbunden. Azteken und Maya benutzten zwei verschiedene Kalendersysteme: Einmal gab es den bürgerlichen Kalender, der sich nach dem Sonnenjahr *(haab)* richtete. Er bestand aus 365 Tagen, eingeteilt in 18 Monate zu je 20 Tagen, zu denen am Jahresende noch fünf »unglückliche« oder »nutzlose« Tage hinzukamen. Daneben kannten die Priester einen heiligen Kalender. Er hieß *Tonalpohualli,* bei den Maya *Tzolkin,* und zählte nur 260 Tage, die sich in 13 Monate mit je 20 Tagen gliederten. Aus diesem geheim gehaltenen Almanach las man vor allem künftige Ereignisse heraus.

Im vierten Ring sieht man, stark stilisiert, die erloschene Glut des alten und die züngelnden Flammen des neuen Feuers, das alle 52 Jahre wieder entzündet wurde. Pfeilspitzen, die nach sämtlichen Richtungen zielen, symbolisieren den Strahlenkranz der Sonne.

Den äußersten Kreis formen zwei riesige Feuerschlangen, die nach aztekischem Glauben die Sonne über das Firmament trugen. Ihre Schwanzspitzen treffen sich ganz oben in der Datumsglyphe. Die Körper werden aus elf gleichmäßigen Abschnitten mit brennenden Feldern gebildet. Den hinteren Teil umschließen zwei Klammern. Sie bestehen aus vier miteinander verflochtenen *Amatl*-Streifen, einem Papier aus Rindenbast, und stellen die vier *Tlalpilli* dar, eine Gruppe von 13 Jahren, die zusammen den 52-Jahre-Zyklus ergeben. Den weit aufgesperrten Kiefer der beiden Reptilien ziert eine Art Helmschmuck. Er ist mit sieben halbgeschlossenen Augen besetzt. Sie vertreten das Siebengestirn, die Plejaden. Mit großer Fantasie, aber auch einer erstaunlichen Gabe zur Vereinfachung hat der Künstler das Funkeln — sagen wir hier ruhig »Blinzeln« — der Sterne auf das menschliche Auge übertragen, das sich öffnet und wieder schließt. Aus den Schlangenmäulern schauen Köpfe heraus: links *Tezcatlipoca,* der Herr der Nacht, mit den Zügen des alten Feuergottes *Xiuhtecutli.* Rechts noch einmal der Sonnengott *Tonatiuh,* der gleichzeitig *Quetzalcoatl* verkörpert.

Die Allegorie beschreibt den täglichen Kampf der kosmischen Mächte um die Weltherrschaft. Beide Götter berühren sich mit ihren herausgestreckten Zungen, ein Zeichen für den Wechsel von Tag und Nacht und die Kontinuität der Zeit.

Vogelmenschen über El Tajin

320 Kilometer nordöstlich von Mexico-City, nahe der feucht-heißen Golfküste, liegt das Kultzentrum eines rätselhaften Volkes. Von dem 55 Hektar großen Gelände inmitten tropischer Vegetation ist gerade erst ein Zehntel ausgegraben. Die ältesten Spuren erzählen von der sechstausendjährigen Geschichte einer Siedlungszone, die mit dem Sammelbegriff El Tajin bezeichnet wird. El Tajin bedeutet soviel wie »Blitz« oder »Ort der unsichtbaren Wesen«, gleichzeitig ist es der totonakische Name für den Regengott.

Hat der Stamm der Totonaken, die noch heute hier leben, die Anlage errichtet, oder waren es Huasteken, die Vettern der Maya? Darüber sind sich die Archäologen immer noch nicht einig. In der Metropole selbst hat man bisher nur wenige Überreste aus den ersten Jahren ihrer Entwicklung entdeckt. Aufgrund der günstigen Verkehrslage in einem Tal zwischen zwei großen Flüssen und reichlich versorgt durch den Maisanbau im fruchtbaren Schwemmland wuchs sie rasch und erreichte zwischen 300 und 1100 n. Chr. eine einzigartige Blüte. In diesem Zeitraum füllten die Einwohner den Platz mit Hunderten von Gebäuden aus Sandstein — Tempelpyramiden, zweistöckige Paläste, mindestens zehn Ballspielplätze, riesige Befestigungsmauern, Schutzterrassen und Häuser.

Die Architekten von El Tajin kreierten einen eigenen Baustil: Sie entwarfen Wohnungen und Heiligtümer als individuelle Einheiten, die sich von dem strengen Gitterschema der Hochländer stark unterschieden. Ihr Markenzeichen waren überhängende Simse, die wie dreieckige Erker aussahen, und fensterlose Nischen oder Vertiefungen an den senkrechten Wänden.

Die Handwerker scheint ein ausgesprochener »Horror vacui«, eine Furcht vor dem leeren Raum, gepackt zu haben: Geradezu besessen schmückten sie fast jedes Mauerfeld und jede Säule mit Ornamenten und Bildern. Breite Mäandermuster, wie wir sie aus dem klassischen Griechenland kennen, bedekken die Seiten der Plattformen und die Treppenwangen. Man muß sich dazu noch vorstellen, daß alle Gebäude angestrichen waren, meist in den Farben Rot, Schwarz, Gelb und Blau.

Ihre Dächer wurden nach einem besonderen Verfahren hergestellt, das heutigen Techniken erstaunlich nahekommt. Sie bestehen nicht aus vergänglichem Material, wie bei vielen anderen Kulturen, sondern aus einer Masse, die sich aus gestampftem Seemuschelkalk (das Meer war nicht weit), feingemahlenem Bimsstein, Sand, Stroh und kleinen Holzstücken zusammensetzte. Die Indianer preßten und formten diese Mischung in hölzernen Rahmen zu Platten von fünf bis zehn Zentimetern Dicke. Drei bis vier Platten, an den Rändern versetzt aufeinandergelegt, bildeten ein Dach. Ihre größte Spannweite betrug fünf Meter. Die Räume, die mit solchen Platten gedeckt wurden, durften 75 Quadratmeter nicht überschreiten. Aber das waren dann schon regelrechte Säle.

In einem Polizeihubschrauber des Staates Veracruz kreisen wir über den Ruinendächern von El Tajin. Unter uns liegt der religiöse Mittelpunkt der Stadt, die mächtige Nischenpyramide. Als ich sie aus dieser Perspektive sehe, fällt mir sofort das Weltmodell der alten Mexikaner ein, das der Forscher Horst Hartung auf den Boden des Observatoriums von Xochicalco gezeichnet hatte: Ein Quadrat mit 4 Eckpunkten, deren Diagonalen sich genau im Zentrum schneiden und dort den fünften Punkt markieren. Tatsächlich kann man jede Pyramide, nicht nur die von El Tajin, als Umsetzung dieser geometrischen Figur in die Architektur betrachten. Ein steinernes Abbild des Kosmos, dessen steile Wände aus allen vier Windrichtungen zu den Göttern führen und dessen Spitze den Zenit darstellt.

Die Nischenpyramide hat eine quadratische Basis von 35 Meter Seitenlänge und ragt 25 Meter hoch auf. Sie besitzt nur eine einzige Himmelstreppe an der Ostflanke. Hängt diese Richtung mit der aufgehenden Sonne und einem damit verbundenen Kult zusammen? Vorerst tappen wir noch im Dunkeln. Mir fällt auf, daß hier noch einmal die Zahl Fünf buchstäblich untermauert wird, und zwar durch fünf kleine Aufbauten, die sich auf der Mittelachse der Treppe nach oben ziehen.

Der Körper der Pyramide wirkt wie ein riesiger Schweizer Käse: Er ist völlig durchlöchert mit quadratischen Nischen, daher ihr Name. Welche Bedeutung diese Vertiefungen hatten, weiß man bis heute nicht genau. Unter den Archäologen gibt es drei Theorien: Nach der einen dienten sie zur Aufstellung von Götterbildern. Vielleicht waren es Figuren des Regen- und des Windgottes, deren Motive auf den erhaltenen Reliefs am häufigsten auftauchen. Andere meinen, in den Nischen hätten sogenannte *Palmas* gestanden, eine Spezialität der regionalen Bildhauer. Die spanische Bezeichnung dieser steinernen Gegenstände geht auf die Ähnlichkeit mit der Form eines Palmblattes zurück. Meist sind es dreikantige Stücke mit einem Loch im oberen Teil, die stilisierte Menschen oder Tiere zeigen. Wahrscheinlich trug man sie als Brustschmuck beim Ballspiel. Einige Wissenschaftler vermuten schließlich, daß in den Nischen kleine Feuer brannten, deren Rauch das Denkmal des Gottes *Tajin* auf der obersten Plattform umhüllte.

Neben ihrer rätselhaften Funktion halten die Nischen noch eine Überraschung bereit: Es sind genau 364, verteilt auf die sieben Stockwerke. Hinzu kommt noch eine, die unter dem Treppenaufgang verborgen liegt. Diese Zahl ist auch hier sicher kein Zufall. Die indianischen Architekten arbeiteten unter Anleitung von Priestern und Astronomen. Sie errichteten ein Heiligtum für die Sonne und haben an diesem Bauwerk mit voller Absicht alle 365 Tage des Sonnenjahres als große Fenster wiedergegeben, wo die Kontraste von Licht und Schatten eine symbolreiche Spannung erzeugen.

Mitten in der Stadt ragte also ein steinerner Kalender in Pyramidenform auf. Eine weitere Berechnung unterstreicht diesen kosmischen Zusammenhang: Wenn man die 364 sichtbaren Nischen durch sieben, die Anzahl der Stockwerke, teilt, dann ergibt sich für jedes Geschoß eine Summe von 52 Vertiefungen. Sie entspricht exakt dem mysteriösen 52-Jahre-Zyklus, nach dem eine Epoche zu Ende ging und eine neue begann, sobald die 7 (!) Sterne der Plejaden den Zenit erreicht hatten.

Offenbar hat man auch ganz bewußt sieben Plattformen

übereinandergetürmt. Die Sieben galt bei den Stämmen des alten Mexiko als Glückszahl, man schrieb ihr eine segensreiche Bedeutung zu. Das Völkerkunde-Museum in Berlin-Dahlem besitzt einen Steinwürfel mit dem Tageszeichen »7-Wind«, symbolisiert durch den Kopf des Windgottes *Ehécatl — Quetzalcoatl.*

An einem Tage »7-Wind« schuf *Quetzalcoatl* die Menschen aus Asche. Wie wir schon sahen, kann dieser himmlische Verwandlungskünstler, die Gefiederte Schlange, auch in die Maske des Sonnenherrschers *Tonatiuh* schlüpfen. Nimmt man noch die Tafeln mit den grotesken Vipern, die ursprünglich auf der Spitze der Pyramide standen, so weist vieles darauf hin, daß hier der Sonnengott in der Schlangenhaut weit mehr verehrt wurde als *Tajín,* der Herr des Regens. Niederschläge fallen in dieser Zone reichlich, man mußte sie nicht extra herbeiflehen.

Noch heute hat sich im Gebiet von El Tajin ein Brauch erhalten, der die Erinnerung an den uralten Sonnenkult bewahrt und das präkolumbische Weltmodell in einem Spiel mit menschlichen Figuren lebendig werden läßt. Doch selbst die Teilnehmer kennen nach vier Jahrhunderten der Christianisierung kaum noch den tieferen Sinn des Ritus. Die Aufführungen am *Palo Volador,* dem »Mast des Fliegers«, finden alljährlich während des Fronleichnamfestes statt. Dann strömen die Besucher nach Papantla, dem malerischen Totonaken-Markt zwischen den größten Vanille-Plantagen der Welt, oder ins kleine Dorf Huehuetla, wo das Spiel seinen Weihecharakter noch nicht verloren hat. Auch auf dem archäologischen Gelände von El Tajin veranstalten die »Fliegenden Menschen« *(Voladores)* ihre gefährliche Schau. Sie ist dort in erster Linie eine Attraktion für Touristen, obwohl man durchaus vermuten darf, daß ähnliche Zeremonien neben der Nischenpyramide einst zum Programm gehörten.

Auf dem Festplatz ragt ein 20 bis 30 Meter hoher Baumstamm auf, von dem man alle Äste entfernt hat. Was wir nicht sehen: Bevor der mächtige Pfahl in den Boden gerammt wurde, warf man geweihte Gaben in das tiefe Loch — Speisen, Getränke, einen frischgeschlachteten Truthahn. Dieses Blutopfer ist wichtig, damit der Baum nicht das Leben eines Fliegers fordert.

Plötzlich zerreißen die Klagerufe von Schilfrohrflöten und wilde Trommelschläge die Stille. Fünf junge Männer nähern sich dem Mast. Sie heißen in ihrer Stammessprache *Tocotines* und tragen rote Hosen, weiße Hemden, und ein im Rücken verknotetes rotes Tuch, das am Bauch zusammenläuft. Auf dem Kopf haben sie eine konisch zulaufende Mütze, die mit Spiegeln und bunten Bändern geschmückt ist. Mit ein paar Tanzschritten umrunden sie den Stamm und klettern dann auf die Spitze. Dort oben ist ein hölzernes Podest von nur 50 Zentimeter Durchmesser befestigt. Knapp darunter befindet sich ein rotierender, vierarmiger Holzrahmen, der vier um den Mast gewundene Seile spannt. Jeder der vier Männer setzt sich auf eine Stange des Gestells und bindet ein Strickende um seine Fußknöchel. Ihr Leiter steigt auf das gefährlich schmale Podest, verneigt sich nach allen vier Himmelsrichtungen, den Kardinalpunkten des altindianischen Kosmos. Alle Zuschauer halten den Atem an, wenn er anschließend auf der winzigen Fläche zu tanzen beginnt, dabei noch unentwegt auf seiner kleinen Flöte spielt und auf einer handtellergroßen Trommel den Rhythmus schlägt.

Auf einmal, ohne sichtbares Kommando, stürzen sich alle vier *Voladores* gleichzeitig kopfüber ins Leere. Während sich die Seile langsam vom Stamm abspulen, schweben sie wie Marionetten um den Mast. Auch diese Figur erinnert wieder an das Weltmodell und die Pyramidenidee: Der Mann auf der Spitze verkörpert den fünften Punkt, der unverrückt im Zenit steht. Seine vier Kollegen gleichen den vier Kardinalpunkten, die sich aus ihrer Verankerung an den Enden des Himmels gelöst haben und nun den mythischen Lebensbaum umkreisen. Interessanterweise haben die meisten Tempelpyramiden im Totonaken- und Huasteken-Gebiet einen kreisförmigen Grundriß!

Den Flug in die Tiefe begleitet stets die beschwörende Flötenmelodie an die Götter: »Mögen sie uns vor Unwetter schützen, mögen sie auch in diesem Jahr unsere Saaten segnen!« In immer größeren Umdrehungen nähern sich die tollkühnen Vogelmenschen mit dem Kopf nach unten der Erde. Genau nach dem dreizehnten Rundflug haben sie den Boden erreicht und springen auf ihre Füße. Auch darin steckt wieder tiefe Symbolik: Vier Akrobaten durchschweben dreizehnmal die Luft und bewältigen gemeinsam einen heiligen Zeitraum: den Zyklus von 52 Jahren!

Archäologen, die eine strenge Schulmeinung vertreten, lehnen solche Zahlenkombinationen und ihre Verbindung mit dem Plan der Bauwerke ab. Aber sie selbst liefern keine überzeugende Erklärung über Sinn und Hintergrund des Spiels. Die spanischen Eroberer haben es nicht verboten, weil sie es für einen sportlichen Wettkampf hielten und keine heidnischen Überreste darin sahen. Ihre Missionare wollten es allerdings abschaffen und gaben als Begründung seine Gefährlichkeit an. Tatsächlich kam es immer wieder zu Abstürzen und Verletzungen mit tödlichem Ausgang. Doch der Tanz der Vogelmenschen hielt sich bis heute am Leben, nicht nur im Totonaken- und Huastekengebiet, sondern auch bei den Otomí und Huichol-Indianern, den Chortí in Honduras und den Quiché-Stämmen im Hochland von Guatemala. Dort führten es wohl die Bewohner von Tajin ein, die um 1100 n. Chr. — wer weiß, warum — ihre Heimat verließen und weit nach Süden zogen.

Die Wissenschaft hält einstweilen nur Vermutungen parat. Danach soll die riskante *Fiesta* ursprünglich Teil eines Kultdramas gewesen sein, das zu Ehren von *Tlazolteotl* inszeniert wurde, einer Erdgöttin der Huasteken, die die Azteken ebenfalls in ihren Olymp aufnahmen. Diese Fruchtbarkeitszeremonie hätte zu Beginn der Maisaussaat stattgefunden. Nun ist *Tlazolteotl* aber die Herrin der Baumwolle und wird als solche auch immer mit Baumwollfasern, Spindel und Wirtel dargestellt. Man sieht, welche Widersprüche sogar in Fachkreisen herrschen und daß die Rätsel von El Tajin noch längst nicht gelöst sind.

Nach dem Ballspiel wartet der Tod

Als die Sonne senkrecht über dem Stadion stand, hatten sich die beiden Mannschaften bereits vor der Tribüne mit dem König, den Oberpriestern und Ehrengästen aufgestellt. Der Schiedsrichter überprüfte noch einmal ihre Spezialtrikots: den leichten Kopfhelm, den dicken, baumwollgepolsterten Ledergürtel, der die Hüften wie ein Hufeisen umschloß, die breite Leibbinde, die Knieschützer und Handschuhe. Dann gab er den Ball frei und pfiff das Spiel an. Der athletisch gebaute Verteidiger »13-Hirsch« nahm die schwere Kautschukkugel geschickt mit dem Ellbogen auf, ließ sie auf der Hüfte abrollen und stieß sie mit einer kraftvollen Drehung etwa sechs Meter weit zu seinem Kameraden »8-Kaninchen«. Der stoppte den Ball mit dem Hintern und zirkelte ihn gegen die Mauer, die das Spielfeld begrenzte. Von dieser Bande sollte das Leder zurückspringen und den Stürmerstar »4-Wind« erreichen. Doch der rutschte auf dem feuchten Lehmboden aus und erwischte im Fallen den Ball mit den Händen. Die Zuschauer auf den Rängen tobten. Das war ein glatter Regelverstoß: Der Ball durfte niemals mit der Hand oder den Füßen berührt werden!

Jetzt war der Gegner am Zug, der »Verein des Tages«, der bisher gegen das »Team der Nacht« gar nicht gut ausgesehen hatte. Mannschaftskapitän »5-Schlange« schleuderte die 25 Zentimeter starke Gummikugel mit dem Steiß in Richtung Seitenwand, wo in etwa vier Meter Höhe ein steinerner Ring herausragte. Knapp davor fing sie der junge »12-Erdbeben« ab und jagte sie mit einem artistischen Hüftschwung genau durch die Öffnung des Ringes. »Tooor!« Der Neuling bekam Sonderapplaus vom Publikum. Am Ende hatte die heimische Mannschaft mit drei Punkten Vorsprung gewonnen. Die Verlierer aber wußten, was sie erwartete: die rituelle Hinrichtung. Nur ihr Blut konnte der Sonne wieder Kraft geben, ihren Weg am Firmament fortzusetzen. Denn dieser Lauf war gestört worden, weil der Ball mehrmals den Boden des Platzes berührt hatte und das Spiel unterbrochen worden war. Völlig gefaßt ging das unterlegene Team zum Opferaltar; für die fünf

Männer war der Tod eine Auszeichnung, denn er sicherte den Bestand der Welt.

So etwa muß man sich den Verlauf des Ballspiels bei den Völkern im alten Amerika vorstellen. Unsere Reportage beruht auf archäologischen Ausgrabungen, auf einigen Szenen, mit denen die Indianer den Wettkampf illustrierten, und auf ganz wenigen Augenzeugenberichten aus der Zeit der Eroberung. Die Spanier haben sich bestimmt gewundert, vielleicht sogar amüsiert, welche Körperpartien da zum Einsatz kamen, den Hintergrund des Treffens aber begriffen sie nicht. Seit 1939 ist die Rekonstruktion etwas leichter. Da entdeckte nämlich ein Ethnologe in den mexikanischen Bundesstaaten Sinaloa und Nayarit Gruppen von Indios, die sich fast wie Eishockey-Cracks kleideten, aber die Sportart ihrer Vorfahren ausübten, freilich ohne das schreckliche Finale. Doch der Zusammenhang mit einer religiösen Zeremonie war noch nicht verlorengegangen: Die Begegnungen der Dorfmannschaften fanden nur an christlichen Feiertagen statt.

Man hat etwa 80 Ballplätze in Mittelamerika freigelegt, unzählige schlummern noch unter Vulkanschlacke, Grassteppen oder dem verfilzten Teppich der Regenwälder. Die Anlagen hatten einen rechteckigen Grundriß und waren wie ein langgezogenes I oder ein doppeltes T geformt. Die Spielfläche besaß also zwei Ausweitungen an den Enden und gab damit die vier Weltecken an. Sie war im Durchschnitt 50 mal 20 Meter groß. Anfangs markierten Linien im Boden dieses Schema, später wurden sie durch senkechte oder schräge Begrenzungsmauern ersetzt, hinter denen sich die Ränge für die Zuschauer anschlossen. An den Basen der Seitenwände läuft eine schmale Stufe entlang, die häufig mit Reliefs verziert ist, den ersten Bildberichten aus der mexikanischen »Bundesliga«. Doch hier ging es nicht um eine sportliche Auseinandersetzung, um Geld und Klassenerhalt. Das Spiel auf dem Rasen symbolisierte stets den Kampf zwischen Licht und Finsternis, Tag und Nacht. Jede Mannschaft, etwa drei bis fünf Spieler stark, vertrat ein Himmelsgestirn. Beide trugen das Duell des Kosmos aus, das für den Verlierer tödlich endete.

Fragt man nach der Herkunft des Spiels, so muß man nach

der Heimat des Rohstoffs suchen, aus dem der Ball hergestellt wurde. Der botanische Name der Kautschukpflanze *Hevea* geht auf das Wort *heve* zurück, mit dem Eingeborene am oberen Orinoko einen gummiliefernden Baum bezeichneten. Indianerstämme in Zentralbrasilien nannten diese Sorte *caáhuchu,* was soviel wie »weinende Bäume« heißt. Daher kommt unser Begriff Kautschuk. Die erste Beschreibung verdanken wir dem Spanier Pedro Martir de Anghiera. Er beobachtete 1521 auf Haiti, wie Indios Gummibälle aus dem Sekret des *Ule*-Baumes anfertigten. Sie schnitten seine Rinde ein und zapften den milchigen Saft in Gefäße. Anschließend brachten sie ihn durch unbekannte Säuren zum Gerinnen und räucherten die klebrige Masse an Holzstäben überm offenen Feuer. Auf diese Weise gewannen sie ein festes, elastisches Kautschukband, das sie zu Kugeln aufwickelten.

In Mexiko wächst die Pflanze vor allem in den feuchtheißen Niederungen des südlichen Golfbogens. Dieses Gebiet, wo seit einigen Jahren riesige Ölquellen sprudeln, hieß bei den Azteken *Olman,* das »Kautschukland«. Seine Bewohner waren die Olmeken, das erste Kulturvolk auf mittelamerikanischem Boden. In ihrem Zentrum La Venta fand man tatsächlich den ältesten Ballspielplatz des Kontinents. Heute rahmen Bohrtürme die mächtige Erdpyramide und die freie Fläche daneben, die von zwei 85 Meter langen, 16 Meter breiten und 6 Meter hohen Erdwällen begrenzt wird. Dort wurde der Wettkampf ausgetragen.

Als wir einmal spätabends in der Nähe des Geländes vorbeifuhren, fackelten die Petroleros gerade das Gas auf den Ölfeldern ab, glühende Fahnen röteten den Himmel. Mir fiel die Sage von *Quetzalcoatl* ein, der sich nicht weit von hier an der Küste verbrannt hatte und als Morgenstern zum Himmel aufgestiegen war. Das »neue Gold« hat die Wiege der indianischen Zivilisation gründlich verändert. Aber kein Zweifel, dieses fast 3000 Jahre alte Stadion von La Venta, für das man jetzt lautstark Schutzmaßnahmen fordert, war das Muster für alle späteren Anlagen.

Die bisher ausgegrabenen Skulpturen der Olmeken zeigen keine Spielszene mit Personen oder den Ball allein. Nun hat man aber vor einiger Zeit die Reste eines Volkes entdeckt, das entweder mit den Olmeken verwandt war oder sehr enge Kontakte zu ihnen unterhielt. Jedenfalls weisen ihre Kunstwerke überraschende Ähnlichkeiten auf. Einige Forscher, wie Rafael Girard und Rubén Chévez van Dorne, haben diesen rätselhaften Stamm Prä-Olmeken genannt, obwohl überhaupt nicht feststeht, ob er vor den Vettern am Golf existierte und sie beeinflußte. Nach den neuesten Daten und Erkenntnissen scheint es eher umgekehrt gewesen zu sein. Die geheimnisvolle Gruppe saß etwa 520 Kilometer Luftlinie von Veracruz und Tabasco entfernt an der Pazifikküste, im Süden des heutigen Guatemala. Sie hat uns das merkwürdigste Porträt eines Ballspielers hinterlassen, das es in Mittelamerika gibt.

Nahe dem Ort Santa Lucia Cotzumalhuapa liegt die *Finca* (Plantage) El Baul. Auf dem Gelände einer Zuckerrohrfabrik, im tristen Abseits zwischen Zementblöcken und Werkhallen, steht ein 2,54 Meter hohes und 1,47 Meter breites Denkmal, nur notdürftig durch ein Lattendach geschützt. Es ist das berühmte »Monument Nr. 27« aus dem 8. Jahrhundert n. Chr., zu dem außer zahlreichen Archäologen auch Erich von Däniken pilgerte. In seinem vorletzten Buch stellt er, wie nicht anders zu erwarten, die Hauptfigur als echten Astronauten vor.

Das »außerirdische Wesen« trägt laut Däniken einen Raumfahrerhelm mit einer Klarsichtscheibe, hinter der ein Auge und der Ansatz der Nase zu erkennen sind. Vom Helm führt ein Schlauch nach hinten zu einer Art Tank, der den Astronauten mit frischer Atemluft versorgt. Der fremde Besucher trägt Stiefel und einen hermetisch geschlossenen Overall, um sich vor Krankheitserregern auf der Erde zu schützen.

Nichts davon stimmt. Die Szene zeigt vielmehr eine Variante des typischen Ballspiels. Der in Guatemala lebende Archäologe Nicholas M. Hellmuth fand durch eingehende Studien und Vergleiche heraus, daß es in den einzelnen Regionen Mittelamerikas mehrere Formen des Wettkampfs, unterschiedliche Trikots und Regelauslegungen gab. So berichten uns 1400 Jahre alte Fresken aus Teotihuacán, daß der Ball mit Schlägern über das Feld getrieben wurde, ähnlich wie beim Hockey. Im klassischen Mayagebiet von Guatemala, Belize und Honduras kannte man keine steinernen oder hölzernen »Torringe«; hier mußte die Kugel bestimmte Markierungen (Schlagmale) treffen, die aus dem Boden ragten. Auf der Reliefplatte von El Baul tragen die beiden Spieler dickwattierte Handschuhe, in denen sie tennisgroße Bälle halten. Normalerweise brauchte man solche gutgepolsterten Fäustlinge, um sich bei Stürzen nicht zu verletzen. Oft warf sich ein Sportler auch absichtlich auf den Boden, wenn er den Ball auf sich zufliegen sah, schnellte urplötzlich hoch und schleuderte das Leder mit dem Hintern weit in die gegnerische Hälfte.

Bei den Prä-Olmeken aber, so Hellmuth, war Handspiel erlaubt. Ähnlich wie beim Baseball fing man die kleinen, mit enormer Wucht aufprallenden Hartgummikugeln mit großen Handschuhen auf und warf sie wieder zurück. Als Schutz diente auch der breite Hüftgürtel über dem Lendenschurz, den man deutlich auf der Statue sieht. Auch wo Däniken salopp von »Knickerbockerähnlichen Hosen« spricht, irrt er. Die Beine der Spieler waren grundsätzlich nackt. Die Wülste an den Knien sind nichts weiter als knorpelige Verhärtungen nach häufigen Stürzen, denn diese Körperpartie war nicht bandagiert. Dänikens »Taucherhelm« entpuppt sich als Tiermaske, die die Kämpfer auch auf vielen anderen Darstellungen tragen. Hier ist es der Kopf eines Jaguars, Symbol der Erde und des Nachthimmels, ein Hinweis auf den kosmischen Hintergrund des Spiels. Auch von einem »geschlossenen Atmungskreislauf«, wie ihn Däniken selbstverständlich für einen Astronauten annimmt, kann keine Rede sein: Aus dem offenen Rachen des Jaguarhelms weht eine flammenzüngelnde Atemfahne. Dieses auf zahlreichen Reliefs immer wiederkehrende Motiv zeigt an, daß jemand redet. In unserem Fall wendet sich der Sieger mit seiner »Sprechblase« an den Verlierer, der in demütiger Haltung zu seinen Füßen liegt.

Ein Besuch im Völkerkundemuseum von Berlin-Dahlem hätte Däniken überzeugen müssen, daß seine Erklärungen völlig aus der Luft gegriffen sind. Dort sind nämlich sieben große Stelen aus der gleichen Region mit sehr ähnlichen Szenen ausgestellt. 1881 hatte sie Dr. Adolf Bastian, der damalige Direktor des Königlichen Museums, auf abenteuerlichen Wegen nach Berlin gebracht. Zusammen mit anderen Gegenständen waren sie ganz in der Nähe von El Baul, auf dem Gelände der *Fina* Bilbao ausgegraben worden. Man fand sie in einem künstlich vertieften Innenhof, vermutlich einem Ballspielplatz.

Auf allen Platten ist fast die gleiche Handlung eingemeißelt: Ein Priester oder Häuptling in Spielertrikot und Siegerpose reicht dem Sonnengott, der in den Wolken thront, das Herz des besiegten Gegners. Ihn hat der Künstler sehr viel kleiner, oft schon als Skelett mit Totenschädel, abgebildet.

Auf dem Monument von El Baul ist die Opferung noch nicht vollzogen, das Relief hält den Augenblick des Triumphes im Stadion fest. Aber auch hier nahen schon himmlische Mächte. Däniken hat die wichtigen Symbole am oberen Rand völlig unterschlagen: Eine geflügelte Gottheit schwebt mit dem Preis für den Sieger herunter. Außerdem erkennt man zwei runde Glyphen mit Falkenköpfen. Was haben diese Vögel beim Ballspiel zu suchen?

Die bedeutendste Quelle zur Geschichte der Maya gibt darüber Auskunft. Im »Buch des Rates« *Popol Vuh,* das zu Beginn des 16. Jahrhunderts entstand und den Schöpfungsmythos wie die Wanderung der Quiché-Maya beschreibt, lesen wir:

»Ein großer Vogel, der Falke, flog schnurstracks zum Ballspielplatz. Er setzte sich auf die Mauer des Spielfeldes, wo sich *Hunahpú* und *Ixbalanqué* am Ballspiel ergötzten.«

Hunahpú und *Ixbalanqué* sind göttliche Zwillinge, welche die Erde von Ungeheuern reinigen und mit den Herren der Unterwelt kämpfen. *Huracán,* der höchste Gott und das »Herz des Himmels«, schickt den Falken als Boten zur Erde, damit er das Ballspiel beobachtet. So verläuft der Wettkampf immer unter den Augen und nach den Regeln des Kosmos. Auf fremde Schiedsrichter im Astronautenlook konnten die Indianer getrost verzichten.

Im Vollrausch auf den Opferstein?

Auch die fliegenden Menschen von El Tajin verkörpern vielleicht Falken oder Adler, jene heiligen Greifvögel der Sonne, die als Vermittler zwischen Himmel und Erde wirken und nach dem Ballspiel über Siegern wie Todgeweihten kreisen. Die außergewöhnlichen, einst farbigen Reliefs an den Mauern des Zentralstadions in Tajin unterstützten diese Vermutung.

Die Tafeln erzählen die Geschichte von der Opferung eines Athleten und seiner Reise in die Unterwelt. Eine Platte zeigt, wie sich der Held vor seinem Ende auf einer Liege ausruht, während ihn zwei Musiker mit Rasseln und Trommelschlägen unterhalten und ein großer Adler über ihm tanzt. Dann folgt die rituelle Hinrichtung: Ein Gefährte hält die Arme des Spielers, der Priester enthauptet ihn mit dem Messer, von oben senkt sich eine Gottheit herab. Aus dem Rumpf des Opfers schießen sieben (!) Blutstrahlen in Form von Schlangen hervor. Der Ball hat sich in einen runden Schädel verwandelt und ist zum Symbol des Todes geworden. Anschließend betritt unser Held, mit einem Krug unter dem Arm, die Unterwelt, wo ihn der Regengott *Tajin* und *Ehécatl* — *Quetzalcoatl,* der Windgott, erwarten. Der Mann bittet offensichtlich um einen Spezialtrunk, den ein zurückgelehnter *Chac Mool* in einem großen Faß mit Wellenlinien bewacht. Dieses Getränk stammt von einer Pflanze, die gut erkennbar den ganzen rechten Bildteil füllt: Dort liegt der »Schäumende Berg«, übersät von blühenden Agaven-Stauden.

Wenn man eine Agave, in Mittelamerika *Maguey* genannt, beim Austreiben des mächtigen Blütenschaftes kappt, dann quillt aus der Schnittstelle tagelang ein stärke- und zuckerhaltiger Saft, *Aguamiel,* wie die Mexikaner sagen, das erfrischende »Honigwasser«. In kurzer Zeit aber beginnt diese Flüssigkeit zu gären und wird zum hochprozentigen Alkohol, dem berühmt-berüchtigten *Pulque.*

Ich frage mich, was die Einheimischen an diesem scheußlich schmeckenden Sud finden, aber es gibt keinen Ort im Land ohne eine *Pulquería!* Allein in den 1109 *Pulquerías* von Mexiko-Stadt werden nach der neuesten Statistik täglich eine Million Liter konsumiert!

Die alten Azteken umschrieben den *Pulque* treffend als »Wirbelsturm, der alles mit Sünde überzieht«. Sie feierten den *Pulque*gott *Patecatl* und verehrten *Mayahuel,* die Göttin der Agave, der sie die Zubereitung des Feuerwassers verdankten. Ihre Priester verwahrten eine Liste mit weiteren 400 *Pulque*göttern, die als Kaninchen auf dem Mond herumsprangen. Jedes war wohl für ein bestimmtes Stadium der Trunkenheit zuständig.

Auch der tote Sportler von El Tajin betritt die Unterwelt wie eine Kneipe, um sich das berauschende Gertränk einschenken zu lassen. Wozu? Der amerikanische Archäologe Jeffrey K. Wilkerson fand jetzt eine verblüffende Antwort. Zunächst stellte er fest, daß es auf keinem der zehn Spielplätze des Huasteken-Zentrums steinerne Ringe gab, durch die man den Ball schleudern mußte, um Punkte zu gewinnen. Wilkerson schließt daraus, daß die Veranstaltungen kaum noch etwas mit sportlichem Wettkampf zu tun hatten, daß es auch gar nicht um Sieg oder Niederlage ging. Vermutlich hatte man schon vor der Zeremonie einen ranghohen Akteur ausgewählt, zum Halbgott erhoben und für den Opfertod bestimmt.

Im Mittelpunkt der Handlung stand jetzt der Kult um den Agavensaft. Alle Teilnehmer stürzten den Rauschtrank hinunter. Die Priester wollten damit nicht nur den *Pulque*gott besänftigen, einen Bacchus-Typ mit gierig schlürfender Zunge, sondern bei sich selbst Visionen über das Leben nach dem Tod hervorrufen. Und der todgeweihte Athlet konnte seinem Ende völlig gelöst entgegensehen. In der Unterwelt ließ er sich dann den Krug noch einmal mit *Pulque* füllen, um ihn indirekt wieder an sein Volk zurückzugeben: Die Herren der Finsternis waren durch das Opfer zufriedengestellt, der Regengott sorgte dafür, daß die Agaven weiter wuchsen und der *Pulque* auch künftig in Strömen floß.

Nicht nur auf der mexikanischen Hochebene prägt die Wunderpflanze mit ihren starren Lanzenblätten und den blühenden Rosetten das Bild der Landschaft. Auch auf der Halbinsel Yucatan bedecken Agaven, zu militärischen Reihen angeordnet, ganze Quadratmeilen des trockenen Bodens.

Wir nähern uns der *Hacienda* (Farm) Aké östlich von Mérida. Zum Besitz gehören 300 Hektar Agavenfelder der Sorte *Henequen.* Die Asphaltstraße mündet in einen leeren grasgefleckten Platz, auf dem gerade ein kleiner Wanderzirkus gastiert, die einzige Abwechslung für 120 *Ixtleros,* wie die Plantagenarbeiter heißen. Dahinter, eingezäunt, das Privatgrundstück des Eigentümers. Die kleine Kirche, errichtet auf dem Torso einer verrotteten Maya-Pyramide, das rosagekalkte Herrenhaus, etwas heruntergekommen. Don Andrés, der knapp dreißigjährige Besitzer, empfängt mich in einem hohen, kühlen Vorraum schwitzend in seiner Hängematte. Mit einer Hand schiebt er sich ein paar Enchiladas — gerollte und mit Truthahnfleisch gefüllte Tortillas — in den Mund, mit der anderen zählt er alles Nützliche auf, was die Agave liefert: »*Quiote,* das junge Herz der Pflanze, ergibt ein leckeres Gemüse. Wenn wir einen Hammel in der Erde backen, legen wir eine Schicht Agavenblätter darüber, um ihn gegen starke Glut zu schützen. Aus diesen dornbesetzten Blättern macht man auch Dachpfannen für Hütten und Zäune. Unsere Vorfahren haben den zarten Bast der *Maguey* sogar als Papier benutzt. Wir konzentrieren uns hier hauptsächlich auf die Herstellung von Fasern.«

Auf der Fassade der offenen museumsreifen Fabrikhalle prangt in Metallziffern das Datum 1912. Seitdem ist hier wohl kaum etwas verändert worden. Zerbeulte LKWs mit Spuren der letzten Revolution klappern heran, bis zum Rand bepackt mit den blaugrünen, glasharten und stacheligen Blättern. Der sechzehnjährige José wuchtet ein etwa 20 Kilo schweres Bündel auf die schmalen Schultern und schleppt es zum Stapelband im Maschinenraum. Als ihn ein Kollege nach einer halben Stunde ablöst, frage ich ihn nach Arbeitszeit und Lohn.

»Wir arbeiten unterschiedlich«, antwortet José. »Meist fangen wir um 3.00 Uhr morgens an, haben eine Stunde Pause und machen dann bis 17.00 Uhr weiter. Aber wenn die Leute auf den Feldern keine Blätter mehr schneiden können, fällt auch mal ein Tag aus.« Pro Woche verdient er 800 Pesos, das sind umgerechnet etwa 43 DM. Soviel kostet in einem normalen Restaurant in Mérida ein Mittagessen für zwei Personen! Ein Aufseher der *Hacienda* bekommt allerdings 1500 Pesos am Tag.

In den Hallen herrscht ohrenbetäubender Lärm. Sicherheitsbestimmungen kennt man hier nicht. Die Männer stehen an völlig veralteten Maschinen ohne jede Schutzvorrichtung, direkt unter den gefährlich schlingernden Treibriemen, mitten in einer glitschigen Maische. Schwere Walzen pressen die Blätter bis auf das harte Gewebe aus. Die gelbweißen Fasern werden mehrmals mit Wasser gespült, später getrocknet und durch Schlagen und Bürsten geschmeidig gemacht. Das Endprodukt ist Sisal-Hanf, benannt nach dem gleichnamigen Hafenort nordwestlich von Mérida.

Auf einer verbogenen, aus rostigen Elementen zusammengesteckten Feldbahn ziehen klapperdürre Mulis knarrende Loren aus dem Fabrikgelände. Die Wägelchen schwappen fast über von *Bagazo,* dem giftgrünen Rest der zerstampften Agaven, der noch als Dünger für die Felder dient. Don Andrés und ich folgen den aufgeworfenen Geleisen.

»Vielleicht muß ich den Betrieb bald schließen«, klagt der *Hacendado.* »Dieses Jahr kommen wir gerade auf 400 000 Ballen Hanf. Im letzten waren es noch 600 000. Wir verarbeiten auch Blätter von anderen Feldern, aber der staatliche Großkonzern CORDEMEX hat inzwischen viele private Plantagen in der Umgebung geschluckt. Die schärfste Konkurrenz droht uns allerdings vom Kunstfasermarkt, obwohl die Schiffsindustrie und die Gartenbaubetriebe unsere Naturseile immer noch hoch schätzen. Aber bei Garnen, Netzen, Möbelstoffen und Teppichen haben die synthetischen Produkte längst einen Vorsprung. Zu all dem Ärger muß ich auch diese Trümmer noch schützen.«

Ich bleibe wie gebannt stehen, der Anblick ist fast surreal: Schweißglänzende Mulis zerren die hochbeladenen Loren an einer mächtigen Pyramidenplattform vorbei. Breite Stufen führen zu mehreren Säulenreihen, jeder Schaft ist aus dicken Steintrommeln zusammengefügt. Man glaubt sich nach Griechenland versetzt, vor einen dorischen Tempel. »Schauen Sie sich ruhig um«, meint Don Andrés, »die ganze Gegend ist voll von solchen Ruinen.« Wir klettern auf einen Hügel. Ein silbergrünes, in der Hitze flimmerndes Meer von Agaven. Aber vor dem nichtssagenden, wie mit einem Lineal gezogenen Horizont ragen sie unübersehbar auf, die künstlichen Berge der Maya, von Erdschutt und Dornengestrüpp bedeckt. Kein Spatenstich drang in diese verborgene Stadt ein. Wozu auch, wenn man allein im Bundesstaat Yucatan weit über tausend archäologische Plätze registriert hat! Nur die dachlose Säulenhalle auf dem Gelände der *Hacienda* wurde freigelegt. Aber kein archäologisches Handbuch, kein Reiseführer für Mexiko nennt sie.

Am Fuß des Treppenaufgangs knien zwei Indiofrauen in weißen Kleidern mit buntgesticktem Blumensaum. Vor ihnen flackert eine schmale Allee brennender Kerzen. Eine der Frauen schwenkt ein Rauchgefäß. Ihr sanftes Murmeln dringt bis zu uns herauf. Don Andrés nickt bekümmert. »Vorgestern hat sich der alte Paco dort den Hals gebrochen. Kein Mensch weiß, was er nachts zwischen den Säulen gesucht hat. Er war natürlich wieder mal bis zu den Ohren voll mit *Pulque*. Da muß er wohl ein paar Stufen verfehlt haben und ist abgestürzt. Er war einer meiner besten Vorarbeiter, ich habe ihn immer gut bezahlt. Aber die Leute hier behaupten, es ginge ihm jetzt noch besser. Sie sagen: Paco, den hat die Hölle geschluckt, und dort kann er ewig *Pulque* saufen.«

Die Höhle der neun Dämonen

Den indianischen Vorstellungen von der Unterwelt, die die Missionare nur durch ein anderes Wort ersetzten, hat die Natur selbst kräftig nachgeholfen. Die 450 Kilometer breite und 600 Kilometer lange Halbinsel Yucatan besteht aus einer riesigen Kreidekalktafel, einem Karstrelief. Kein Fluß oder Bach schlängelt sich durchs Land, ihr Wasser würde sofort versikkern. Wo das Sickerwasser die Oberfläche besonders stark ausgelaugt hat, gibt es zahlreiche Dolinen, von Pflanzen überwachsene ovale Mulden. Tonmineralien, die bei der Lösung des Kalksteins zurückbleiben, haben ihre Sohle abgedichtet und sie in natürliche Zisternen verwandelt, die sogenannten *Aguadas.* Noch häufiger aber sind die *Cenotes,* bis 15 Meter tiefe zylinderförmige Brunnen mit senkrechten Wänden, in denen sich Regen und Grundwasser sammeln. Sie entstehen, wenn die poröse Decke über den Hohlräumen einbricht. Oft liegen sie im Zentrum oder in der Nähe alter Maya-Siedlungen und werden noch heute benutzt.

Das ganze Gebiet ist untertunnelt. In den Tiefen der Erde verbergen sich Tausende von labyrinthischen Stollen, Kavernen und Höhlen. Sie durchlöchern vor allem die einzige Hügelkette Yucatans *(Puuc),* die von Nordwest nach Südost verläuft und die Ebene um wenige hundert Meter überragt. Dort, am Rande der reichen archäologischen Zone von Uxmal, Kabah, Sayil, Xlapak und Labná betritt man die Unterwelt der Maya, die Grotten von Loltun.

Der Name entstammt der Maya-Sprache und bedeutet »Blume aus Stein«. Er bezieht sich wohl auf bizarre pflanzenähnliche Kalkgebilde im Inneren oder auf verschlungene Baumwurzeln, die von außen durch große Öffnungen in der Decke herunterhängen und sich im lockeren Boden festkrallen. Der amerikanische Forscher James Manson Valentine meint, die Bezeichnung gehe auf die einzigartige Anordnung weiter Gänge und Räume zurück, die von der riesigen Eingangshalle wie die Blätter einer gigantischen Blume abzweigen. Aber diese Erklärung stimmt nicht überein mit dem Plan der Höhle, der jetzt nach gründlichen Untersuchungen vorliegt. Er läßt, mit einiger Fantasie, eher einen ausschreitenden Mann mit langer Rüsselnase und Penis erkennen. Den früheren Bewohnern jedoch dürfte diese Form nie aufgefallen sein, weil sie mit Sicherheit keine Zeichnung von dem unterirdischen System anfertigten.

Die Grotten von Loltun nehmen eine Fläche von etwa 850 mal 500 Meter ein und haben zwei Eingänge. Sie sind jetzt für Touristen geöffnet, man hat elektrische Beleuchtung installiert. Der Besuch in der Unterwelt ist kein gefährliches Abenteuer mehr, aber immer noch ein faszinierendes Erlebnis. Schon der Haupteingang macht deutlich, daß dies ein geheimer Kultplatz der Maya war. Ein flaches Relief bedeckt die steil abfallende, von Luftwurzeln überzogene Felswand. Es zeigt eine Figur mit reichem Kopfputz, prächtigem Lendenschurz – und dem unverwechselbaren Maya-Profil. In der Hand hält sie einen Zeremonienstab oder eine Art Lanze; deshalb nennt sie der Volksmund auch »Krieger«. Genausogut könnte sie eine Gottheit darstellen, aber Regen und Erosion haben die Umrisse inzwischen so stark verwaschen, daß man sie kaum noch identifizieren kann. Aus dem gleichen Grund läßt sich auch das Datum in der Glyphenzeile links oben nicht mehr bestimmen. Durch Stilvergleiche fand man heraus, daß das Porträt ungefähr 2300 Jahre alt ist und Einflüsse der Izapa-Kultur im Süden Guatemalas verrät.

Aber schon lange vorher, zwischen 5500 und 1200 v. Chr., müssen Menschen in der Höhle gelebt haben: Jäger, Sammler und erste Bauern, die hier Wasser schöpften oder Zuflucht suchten. Das beweist eine beachtliche Menge von *Tonscherben* und Krügen, die mit Hilfe der Thermolumineszenzmethode datiert werden konnte. Auch die überall herumliegenden *Metates,* flachgekehlte Reibeschalen zum Mahlen von Mais, sprechen dafür, daß die Räume schon Jahrtausende vor Ankunft der Spanier benutzt wurden.

Unter kundiger Führung durchstreifen wir ein Labyrinth von Gängen, Galerien, Sälen und versteinerten Wäldern. In einem rötlich leuchtenden Cañon windet sich der Pfad durch mächtige Felsbrocken, die sich im Laufe der Zeit von der Decke gelöst haben. Über einen engen Korridor erreichen wir den »Maya-Raum«. In der Mitte erhebt sich ein hügelförmiger Altar, den ein großer steinerner Kopf mit starren Augen und fletschenden Zähnen krönt. Er wurde erst 1960 gefunden, aber auch hier weiß man bis heute nicht, wen er repräsentiert. Außer unseren Schritten hören wir nur das gleichmäßige Aufklatschen von Tropfen. Sie fallen in schimmernde, von Natur oder Menschenhand geschaffene Becken, die kristallklares frisches Wasser speichern. Die Fledermäuse haben sich vor den starken Scheinwerfern in die äußersten Ritzen verzogen. In anderen Höhlen, wo sie noch ungestört schwärmen können, gefährden sie die Forscher erheblich. In ihrem Kot entwickeln sich nämlich ansteckende Pilzkeime, die Histoplasmose übertragen, eine schwere und meist tödlich verlaufende Lungenkrankheit.

Hinter glitschigen Pfeilern öffnet sich plötzlich ein gewaltiges Gewölbe, in dem eine Kathedrale Platz hätte. Tatsächlich heißt der Raum auch so. Schon immer hat die Fantasie des Volkes das Ergebnis erdgeschichtlicher Prozesse mit bekannten Erscheinungen verglichen und einzelne Formen danach getauft. Diese treffenden Namen wurden auch hier von der Wissenschaft übernommen. Sonnenstrahlen, die an manchen Stellen einfallen, der Wechsel von Licht und Schatten verwandeln das tote Gestein in sprechende Bilder. So grüßt von der Decke ein fetter Truthahn herunter, droht der langgestreckte Kopf eines Kaimans, führt der enge Graben des Gürteltiers zum Thronsaal der Königin.

James M. Valentine behauptet, Menschen hätten die seltsamen Figuren aus dem Kalkstein herausgehauen. Aber nur ganz wenige zeigen Bearbeitungsspuren. Warum sollten Menschen auch dieses einzigartige Skulpturenkabinett umgestalten, das die Natur selbst in ihrer spielerischen Laune eingerichtet hatte und das in seiner Vielfalt nicht zu übertreffen war? Wasser, das den Kalk löst, und kohlensaures Salz sind die wahren Künstler: Mit jedem Tropfen verlängern sich die Stalaktiten nach unten, wachsen in der Gegenbewegung die Stalagmiten nach oben, wuchern aus in Zacken und Ästen.

Und doch gibt es in diesen gigantischen Kolonnaden, unter den grotesken Orgelpfeifen rätselhafte menschliche Signale: Rosetten, Mäander, geometrische Muster, sogar Gesichter und ganze Personen, in Ritzzeichnungen oder Malereien an den Wänden verewigt. Manche wurden als Fruchtbarkeitssymbole gedeutet. Dazu würden auch die stark verblaßten oder beschädigten Szenen passen, die Männer mit Federbüschen und großem Phallus zeigen. Dann hätte man einst die Höhle als Schoß der Erdmutter betrachtet, der alles Leben hervorbringt.

Aber diese Erklärung scheint mir nicht auszureichen. Ich entdecke nämlich noch Gruppen von »schwarzen Händen«, die durchweg in Negativtechnik aufgetragen sind. Das heißt, man legte die gespreizten Finger auf den Felsen, übermalte Hand- und Wandfläche mit Farbe oder blies Ruß darauf. Zurück blieben schwarze Konturen. Das Motiv der Hände taucht häufig an Maya-Gebäuden auf, mit dem Unterschied jedoch, daß es dort positiv und in Rot dargestellt ist, zum Beispiel am Eingangsbogen des Nonnenklosters in Uxmal. Es bedeutet soviel wie »Hier wohnt Gott« und verweist auf *Itzamná*, den Herrn des Himmels und Erfinder des Kalenders.

Auch in der Höhle hausen Götter, aber welche? Beziehen sich die schwarzumrandeten Hände auf den Regenmacher, der bei den Maya *Chac* heißt. Oder ist *Ah Puch* gemeint, der Gott des Todes, der immer mit schwarzen Leichenflecken auftritt?

Der Nebel an Spekulationen und Vermutungen beginnt sich zu lichten, wenn wir wieder das *Popol Vuh*, den Schöpfungsmythos der Maya zu Rate ziehen. Die heldenhaften Zwillinge *Hunahpú* und *Ixbalanqué*, die wir schon beim Ballspiel beobachtet haben, wandern über die Erde. Sie kommen an eine Kreuzung, wo sich vier Straßen aus allen Himmelsrichtungen treffen, stehen also quasi mitten in dem vertrauten Weltmodell. Der eine Weg ist weiß (Norden), der andere gelb (Süden), der dritte rot (Osten) und der vierte schwarz (Westen). Dieser schwarze Weg spricht die Brüder an: »Ich bin der, den ihr nehmen sollt. Ich bin der Weg des Herrn.« Die Zwillinge folgen ihm. »Sie schlugen den Weg nach *Xibalbá* ein. Und da waren sie verloren«, meldet das *Popol Vuh* knapp, aber schicksalsschwer. *Xibalbá* geht auf das Maya-Wort *xibil* zurück, was man am besten übersetzt mit »verschwinden, sich auflösen wie Rauch oder eine Luftspiegelung«. *Xibalbá* ist das Reich der Schatten, der Hades der Indianer. Seine Symbolfarbe war schwarz wie der Weg, der nach Westen führt, dort, wo die Sonne untergeht und die Nacht aufsteigt.

Jetzt wird auch klar, warum die Hände in der Höhle nur in schwarzen Umrissen wiedergegeben sind: Sie symbolisieren die Unterwelt, wo alle Gegenstände, einschließlich des menschlichen Körpers, nur noch Schatten werfen. Beim Ballspiel auf der Erde trug das Team des Westens einen schwarzen Lendenschurz, die Mannschaft des Ostens einen roten;

das Licht kämpfte gegen die Finsternis. Auch in der Unterwelt wurde Ball gespielt. Hier regieren die *Bolóntiku,* die »Neun Herren der Nacht«, deren Namen uns nicht überliefert sind. Den Mächtigsten von ihnen kennzeichnet eine schwarze Sonne.

Diese dunklen Typen begleiten auch den Kalender der Maya. Jeder gebietet über zwei Einheiten von zwanzig, also über 40 Tage. Damit kontrollierten sie zusammen 360 Tage des Sonnenjahres. Nur die sogenannten fünf unglücklichen Tage blieben ohne ihren Schutz. Die Dämonen der Finsternis schlagen die göttlichen Zwillinge im Ballspiel und töten sie schließlich. Aber »Einsjäger« und »Siebenjäger«, wie die beiden nicht ohne Hintersinn heißen, erwachen zu neuem Leben und vernichten am Ende das Reich von *Xibalbá.* Nie mehr wird es die Sonne zurückhalten können. Durch die magische Einheit der Grundzahlen eins und sieben bricht das ganze Nachtsystem auseinander. Das Licht bleibt Sieger.

Doch die Indianer glaubten, daß die dunklen Götter auch nach ihrer Niederlage tief im Schoß der Erde weiter ihre Macht unter sich aufteilen und verwalten. Ihre gelehrten Schreiber haben sie im *Codex Borgia* verewigt. Dort legen die »Neun Herren der Nacht« die neun Abschnitte ihres Herrschaftsbereichs zusammen: Je drei kleine Quadrate in drei Reihen untereinander ergeben ein einziges großes Quadrat, das im *Codex* die ganze Seite füllt. Diese geometrische Figur aber ist auch die Basis einer Pyramide, wobei das Quadrat in der Mitte die Spitze oder zentrale Plattform darstellt, das von acht Bauelementen gleichmäßig flankiert wird. In einem Raummodell übertragen, werden die neun quadratischen Felder zu den neun Sockeln einer Tempelarchitektur in Seitenansicht. Eine solche Pyramide gibt es tatsächlich in einer der großartigsten Maya-Städte.

Die Rückkehr der Federschlange

Wir kamen mit dem Archäologen Dr. Roman Piña Chan am Morgen des 21. März nach Chichén Itzá. Das Datum ist wichtig, denn an diesem Tag besucht *Quetzalcoatl* wieder die Erde, wenn auch in ungewöhnlicher Gestalt. Die Maya nennen ihn *Kukulcan,* aber das ist nur eine wörtliche Übersetzung des aztekischen Titels »Gefiederte Schlange«.

»Ich glaube, daß sich hinter dieser wandlungsreichen Gottheit eine historische Persönlichkeit versteckt«, meint Piña Chan, »ein Häuptling, unter dem die kriegerischen Tolteken nach Yucatan zogen. Gerade hier haben sie deutliche Spuren zurückgelassen. Sie führten das Element der Säule in die Maya-Architektur ein; der Kriegertempel mit den tausend Säulen ist fast eine Kopie des Morgensterntempels in Tula. Sie brachten die merkwürdigen *Chac-Mool*-Figuren, die fremden heraldischen Motive Adler und Jaguar und kleine Atlanten, die Tischplatten und Altäre stützen. Sie importierten aber auch neue Götter, den Tirus des Menschenopfers und eine straffe militärische Organisation, die man hier vorher nicht kannte.«

Chichén Itzá bedeutet »Stadt der Itzá am Rande des Teiches«. Die Itzá — wörtlich: »Solche, die unsere Sprache nicht sprechen« — waren vermutlich Ableger des Tolteken-Stammes, die laut Überlieferung zwischen 967 und 987 in das Gebiet einfielen. Und mit dem Teich ist der heilige *Cenote* gemeint, jenes für eine Siedlung so außerordentlich wichtige Wasserreservoir. Hier aber war er gleichzeitig Schauplatz einer grausigen Zeremonie: Zu bestimmten Zeiten stießen die Priester geweihte Jungfrauen lebend in den Todesbrunnen, als Opfer für den Regengott. Den kostbaren Schmuck, den sie trugen und die Kleinodien, die man ihnen hinterherwarf, haben mehrere Tauchexpeditionen aus dem schlammigen Grund geborgen.

Vom *Cenote* führt der Prozessionsweg genau nach Süden zum Herzen der gesamten Anlage, dem »Castillo«. Dies ist natürlich wieder eine spanische Bezeichnung aus den Tagen der Eroberung. Mit einem Schloß oder einer Burg hat das Ge-

Die Grotten von Loltun. Der Maya-Name bedeutet »Blume aus Stein«. Die Indianer sahen in den Höhlen Eingänge zur Unterwelt.

Chichén Itzá, Pyramide des Kukulcan. Die Baumeister der Maya haben schon vor tausend Jahren ein Happening inszeniert: Sie konstruierten die Pyramide so, daß die untergehende Sonne am 21. März und am 21. September an der Haupttreppe das magische Muster der Federschlange entwirft.

In den Höhlen von Loltun wurde 1960 ein steinerner Kopf mit starren Augen und fletschenden Zähnen gefunden. Bis heute weiß man nicht, wen er darstellt.

Cacaxtla, Staat Tlaxcala/Mexiko: Erst kürzlich entdeckt wurden diese einzigartigen Fresken von 750 n. Chr. Die Farben leuchten so frisch, als seien sie gestern aufgetragen worden. Ein Priester, gehüllt in ein Jaguarfell und mit reichem Kopfschmuck aus Quetzalfedern, hält im rechten Arm einen Wasserkrug mit dem Gesicht des Regengottes: Der Tlaloc-Kult mischt sich hier mit der Verehrung von Quetzalcoatl.

Regionalmuseum für Anthropologie Villahermosa, Staat Tabasco/Mexiko: Die Urne von Teapa, ein sensationeller Fund, wie ihn nicht einmal das berühmte Nationalmuseum in Mexiko-Stadt besitzt. Der Keramik-Altar der Maya entstand zwischen 600 und 800 n. Chr. und zeigt einen Priester, der im Lotossitz auf dem Erdmonster thront.

bäude überhaupt nichts zu tun. Deshalb bleiben wir bei dem Namen, den ihm die Wissenschaftler gaben und der seiner Bedeutung entspricht: »Pyramide des *Kukulcan*«. Sie erhebt sich auf einer quadratischen Grundfläche von 55,50 Meter Seitenlänge. Vier breite Treppen führen aus allen Himmelsrichtungen über 30 Meter hoch zu einer quadratischen Plattform, die ein Tempel krönt. Gegenüber der schlichten Außendekoration fällt das Hauptportal an der Nordseite sofort ins Auge: Zwei schlangenförmige Säulen teilen es in drei Eingänge; ihr Kopf bildet die Basis, der gefiederte Körper den Schaft und die Rasseln am Schwanzende das Kapitell. Man betritt also das Allerheiligste durch ein Spalier von versteinerten Klapperschlangen.

»Der ganze Bau steckt voll von astronomischen und religiösen Anspielungen«, begeistert sich Dr. Piña Chan. »Jede der vier Treppen hat 91 Stufen, das ergibt zusammen 364. Rechnet man noch die oberste Plattform als letzte Stufe hinzu, so sind es 365, ein komplettes Sonnenjahr. Jede Fassade ist außerdem mit 52 steinernen Platten verkleidet, spiegelt also den heiligen Kalenderzyklus von 52 wider und die vier untergegangenen Weltalter. Die neun Stockwerke der Pyramide symbolisieren den Himmel oder, präziser, die neun Himmel, wie wir sie auch von den Kulturen Zentralmexikos kennen. Dort galt der Turm von Texcoco mit seinen neun Sockeln als Abbild des Firmaments. An der Spitze der neun, meist dreizehn Fürsten, die den Luftraum beherrschen, steht bei den Maya *Kukulcan.* Diese Pyramide gehört also ihm.«

Aber das ist noch nicht alles. Im Kern des Monuments steckt nämlich eine zweite, wesentlich ältere Pyramide, die vor rund tausend Jahren von den Priestern aufgegeben und völlig überbaut wurde. Als Grund darf man die Ablösung eines alten Kults durch einen neuen vermuten, dessen Hauptperson nur *Quetzalcoatl – Kukulcan* heißen konnte. Auch dieses verborgene Heiligtum besteht aus neun Geschossen, auch hier führt eine Treppe an der Nordseite hoch – die einzige überhaupt. Und auch hier erhebt sich ein Tempel auf der oberen Plattform, der heute direkt unter den Bodenplatten seines Nachfolgers liegt. In diesem dunklen Raum entdeckten die

Seite 14 aus dem Codex Borgia: Die Fürsten der Unterwelt legen die neun rechteckigen Abschnitte ihres Herrschaftsbereichs zu einem einzigen großen Quadrat zusammen, der Grundfläche einer Pyramide.

Archäologen 1936 einen steinernen Jaguar, der rot bemalt war. 73 eingelegte Jadescheiben geben das gesprenkelte Fell der Raubkatze wieder. Auch die Augen funkeln jadegrün, wie übrigens in natura! Die Fangzähne des aufgerissenen Mauls sind aus blitzendem Feuerstein nachgebildet. In den völlig flachen Rücken des Tieres ist ein Mosaik aus Türkis und Muschelschalen eingarbeitet, das die Sonne darstellt.

In dieser gespenstischen Zelle wurde also der Jaguar verehrt, der die Kräfte der Erde und der Finsternis verkörpert und die Sonne frißt, wie fast alle Naturvölker Amerikas glaubten. Bischof Diego de Landa, einer der ersten spanischen Chronisten, berichtet, daß die Leute von Yucatan im Monat »Vater roter Puma« ein großes Fest feierten. Noch heute veranstalten die Einwohner von Acatlán und Zitlala im mexikanischen Bundesstaat Guerrero uralte Jaguar-Zeremonien. Jedes Jahr im Mai kämpfen Männer in gepunkteten Ozelotkostümen und schweren Federmasken mit Peitschen gegeneinander, um, wie sie sagen, »den Regen herbeizuprügeln« und die Sonne zu verjagen, die die Trockenheit verursacht. Die Hieroglyphen und *Codices* der Maya zeigen den Jaguar oft mit Sonnenflecken, aber es ist die schwarze Sonne, die auch über den »Neun Herren der Nacht« glüht.

Die Pyramide von Chichén-Itzá vereint also zwei grundverschiedene Kultstätten: ein Heiligtum für die Dämonen der Dunkelheit und eines für die Mächte des Lichts. Beide haben sehr ähnliche Formen, denn den Kosmos begrenzen zwei gleichwertige Pole, die sich aber fremd und feindlich gegenüberstehen. Nur einer kann die Gegensätze aufheben und die lebensvernichtende Finsternis endgültig besiegen: *Quetzalcoatl — Kukulcan,* Mischwesen aus Vogel und Schlange, Vermittler zwischen oben und unten.

Pünktlich um 16.35 Uhr Ortszeit Yucatán beginnt die Astro-Schau der Mayagötter. Auf dem großen Platz westlich der Pyramide hat sich eine riesige Menschenmenge niedergelassen, um ein einmaliges und erregendes Schauspiel zu verfolgen. Alle Augen richten sich auf die Nordtreppe. Zwei mächtige Schlangenköpfe am Fuß kennzeichnen sie eindeutig als Hauptaufgang; bei allen anderen Treppen fehlt dieses Motiv. Die Nordseite liegt bereits in tiefem Schatten. Aber dann erreichen die Strahlen der untergehenden Sonne die Treppenflanke am oberen Sockel und formen dort ein helles gleichschenkliges Dreieck. Je weiter der Himmelsball nach Westen wandert, um so mehr Dreiecke ziehen sich, wie von Zauberhand gemalt, langsam nach unten. Schließlich bilden sieben zusammenhängende Dreiecke eine gleichmäßige Zickzacklinie.

Der Höhepunkt naht, wenn das Lichtband auf den Schlangenkopf am Fuß übergreift und sich schließlich mit ihm zu einem einzigen Körper vereinigt, dem glänzenden Astralleib einer Schlange. Aber er lebt nur wenige Minuten. Dann bedekken Schatten den aufgerissenen Kiefer, ein Dreieck nach dem anderen löst sich in umgekehrter Richtung wieder auf. Das letzte oben verschwindet, kurz bevor die Sonne unter den Horizont taucht. Der ganze Spuk dauert etwa drei Stunden.

Voreingenommene Europäer werden vielleicht fragen: Wie kann man in einer Kette von Dreiecken nur einen Schlangenkörper sehen? Und doch kommt dieses Muster in der Natur vor, gerade bei Reptilien, die in Yucatan heimisch sind: Sowohl die Haut der Boa Constrictor wie die der Klapperschlange ist mit gleichschenkligen Dreiecken gezeichnet. Die typische Kopfform der steinernen Grubenotter hier in Chichén Itzá spricht jedoch eher für eine Klapperschlange. Lebende Vertreter dieser giftigen Sorte häuten sich mindestens einmal im Jahr und paaren sich im Frühling. In dieser Zeit beginnt also die Fortpflanzung. Solche Fakten sind wichtig zur Erklärung des fantastischen Lichtphänomens an der Pyramide.

Es erscheint nämlich nur zweimal im Jahr: am 21. März und am 21. September. Als ich mir das Spektakel am 22. März noch einmal anschauen wollte, hatten sich die gleichschenkligen Dreiecke an der Treppenflanke bereits in schmale, leicht geknickte Rechtecke verwandelt.

Der 21. März und der 21. September markieren zwei wesentliche Einschnitte im Kalenderjahr: das Äquinoktium, die Zeit der Tag- und Nachtgleiche. An diesen beiden Daten befindet sich die Sonne in der Mitte ihrer Jahresbahn und bewegt sich genau auf dem Himmelsäquator. Sie geht an allen

Orten der Erde im Osten auf und im Westen unter, legt also die wahren Kardinalpunkte Ost und West auf der Oberfläche des Planeten fest. In unseren Breiten beginnt dann der Frühling bzw. der Herbst. In den Tropen aber begrenzen die Äquinoktien die Regenzeit (Anfang April bis Ende September) und die Trockenperiode (Anfang Oktober bis Ende März). Für die Landwirtschaft der alten Kulturen Amerikas waren es ganz herausragende, ja lebenswichtige Termine.

Wenn am 21. März die leuchtende Schlange aus dem Himmel kam und die Treppe hinunterkroch, kündigte sie das Ende der Dürre und erfrischende Niederschläge an. Jetzt, wo sich ihre irdischen Vettern paarten und fortpflanzten, sollten auch die Felder das Saatgut empfangen. Und so, wie die Sonnenschlange am 22. September in umgekehrter Richtung an der Pyramide hochkletterte und von der Erde Abschied nahm, verkrochen sich die Vipern in Erdlöcher und verfielen in die Trockenstarre des Winterschlafs. Mit den Wolken verschwand nun auch der Regen. Von da ab mußten die Bauern 180 Tage warten, ein halbes Sonnenjahr (ohne die fünf »Unglückstage«), bis sich die Schleusen des Himmels wieder öffneten. Da die Maya ihren Sonnenkalender *(haab)* mit 18 Monaten zu 20 Tagen festsetzten, dauerte die Trockenperiode neun Monate. Genauso lange verbringt das ungeborene Kind im Schoß seiner Mutter, eingeschlossen wie die »Neun Herren der Nacht« in ihrer Höhle.

Aber das ist bloß ein Aspekt des hintergründigen Licht- und Schattenspiels. Die Sonne inszeniert es nur an zwei Tagen und in jenen Stunden, da sie die genaue Himmelsrichtung *Westen* anzeigen kann. Sie nennt damit indirekt den Ort, aus dem ihr Geschöpf stammt: die Heimat von *Quetzalcoatl — Kukulcan* im fernen Tula. Tatsächlich liegt die Hauptstadt der Tolteken fast auf demselben Breitengrad 1700 Kilometer westlich. Zweimal pro Jahr kehrt die Gefiederte Schlange zurück auf die Welt und nimmt höchstpersönlich von ihrer Pyramide Besitz.

Daß sie es ist, daran gibt es keinen Zweifel: Die sieben Dreiecke, aus denen sich ihr Körper zusammensetzt, bezeugen die Verwandlungsfähigkeit des göttlichen Wesens unter der magischen Zahl sieben. Dazu liefert das *Popol Vuh*, in dem die Federschlange *Gucumátz* heißt, eine eindrucksvolle Passage:

»Wahrlich, ein zauberkräftiger König war *Gucumátz:* Alle sieben Tage pflegte er zum Himmel aufzusteigen, alle sieben Tage auf den Weg hinab in die Unterwelt sich aufzumachen. Sieben Tage konnte er dann eine Schlange sein, sieben weitere Tage konnte er sich zum Adler und dann zum Jaguar machen. Sieben Tage wiederum konnte er zu Blutmasse gerinnen, war er schier geronnenes Blut.«

Und nach dem Schöpfungsbericht des gleichen Buches treffen sich sieben Götter »unter der Grünfederschlange«, um aus dem Nichts die Erde zu formen. *Ein* Gott in siebenfacher Erscheinung, das ist das Geheimnis von *Gucamátz,* alias *Kukulcan,* alias *Quetzalcoatl* und seiner Wiedergeburt im Licht! Dieser Herr des Universums, der sich häutet wie eine Schlange und in immer neue Verkleidungen schlüpft, schützt die heldenhaften Zwillinge »Einsjäger« und »Siebenjäger«, die das ganze System der Unterwelt mit ihren neun Regenten über den Haufen werfen.

»Es ist zunächst verwirrend«, gesteht mir Luis E. Arochi, »welche vielfältigen Verbindungen von der Pyramide zu den Gestirnen, dem Kalender, den Stationen des Jahres und zur Religion laufen. Aber sie sind genauso präzise und sinnvoll geknüpft wie das Netz einer Spinne.«

Arochi war einer der ersten, dem das Licht- und Schattenspiel an dem Bauwerk auffiel und der darin Beziehungen zu einer bestimmten Raumordnung erkannte. Er ist Jurist, kein Archäologe, wie so viele andere, die die Maya-Kultur erforschten, zum Beispiel John L. Stephens oder Edward H. Thompson. Seit 1976 beschäftigt er sich intensiv mit dem Phänomen. Dabei fand er heraus, daß es auch nachts auftritt, genau an der gleichen Stelle, wenige Tage vor einer Vollmondphase, gegen 3.00 Uhr morgens. Dann wirft der Mondschein sieben gleichschenklige Dreiecke an die Balustrade der Haupttreppe, kriecht die nächtliche Schlange von der Pyramidenspitze zur Erde herab. Das unheimliche Bild entsteht, wenn der Mond eine Position einnimmt, die dem Sonnenstand während der Äquinoktien im Frühling und Herbst entspricht. Die sieben Prozent Sonnenlicht, die vom Mond aufgefangen und an der Pyramide reflektiert werden, machen dieses Wunder möglich.

»Wir müssen die Architektur der Azteken und Maya heute mit ganz anderen Augen sehen«, meint Arochi. »Die Fassaden zum Beispiel sind keine bloßen Dekorationsstaffagen, ihre Schmuckelemente keine nebensächliche Verzierung. Die alten Baumeister haben nichts dem Zufall überlassen; alles war geplant, berechnet, ausgemessen. Das gilt auch für die Pyramide des *Kukulcan.* Seine Lichterscheinung ist nicht auf eine Laune der Natur zurückzuführen, sondern wurde erst nach genauen Beobachtungen des Sonnenlaufs am Reißbrett entworfen und später in Szene gesetzt.

Wir können das nachprüfen: Die Pyramide liegt nicht exakt in Nord-Süd-Richtung, sondern weicht um 22° von dieser Linie nach Osten ab. Erst diese spezielle Orientierung, aber auch Größe und Neigungswinkel der Stockwerke und die Höhe der Treppenflanken bewirken das magische Sonnenmuster an den beiden wichtigsten Jahrestagen.

Man darf vermuten, daß noch viele andere Gebäude nach einem ähnlich tiefdurchdachten Plan errichtet wurden. Bei einem so genialen Volk wie den Maya, das einen sehr viel präziseren Kalender besaß als wir heute, Verfinsterungen von Sonne und Mond pünktlich voraussagte, das die Umlaufbahnen des Mondes um die Erde auf sechs Stellen hinter dem Komma richtig berechnete und schon tausend Jahre vor den Arabern mit der Null operierte, bei einem solchen Volk wäre das kein Wunder.«

Was blieb von der mächtigen Architektur dieser Indianer, was von ihren brillanten geistigen Leistungen? Über ihr Schriftsystem und die Zahlentabellen in den *Codices* zerbrechen sich die Gelehrten noch heute den Kopf. Ihre Tempel und Paläste hat man teilweise restauriert und staunenden Touristen überlassen. Oder sie ragen, wie die Wolkenkratzer der Maya, unerforscht aus den dampfenden Regenwäldern des Petén, wo kaum ein Mensch hinkommt. Das meiste freilich schlummert tief unter der Erde.

Ihre Nachkommen leben noch, etwa fünf Millionen, verteilt auf die Staaten Mexiko, Guatemala, Belize und Honduras. Sie leben, aber wie! Entrechtet, als Menschen zweiter Klasse, billige Arbeitskräfte für die Großgrundbesitzer oder hilflose Opfer rivalisierender Politbanden. Diese tragische Entwicklung begann schon Ende des 15. Jahrhunderts, als sich die Stämme in Yucatan heillos zerstritten und gegenseitig aus dem Weg räumten. Die letzten, die man dem Namen nach kennt, waren die Xiu. Sie verließen ihre prächtige Metropole Uxmal und zogen sich ins Innere des Landes zurück. Nahe der Unterwelt, bei den Höhlen von Loltun, gründeten sie noch einmal eine Stadt und nannten sie resignierend *Maní;* das bedeutet: »Es ist alles vorbei.« Die spanischen Eroberer besiegelten endgültig das Schicksal einer hochentwickelten Kultur. Wenige Jahre nach ihrer Ankunft übertrug ein Schreiber das *Popol Vuh* aus dem Original in die Sprache der neuen Herren. Das große literarische Vermächtnis der Maya endet mit einem schneidenden Hieb auf das Christentum und in der bitteren Erkenntnis:

»Hiermit schließt denn das Leben in Quiché. Es gibt nichts mehr zu sehen. Die alte Weisheit der Könige ist dahin. So ist nun alles zu Ende in Quiché, Santa Cruz genannt.«

Literaturverzeichnis

Südseeinseln aus Götterhand und *Stiller Ozean – Sprechende Steine*

Beiersdorf, Helmut: Ein deutscher Beitrag zur Geoforschung *(Glomar Challenger);* in: UMSCHAU 81 H. 8, Frankfurt a. M. 1981, S. 231–233.

Bellwood, Peter: Man's Conquest of the Pacific. The Prehistory of Southeast Asia and Oceania. Auckland/Australien & London 1978.

Bitterli, Urs (Hrsg.): Die Entdeckung und Eroberung der Welt. Dokumente und Berichte. Bd. II: Asien, Australien, Pazifik. München 1981.

Bougainville, Louis-Antoine de: Reise um die Welt, welche mit der Fregatte *La Boudeuse* und dem Fleutschiff *L'Etoile* in den Jahren 1766, 1767, 1768 und 1769 gemacht worden. Stuttgart 1980.

Brown, John Macmillan: The Riddle of the Pacific. London 1924; Reprint New York 1979.

Dalton, Bill/Stanley, David: South Pacific Handbook. Rutland/USA 1979.

Däniken, Erich von: Aussaat und Kosmos. Spuren und Pläne außerirdischer Intelligenzen. Düsseldorf – Wien 1972.

Däniken, Erich von: Meine Welt in Bildern. Bildargumente für Theorien, Spekulationen und Erforschtes. Düsseldorf – Wien 1973.

Däniken, Erich von: Reise nach Kiribati. Düsseldorf – Wien 1981.

Deutsches Kolonialblatt. Amtsblatt für die Schutzgebiete des Deutschen Reichs. Hrsg. in der Kolonial-Abteilung des Auswärtigen Amts, 11.–18. Jg. Berlin 1900–1907.

Emory, Kenneth P.: Stone Remains in the Society Islands; Bernice P. Bishop Museum Bulletin 116. Honolulu/Hawai 1933.

Friedel, Michael: Inseln zwischen Paradies und Hölle. Südsee, Pazifik, Indischer Ozean. Wien – München 1978.

Hambruch, Paul: Ergebnisse der Südsee-Expedition 1908–10. Berlin 1936.

Handy, E. S. Craighill: The Native Culture in the Marquesas; Bernice P. Bishop Museum Bulletin 9. Honolulu/Hawai 1923.

Hernsheim, Franz: Südsee-Erinnerungen 1875–1880. Berlin 1883.

Heyerdahl, Thor: Fatu Hiva. Zurück zur Natur. München 1979.

Kondratow, A. M.: Die Rätsel des Stillen Ozeans. 2. Aufl. Moskau – Leipzig 1981.

Meissner, Hans-Otto: Inseln der Südsee. Sieben Reisen ins Paradies. München 1979.

Melville, Herman: Taipi. Abenteuer in der Südsee. Hamburg 1967.

Mendaña, Álvaro de: Die Entdeckung der Inseln des Salomo. Bearbeitet u. eingeleitet von Georg Friederici. Stuttgart 1925.

Morrill, Sibley S.: Ponape. San Francisco 1970.

Nevermann, Hans/Worms, Ernest A./Petri, Helmut: Die Religionen der Südsee und Australiens. (= Die Religionen der Menschheit, hrsg. v. Christel Matthias Schröder, Bd. 5,2). Stuttgart – Mainz 1968.

Poignant, Roslyn: Ozeanische Mythologie – Polynesien, Mikronesien, Melanesien, Australien. Wiesbaden 1969.

Steinen, Karl von den: Die Marquesaner und ihre Kunst. Berlin 1923–1928.

Sie brauchten keine »Weißen Götter«

Ancient Ecuador, Culture, Clay and Creativity 3000 B.C. – 300 B.C. Chicago 1975.

Baumann, Peter: Valdivia. Die Entdeckung der ältesten Kultur Amerikas. Hamburg 1975.

Baumann, Peter: Das Amazonas-Dschungelbuch. Berlin 1980.

Beadle, George: The Mystery of Maize; vor dem Agronomy School Seminar in Urbana/Ill. 1976.

Burger, Richard L.: The Radiocarbon Evidence for the Temporal Priority of Chavín de Huantar; in: AMERICAN ANTIQUITY, 1981, S. 593—601.

Coe, M. D.: Archaeological Linkages with North- and South America at La Victorio; in AMERICAN ANTHROPOLOGIST, no. L XII, 1960, S. 366—393.

Disselhoff, Hans-D.: Das Imperium der Inka und die indianischen Frühkulturen. Berlin 1973.

Grove, Donald: The Mesoamerican Formative and Southamerican Influences; vor dem *Primer Simposio de Correlaciones Andino-Mesoamerica.* Salinas/Ekuador 1981.

Lathrap/Marcos/Zeidler: Real Alto. An Ancient Ceremonial Center; in: ARCHAEOLOGY, vol. 30, no. 1, New York 1977.

Mangelsdorf, von/MacNeish/Galinat: Domestication of Corn; in: SCIENCE; ferner in: NEW ROADS TO YESTERDAY, New York 1966.

Meggers/Evans/Estrada: The Early Formative Period of Coastal Ecuador. The Valdivia-Machalilla Phases; in: Smithsonian Contributions to Anthropology, vol. I, Washington D.C. 1965.

Menéndez, Carlos Zevallos: La Agricultura en el Formativo Temprano del Ecuador (Cultura Valdivia). Guayaquil 1971.

Norton, Presley: A Preliminary Report on Loma Alta and the Implications of Inland Valdivia »A«; vor dem *Primer Simposio de Correlaciones Andino-Mesoamerica.* Salinas/Ekuador 1981.

Reinhard, Johan: The Mountains of Power. An Ethnoarchaeological Study of High Andean Ruins; unv. Manuskr. Santiago de Chile 1981.

Alcina, José: Die Kunst des alten Amerika. Freiburg i. Br. 1979.

Arochi, Luis E.: La Piramide de Kukulcan. Su simbolismo solar. México D.F. 1981.

Barthel, Thomas S.: Götter — Sterne — Pyramiden. Ein Beitrag zur strukturalen Mayaforschung; in: PAIDEUMA. Mitteilungen zur Kulturkunde. Bd. 14, Wiesbaden 1968, S. 45—92.

Berlitz, Charles: Geheimnisse versunkener Welten. Bergisch-Gladbach 1979.

Cordan, Wolfgang (Hrsg.): Das Buch des Rates Popol Vuh. Schöpfungsmythos und Wanderung der Quiché-Maya. Düsseldorf — Köln 1962.

Díaz del Castillo, Bernal: Denkwürdigkeiten oder Wahrhafte Geschichte der Entdeckung und Eroberung von Neuspanien (Mexiko). Hrsg. v. Georg A. Narciß, Stuttgart 1965.

Dorne, Rubén Chévez van: Esculturas Preolmecas. La Democracia Escuintla. Ciudad de Guatemala 1972.

Hartung, Horst: Bauwerke der Maya weisen zur Venus; in: UMSCHAU 76, H. 16, Frankfurt a. M. 1976, S. 526—528.

Hartung, Horst/Aveni, Anthony F.: The Observation of the Sun at the Time of Passage through the Zenith in Mesoamerica; in: ARCHAEOASTRONOMY no. 3, 1981, S. 51—70.

Helfritz, Hans: Mexiko. Ein Reisebegleiter zu den Götterburgen und Kolonialbauten Mexikos (DuMont Kunst-Reiseführer), Köln 1980.

Hellmuth, Nicholas M.: Pre-Columbian Ballgame. Archaelogy & Architecture. Foundation for Latin American Anthropological Research Progress Reports vol. I no. I, Ciudad de Guatemala 1975.

Heyerdahl, Thor: Indianer und Alt-Asiaten im Pazifik. Das Abenteuer einer Theorie. Wien 1966.

McDowell, Bart: The Aztecs; in: NATIONAL GEOGRAPHIC, vol. 158, no. 6, Washington D.C. Dezember 1980, S. 704—751.

Riese, Berthold: Coyolxauhqui. Eine aztektische Skulptur vom Haupttempel in México-Tenochtitlan. Ms. Berlin 1982.

Stingl, Miloslav: In versunkenen Mayastädten, Leipzig 1971.

Wilhelmy, Herbert: Welt und Umwelt der Maya. München 1981.

Wilkerson, Jeffrey K.: Man's Eighty Centuries in Veracruz; in: NATIONAL GEOGRAPHIC, vol. 158, no. 2, Washington D.C. August 1980, S. 202—231.

Bildquellennachweis

F. Adam, Mainz:	*Farbseite* 1 (2), 2, 5, 7, 8 oben, 9 oben, 11, 12 (2), 13 oben, 14/15, 25, 28 rechts oben und unten, 31 *Textseite* 31, 39, 50, 226
P. Baumann, Berlin:	*Farbseite* 19 unten, 23 oben *Textseite* 181 unten, 184 unten
W. Caspar, Stromberg:	*Farbseite* 26 unten, 27, 28 links oben, 29, 30 unten *Textseite* 216
D. Hofrath, Gau-Algesheim:	*Farbseite* 3 (2), 4, 6 unten, 8 unten, 9 unten, 10, 13 unten *Textseite* 42, 107, 109, 110, 111, 127, 133, 134
G. Kirchner, Wiesbaden:	*Farbseite* 16 *Textseite* 136
D. Mettelsiefen, München:	*Textseite* 173
R. Mohrmann, Mainz:	*Farbseite* 26 oben, 30 oben, 32 *Textseite* 205, 231
A. Noack, Berlin:	*Textseite* 149
K. Noack, Berlin:	*Farbseite* 17, 18 (2), 19 oben, 20 (2), 21 (2), 22, 23 unten rechts und links, 24 (3) *Textseite* 181 oben, 184 oben, 186, 194
J. Onozawa, Tokio:	*Farbseite* 6 oben

B. Riese, Berlin:	*Textseite* 258
M. Sarntheim, Kiel:	*Textseite* 68
M. Sehring, Dreieich:	Karten *Textseite* 12 (2), 13 (2), 19, 45, 65, 80, 141, 203
Umschau Verlag, Frankfurt:	*Textseite* 70 (2)

Namen- und Sachregister

C

M

N

O

P

Q

R

S

T

W

X

Y

Z